古典文獻研究輯刊

二九編

潘美月・杜潔祥 主編

第 19 冊

劉毓崧文集校證（第二冊）

陳 開 林 著

國家圖書館出版品預行編目資料

劉毓崧文集校證（第二冊）／陳開林 著 — 初版 — 新北市：
花木蘭文化事業有限公司，2019〔民 108〕
目 8+168 面：19×26 公分
（古典文獻研究輯刊 二九編；第 19 冊）
ISBN 978-986-485-958-0（精裝）
1. 劉毓崧 2. 學術思想 3. 文學評論
011.08   108012006

ISBN-978-986-485-958-0

9 789864 859580

古典文獻研究輯刊
二九編 第十九冊   ISBN：978-986-485-958-0

劉毓崧文集校證（第二冊）

作　　者	陳開林
主　　編	潘美月　杜潔祥
總 編 輯	杜潔祥
副總編輯	楊嘉樂
編　　輯	許郁翎、王筑、張雅淋　美術編輯　陳逸婷
出　　版	花木蘭文化事業有限公司
發 行 人	高小娟
聯絡地址	235 新北市中和區中安街七二號十三樓
	電話：02-2923-1455／傳真：02-2923-1452
網　　址	http://www.huamulan.tw 信箱 hml 810518@gmail.com
印　　刷	普羅文化出版廣告事業
初　　版	2019 年 9 月
全書字數	792803 字
定　　價	二九編 29 冊（精裝）　新台幣 58,000 元　　版權所有 · 請勿翻印

劉毓崧文集校證（第二冊）

陳開林 著

〔註1〕「代」，正文作「儀徵縣志稿」。

卷　四

春秋集證跋

　　右《春秋集證》〔註1〕，自隱公至莊公，共抄本四冊；自閔公以下，聞尚

〔註1〕《書目答問補正・雜史第六》（張之洞著，范希曾補正，廣陵書社 2007 年版，
　　　第 80 頁）載：
　　孫星衍《春秋集證》，一名《春秋長篇》，未刊，稿本藏武昌徐恕處，凡春秋事
　　蹟見於諸子百家者悉見採輯，遠勝薛氏書。
　　賀昌群《二十五史外擬目（草目）》（《賀昌群文集》第 3 卷《文論及其他》，商
　　務印書館 2003 年版，第 326 頁）載：
　　孫星衍《春秋集證》，一名《春秋長編》未刊，稿本藏武昌徐行可（恕）處。
　　凡春秋事蹟見於諸子百家者，悉見採輯。當必有勝於明人述作。如能設法以孫
　　氏稿代薛氏書，最善。惟不知此稿下落如何？
　　張元濟致徐恕相關書信（《張元濟全集》第三卷《書信》，商務印書館 2007 年
　　版，第 66 頁），錄如下：
　　孫伯淵先生《春秋集證》未知是否手稿，抑係謄寫之正本？可否乞將首尾兩冊
　　寄示一閱，再決進止。（二十三年三月十一日）
　　承假閱孫伯淵先生《春秋集證》，尚未由高君寄到。已屬其保險付郵。如許印
　　行，鄙意欲一見定本，以便決定可否即付影印也。（廿三年三月廿七日）
　　惠視孫淵如先生《春秋集證》首冊已由敝分館寄到。同人傳觀，咸極贊許。惟
　　以原稿頗有增減之處，尚須加以整理方能付印。現在存版甚多，故主從緩。原
　　書仍由郵局保險寄還。（廿三年四月六日）
　　胡玉縉《許廎經籍題跋》卷二《孫淵如先生年譜書後》（《續四庫提要三種》，
　　上海書店出版社 2002 年版，第 537 頁）云：
　　《孫淵如先生年譜》二卷，陽湖張紹南撰。其書雖亦按年排次，而敘述間晦，
　　頗具筆法，不特可考著書歲月之先後，即折獄、治河及表章古蹟，亦寫得星衍
　　一生之精神出。（下略）又劉毓崧《通義堂文集》有《春秋集證跋》，考定爲孫
　　氏作，而譜中亦未敘及，未免漏略。

有二十五冊，未知是否完全。此書無撰人姓名。今檢凡例二紙，係用十三行墨板印，格中縫有平津館三字。第一冊前有副葉二紙，後有副葉一紙，均係平津館印格。平津館係陽湖孫淵如先生齋名，當即出其手筆。又檢第四冊莊公三十二年案語內引「家侍御志祖」云云，旁用朱筆改家為孫。按：志祖係仁和孫頤谷先生之名。頤谷先生與淵如先生雖宗派不同，而道義相契，淵如先生《冶城遺集》內《題家頤谷侍御深柳勘書圖》詩有「天與吾家難王蕭」之句，其傾倒也至矣。此稿改家侍御為孫侍御者，蓋用鄭康成注《周禮》稱鄭大夫鄭司農之例。誠以著書與賦詩，其稱謂之間稍有區別也。然即據此一字，亦足證其為淵如先生之書矣。

此四冊之末皆書「辛未五月某日邵子峰初校」。辛未係嘉慶十六年，以《淵如先生年譜》考之，是年官山東督糧道，三月督運，五月回至德州，平津館即在德州署內。時地均符，惟《年譜》及阮文達公所撰家傳，不言曾輯此書。意者作譜撰傳之時，偶未見其稿歟？此書標題所稱《春秋長編》四冊，皆係十二行，紅格中縫有「春秋長編」四字，後改「長編」為「集證」。《凡例》謂：「《春秋》事蹟見於諸子百家者甚多，皆三傳所闕。此編網羅放失舊聞，竊附史學之後，不為解經而作，故事蹟詳而議論不錄。」《凡例》又云：「三傳中『君子曰』及《史記》『太史公曰』、《春秋繁露·五行傳》所論春秋之說，雖非人物事蹟，以是春秋時人語及古義，亦悉詳載。余書止載事蹟。」然證佐集而事蹟彰，則得失是非無難立辨，不待多採議論而褒貶之義自明。雖僅自附於史學，而其有功於經術也大矣。《四庫全書總目》「別史」類載薛氏虞畿《春秋別典》十五卷、陳氏厚耀《春秋戰國異辭》五十四卷，薛氏稽人名以編次，惟各條之末不疏明出何書；陳氏分國名以編次，所引諸書多著明某篇某卷。此書按年月以編次，其詳審精覈當與陳書並駕齊驅，非薛氏所能企及。就中所徵引者，如《元和姓纂》、《意林》、《金樓子》、《渚宮舊事》之類，所節取者如《廣宏明集》、《法苑珠林》之類，與淵如先生編輯他書之宗旨，

劉師培《讀左劄記》（萬仕國點校《儀徵劉申叔遺書》第 2 冊，廣陵書社 2014 年版，第 853 頁）載：

且《左氏》一書為東周之信史，周床之書，多引《左氏》。昔孫淵如先生作《春秋集證》，大約即群書之本於讀左劄記《左氏》者，以考其異同。惜其書失傳，未有刊本。若能仿阮氏詩書古訓之例，凡周秦兩漢之書，其援引《左氏》者分類輯錄，附於《左氏》原文之後，以證《左氏》非偽託之書，此亦左氏之功臣也。

一一相同，其爲手定之本無疑。至於二十五冊之內，另有確證與否，及末冊有無舊跋，則當俟統閱全書矣。

李次白先生《春秋左氏傳賈服注輯述》後序

　　右《春秋左氏傳賈服注輯述》二十卷〔註2〕，嘉興李次白先生所著也。先

〔註2〕《續修四庫全書》第125冊收錄《春秋左氏傳賈服注輯述》二十卷，係同治五年朱蘭刻本。卷首有朱蘭序（第387 388頁），稱：
　　余少承先大夫訓，不敢濫交。道光壬午北行，遇次白於途。次白早聞先大夫名，遂投刺與余交，如舊相識。余聞其談論古今，十不識一，心竊愧之。入都往來甚歡，一日寒甚，披新裘遊法源寺。次白一見，訶曰：若衣何可令老翁見？余悚謝。自是惟服爲畏友。丁亥戊子間，次白隨海鹽朱虹舫師學幕，復隨入都。己丑，余倖捷南宮，入翰林。出所習律賦質之，次白必爲別白是非。有當意者則曰子所言自有身份，且勉以正學。余處事疑難，就與商榷，裁制輒當理。始歎從前之相知未盡也。庚寅假歸，次白爲余己丑同年生代撰先大夫壽言。先大夫喜曰：作古文有學識，吾罕見其匹。是年冬，余復至都，則次白貧愈甚，仍彙筆爲虹舫師校定《國朝從政錄》。後館於歙縣吳退旃邸第，課諸公子，間握管作程文，習楷書。蓋次白數十年研究經史，忽易其所學，於不願爲者而爲之，其胸中鬱結當何如也。次白體弱，素患痰喘，至壬辰益劇。病革，取所著書付嘉興錢子萬，託其尊人衍石先生手定。既歿，退旃師哭之甚。余與子萬經紀其喪，歸之於家。丁酉，余視學楚北，任滿入都，次白子文貴已登賢書，來謁。下第將行，余助之金歸。旋聞子萬捷鄉闈，方謂次白遺書，錢氏父子可力任其事。無何，文貴歿，衍石、子萬相繼物故。余於咸豐癸丑告養旋浙，詢之文貴子保蔭茂才，知遺書已從錢氏取歸。余取次白《攬青閣詩集》及其配吳孺人《早花集》，擬先付梓，出百金屬保蔭別錄《春秋左氏傳賈服注輯述》待刊。未幾，保蔭又歿。同治癸亥·余視學皖中，次白從侄少石刺史出《賈服注輯述》手稿畀余，塗乙增改，不能盡識。適延寶應劉叔俛茂才在幕。茂才以經學世其家，余屬爲校勘。經始於今年春，十月蕆事。爬梳抉摘，條分件繫，始燦然可讀。時李少荃宮保方開書局於金陵，因將是書暨其夫婦詩集節俸鋟諸板，俾少石終其事焉。次白所著錄甚多，而賈、服朱輯述尤所經意，旁通曲證，使古誼昭若發蒙。詩亦才華駿越，性情真摯，酷肖其爲人。吳孺人詩，秀骨天成，絕非近時閨秀所能及。綜其生平享文字之福至厚，乃早喪佳偶。屢上春官，終不獲一第。中年客死，遺書經歷歲時，多所散落。而是三書故完好無恙，固次白之幽光必耀，抑亦天之償於身後者尚豐耶？余老而無聞，負此畏友。惟念生平落落寡交，至今稍知自守，不背先訓，則猶賴次白提撕之力也。次白事蹟詳衍石、惺菴兩先生所作銘傳。書之精蘊，詳叔俛所撰序跋中。茲但記吾兩人相交之深，以及人事變遷。傳書之難如此，書刻成可稍慰次白於地下。世有志次白之志者，當益爲發明以傳諸不朽也。同治丙寅冬至日餘姚朱蘭序。
　　次爲劉恭冕序（第388頁），稱：
　　嘉興李次白先生，邃於經史，尤善小學，沉潛不近名，世鮮知者。陽湖孫淵如觀察一見劇賞之。觀察晚年善病，所著書多先生爲助。嘉慶戊寅，本省鄉試，

以經策博贍中式，出高郵王文簡公之門。文簡小學爲海内所推，既得卷，甚喜。
自是，屢赴公車徵，於旅次與餘姚朱久香宮詹訂莫逆交，兩先生皆謹慎不妄交
友者也。先生數奇，卒不第，宮詹已捷南宮，官翰林。先生歿於退游吳尚書京
邸，宮詹親視含殮，集資歸其喪於家。既又取所著書，並古、近體詩選錄，將
付梨棗。於是先生所著《左傳賈服注義》始見於時。其書援引甚博，字比句櫛，
於義有未安者，亦如駁難，雖使沖遠復生，終未敢專樹征南之幟，而盡棄舊義
也。至《周禮剩義》、《詩考異》、《詩經名物考》、《十七史考異》，〔見錢先生儀
吉所撰《墓誌》。〕今俱無存。所爲詩，名《攬青閣詩鈔》。配吳太孺人亦慧才，
能詩，有《早花集》、《風雅商榷》，或相唱酬，爲閨中韻事。恭冕嘗取合讀之，
沖和綿邈，怡情說性，於溫柔敦厚之旨未之失焉。吳太孺人早卒，先生年未三
十，遂不續娶。子燚園先生，名文賁，世其學，道光乙未科舉人，與先君子爲
同年生，恭冕未之見也。其孫保恩，亦謹厚，宮詹招至使署，與恭冕共事久，
故得讀先生遺書，而謹括其學行之大，俾後之人有所考焉。同治乙丑寶應後學
劉恭冕謹序。（按：此序見劉恭冕《廣經室文鈔》，題爲《李次白先生遺書序》，
缺文末題署。）

《廣經室文鈔》另有《春秋左氏傳賈服注輯述跋》（第584～586頁），稱：
此書冕前既序之，今歲久香閣學取稿本屬重按，且爲審定。既畢，乃復於閣
學曰：漢儒注《左氏》者，自賈誼始，〔《後漢·儒林傳》：「賈誼爲《春秋左
氏傳訓詁》，授趙人貫公。」〕其後劉歆、鄭眾、賈逵、馬融、延篤、彭汪、
許淑、穎容、謝該、服虔、孔嘉各爲之訓釋，而諸家中以賈、服爲最備，故
學者多並稱之。〔《隋書·儒林傳》：「傳《左氏》者甚眾」，「其後，賈逵、服
虔並爲訓解」。陸德明《經典釋文序錄》亦祇列賈、服二家注。〕顧自杜氏
《集解》、孔氏《疏》出，而二家遂亡。近時金溪王氏〔謨〕始有輯本，次
白先生輯此注稍後王氏，而搜採較多，抉擇尤慎，如《左傳序疏》引賈云「孔
子覽史記，就是非之說，立素王之法」，此賈氏《春秋序》文；隱十一年「夫
許，太嶽之胤也」，疏引賈云「四嶽，官名」，太嶽也，「主四嶽之祭」，此賈
氏《周語注》文，而王氏以爲《左傳注》義，非也。《詩·南山》疏引服云：
「蓋魯桓公之喪從齊來，以文姜爲二年始來」，二句語氣不接，中間有說誤，
而王氏仍依疏文連引之。《禮記·祭法》疏引服云：「曾祖之廟曰祧者，以魯
襄公於時冠於衛成公之廟，成公是衛今君之曾祖，曰祧也。」服氏此注祇「曾
祖之廟曰祧」六字，余皆疏引申之語，以《傳疏》及《士冠禮疏》證之自見，
〔《傳疏》云：「服虔以成公是衛之曾祖，即云祧，謂曾祖之廟也。」《士冠
禮疏》云：「服虔注以祧爲曾祖者，以其公還及衛，冠於衛成公之廟。成公，
衛曾祖，故以祧爲曾祖廟。」〕而王氏概列爲服注。宋本《哀七年傳》疏引
服云「眾君子，眾國君」，妄耳。「妄耳」，是孔疏文，毛本誤作「妾耳」，而
王氏亦列爲服注，非也。至其述義，援據傳注，疏通證明，能不失經注之意，
而考正誤文誤義，如隱八年注「先者見獲」誤倒於「必不往相救」之前；僖
二十六年注「夔，楚熊渠之孫」，「孫」當作「子」；宣四年注「兵車旁幔輪」，
「輪」當作「轂」；成十六年注「袴而屬於跗」，「袴」上當有「若」字；襄
二十七年注「楚君」，「楚」疑作「燕」，「君」字下屬；昭十三年注「鄭伯爵
在男畿」，爲賈本義，「男」當作「南」，南面之君，爲賈或義「男」當作「南」，
句上當依國語注補「或云」二字；皆誤文之顯然者也。桓五年「檜動而鼓」，

生生於乾隆癸卯，多見當時耆舊。嘉慶戊午，洪稚存太史至嘉興，先生年甫十六，聆其緒論，即深企慕。先生《攬青閣詩鈔》卷上《洪稚存先生建言》詩有「鴛水聽詩如昨日」之語，自注：「戊午歲，遇先生於馮七硯觀察橫經書捨。」卷下《題洪稚存太史集後》云：「龍頭何幸返家山」，自注：「先生爲吳中後七子之冠。」甲戌乙亥間，謁孫淵如通奉於江寧，事以師禮。《詩鈔》卷下《孫淵如夫子五畝園落成恭賦》云：「多感師門憐立雪，入園先許醉顏酡」，自注：「甲戌臘月二十七日，師招陶山曼迦諸君子宴集園亭，德亦與焉。時園未落成，爲題山館樂神圖。」《詩鈔》卷下《臘月十九日爲蘇文忠公生日，同人集五畝園作會，即用集中〈遊蔣山〉韻題淵如師山館樂神圖後序》云：「問年記亥，當丙子公生之前。」故詩古文詞，大率與孫、洪相近，而邃於《春秋左氏》，亦復相同。太史《左傳詁》一書，久已傳播。通奉《春秋集證》，亦有功經學之書。其《凡例》云：「春秋事蹟見於諸子百家者甚多，皆三《傳》所無。此編網羅放失舊聞，竊附史學之後，不爲解經而作，故事蹟詳而議論不錄。然證佐集而事蹟彰，則得失是非無難立判，不待多採議論而褒貶之義自明。雖僅自附於史學，而其有功於經術也大矣。」雖未刊行，而稿本已具。咸豐庚申閏三月，毓崧寓居東臺，杜小舫方伯時官泰州分轉，客有攜《春秋集證》稿本求售者，自隱公至莊公共抄本四冊，自閔公以下尚有二十五冊，因價昂未購。其書未署撰人姓名，檢其《凡例》二紙，係用十三行墨板，印格中縫有平津館三字。平津館係通奉齋名，又檢第四冊莊公三十二年案語內引「家侍御志祖」云云，旁用朱筆改家爲「孫」。按：志祖，係仁和孫頤谷侍御之名。通奉《冶城遺集》內《題家頤谷侍御深柳勘書圖》詩有「天與吾家難王肅」之句。此稿改「家」爲「孫」者，蓋用鄭康成注《周禮》，稱鄭大夫、鄭司農之例，足證其爲通奉之書矣。前四冊，初校在辛未，通奉自德州引疾還江寧，即在是年。四冊之末，皆書辛未五月某日，邵子峰初校。據《通奉年譜》，是年官山東督糧道。三月督運，五月回至德州，七月引疾，重九前一日抵金陵。自五冊以下，是否寫定於辛未以前，抑或告成於壬申以後，非懸揣所能知。《通奉年譜》，辛未以前常州張氏紹南所撰，壬申以後江寧

從杜氏以繪爲旗，不取飛石之説；昭八年「自幕至於瞽瞍」，從鄭氏「幕」爲舜先，不取舜後虞思之説；十六年「其祭在廟，已有著位」，從杜氏爲助君祭，不取孔張先祖配食之説；十九年「楚子之在蔡也」，從杜氏以楚子爲大夫，時往聘蔡，不取楚子爲蔡公時之説；皆誤義之顯然者也。蓋春秋左氏經傳自國朝以來，爲此學者若顧氏之杜解補正，沈氏〔彤〕之小疏，惠氏〔棟〕、馬氏〔宗璉〕之補注，洪氏〔亮吉〕之詁，雖昌言古注，而遺略實多，又無所發明，均爲有能及此書者也。先生同時，有吳沈文起、義徵劉孟瞻兩先生皆專治是經，俾古注爲杜氏乾沒者得以衆著於世，使及見此書，當必説服，稱爲同志，是則先生之學必能自致不朽。而闇學之亞謀剞劂，篤念故人於無已者，其風誼又曷可及也。同治丙寅十月，後學劉恭冕謹跋。

王氏德福續撰，皆未言及《春秋集證》。意者作譜作時，偶未見其稿歟？然通奉於先生，既恨相知之晚，錢衎石給事《李次白墓誌》〔註3〕云：「淵如孫先生僑居金陵，賞其詩，走與

〔註 3〕錢儀吉《衎石齋記事稿》卷十《李次白墓誌銘》（《清代詩文集彙編》第 541 冊，第 423～424 頁），云：

嗚呼悲夫！吾何忍銘吾次白之墓也。壬辰秋，吾將出都門，謂次白年五十矣，猶數以程試之文，聽得失於有司，何益？孰與夫歸就所著，蘄見知於來世也乎？明年，吾其待子於江淮之間。次白笑曰諾。冬暮，吾到家，吾子寶惠書至，次白則死矣。傷哉！瀕死，謂寶惠篋有金二百，以謀先人窀穸未就，其付我子文貴為之。又謂寶惠致別於余，語悽愴不忍聞。今文貴將卜葬君，先期乞吾文。嗚呼！吾又何忍不銘也。

次白為人仁直通敏，敦氣節，其學無所不綜貫。李氏世以博雅名，康熙、乾隆間，兩舉博學宏辭科，李氏皆有薦者。次白生二歲而孤，家故有書，多散失。年十七，補縣學生，處貧則習法家言以養母。其後舍館於硤石蔣氏、金陵王氏兩家，藏書聞海內，次白窮晝夜縱觀，經目輒成誦不忘。淵如孫先生僑居金陵，賞其詩，走與語，大驚，恨知之晚。孫先生方纂集《十三經佚注》，次白分任之，成《周禮贖義》、《左傳集解》若干卷。孫先生善病，晚年所著書，多付次白為卒其業。舉嘉慶戊寅鄉試，入京師。於是高郵王尚書其舉主也，深於經，尤善小學。吾郡程學使同文善言史，尤諳習國朝掌故，及山川隘塞、士馬芻糧、治河興屯，盡悉諸利弊，皆以所學名於一時。及與次白語，則皆驚歎以為殊絕。然次白處眾中，佝頣荒悍，退然若不能言者。其自守嚴，甚非其義，一無所授受。其於流俗意見，無纖芥可著胸中者。與余交甚密，兩人生同歲，長同入縣庠，同嗜書。其論為學門徑，決事可否，取捨殆無不同者。始舍館於余一年，海鹽朱閣學方增督江南學，與之偕，及還，謂次白無去我，以是居閣學家最久。閣學沒，次白經紀其喪，錄成其遺書，而後返於余。顧貧益甚，且病不食不寢，藥之若稍差者，復出授徒，又朝夕呫畢，年餘而遂至於死也。悲夫！時舍館於吳侍郎椿家，疾甚，猶講授不輟。或曰已諸，曰吾職也，一息尚存，不可懈。侍郎使其子以疾辭，乃已。及沒，侍郎感其意，賻助之甚厚。次白兄鳳孫有廢疾，次白奉養惟謹。嘗謂余曰者梅里人來，謂吾子閒市肉以奉其伯父而已，仍菜食，此言殊慰念。又謂余曰吾江南之行，家未舉之喪，皆籤焉獨吾父未葬。意朱君督學三年，留將謀之，不意其遽還也。今當奈何？余與次白兩人，家事相商度無隱。次白以語餘者，不語人人也。迺其所著書，則雖余不以告。蓋次白志意深遠，初不屑屑文字間。今得其手稿，有《攬青閣詩》、《望春盧詞》及《詩考異》、《詩經名物考》，又有姓氏輿地諸書，草略未竟。其《十七史考異》最完善，辨覈諦審，當與嘉定錢氏書竝行者。嗚呼！次白已矣！幸而傳其所著書，其終見知於後世也。夫次白諱貽德，字天彝，又自號杏村。先世自江陰徙嘉興。曾祖我郊，官廣西參政。祖宗海，考朗，俱國子監生。永昌府知府。宗渭，乾隆己亥舉人，蘭則本生祖考也。姚陸氏，本生姚鄭氏。娶吳氏，能詩，居姑喪，泣血成瘵疾，卒。次白時方踰冠，遂不復娶。子一，文貴，縣學廩膳生，有學行，能繼其家者。銘曰：

嗚呼次白，曠世之才，萬古之心，日星之耀。而土壞之沈已矣。吾弦之摧兮，其誰嗣音。

語，大驚，恨知之晚。」徐辛菴侍郎《李次白傳》〔註4〕云：「時陽湖孫廉使星衍亦僑寓金陵，君投以詩百韻，即相得甚歡，與上下古今，窮晝夜不息。」諒必出其稿以相示。況《凡例》所言欲補輯各門，《凡例》云：「古人事蹟，傳聞異辭，別作案語，折衷其是，俟諸書成之後。」又云：「此編既採諸子百家輔翼三《傳》，則列國地名、人名、官名有不盡見於經傳者，應別作《春秋地名考》、《姓氏表》、《職官表》以補前人之闕。」安知不引以相助？錢《志》云：「孫先生善病，晚年所著書，多付次白爲卒其業。」

　　是此書緣起，實因遊通奉之門。徐《傳》云：「其在金陵時，孫廉使輯漢魏之說經

〔註4〕徐士芬《漱芳閣集》卷三《李次白傳》（《清代詩文集彙編》第570冊，第244～245頁），云：

君諱貽德，字天彝，次白其號也。先世由江陰徙居嘉興梅會里。曾祖某，官廣西布政司參政。祖某、父某，皆國子生。君二歲而孤，三歲外祖陸公某口授以《詩》，至「輾轉反側」句輒以手狀之。七歲賦柳絮詩，族人進士某一見目爲奇童，延之家塾，爲剖析經義數十條。每覆解，未嘗失一字。十歲習舉子業，一藝出，輒冠其曹。年十八爲縣學生，試高等食餼。嘗因家貧遊慈谿，習法家言，尋以母病歸，後館硤川蔣氏。蔣藏書富，盡發其篋讀之，學益進。繼又館金陵王氏，時陽湖孫廉使星衍亦僑寓金陵。君投以詩百韻，亟延入，與上下古今，窮書夜不息。孫公晚年所著書，君爲卒其業居多。嘉慶戊寅舉於鄉，對策爲浙士冠，得進呈。嗣是六上春官，屢薦不售。都下無不知君學行，爭延致之。壬辰會試報罷，遘疾，歿於京師，年五十。

君生性孝友，篤於內行。本生母鄭孺人性嚴，時怒責，輒跪受無少忤。兄鳳聲有廢疾，終生敬事之，撫兩從子如己出。家徒四壁立，而歲所入，輒以贍宗卹之貧無依者。配吳孺人，工吟詠。姑卒，泣血成廢疾不起。君時甫逾冠，誓不再娶。素耿介，人不能幹以私。房師桐城李公居停，婺源王公先後攝本郡守，裹足不一及其門。與人交，肝瞻披露不少隱。有不可，輒面斥之，然不設崖岸。讀書一覽成誦，終生不忘。嘗徵事，云出某書第幾卷第幾頁，人覆親之不少爽。尤具經濟略。於天下山川、扼塞、士馬、芻糧以逮治河、興屯諸利弊，羅列若指諸掌。少工韻語，亦間爲倚聲，著有《攬青閣詩鈔》、《夢春廬詞存》若干卷。又與馮太史登府、周茂才某、張孝廉昌衢以經術相切劚，著有《詩考異》、《詩經名物考》若干卷。其在金陵時，孫廉使輯漢魏人之說經者爲《十三經佚注》一書，令同志分任之，君著有《周禮膡義》、《左傳集解》若干卷。於史學則自漢以來迄五代，復縷析條貫，實事求是，著有考證若干卷，視錢宮詹《考異》一書加詳焉。又訂正鄭名世《姓氏辯證》，增補錢諷《回溪史韻》，惜未成書而卒。子文貫以行狀請爲傳，因刪劚其凡如此。贊曰：

余與次白同舉鄉試，又皆出桐城李公房。里居接壤，一見如故，遂同偕計車北上。在都，間二三日必相過。氣誼之親，侔手足焉。君豐頤便腹，不事修飾，吐屬諧雋，見者如飲醇醪，亦莫測其涯涘。座師高郵王公深器之，每論學術，必語及君。禮闈見浙人二三場，淵博厚者，輒疑爲君卷，亟入選，蓋欲昌其學也。使其得展所負，豈止著書數尺已哉？不幸貫志以歿，今文貫克世其學，爲其哀集著述，以備徵採云。

者,爲《十三經佚注》一書,命同志諸人分任之。君著有《春秋左傳賈服注輯述》若干卷。」
而編次體裁,則與太史爲近。書中引用孫說,稱爲孫先生;卷六《僖四年傳》「昔
召康公」條,卷十六《昭九年傳》「辰在子卯」條,並引孫先生《疏證》云云。引用洪說,
稱爲洪氏;卷四《莊元年傳》「絕不爲親」條,《九年傳》「及堂阜而稅之」條,卷七《僖二
十六年傳》「虁子」條,卷十《成十七年傳》「懼不敢占也」條,並引洪氏亮吉云云。因有受
業未受業之分。而宗旨所存,則二公皆其生平願學。故此書實事求是,由古
訓以通大義微言,凡《春秋》與《周禮》表裏,《左傳》與《國語》、《公》、《穀》
異同,賈、服兩家與經傳子史符合者,一一溯其原委。自天文、五行、輿地、
職官、名物、度數,莫不條分縷析,疏通證明。至於杜《注》與賈、服相違
者,《正義》多曲從杜說,則必爲之權衡時地,揣測事情,援古義以表微,掃
浮詞以解惑。不啻發蒙振落,摧陷廓清,洵可謂《左氏》之功臣。景伯、子
慎有靈,必當引爲知己。

　　此固由於天資卓犖,稽古功深,而亦因早見孫、洪,有以開先路之導也。
先生重師承而兼隆友誼,非道義之友未嘗往來。今安徽學使閣學餘姚朱公與
先生訂僑、札之交,結范、張之約。哲嗣鎮夫隨侍節署,與先生從子少石、
次孫、杏孫聯聲舉之蹤,紹紀群之雅,世敦古誼,久要不忘。袞輯先生遺書,
延寶應劉君叔俛精校付刊,屬毓崧作序。閣學與先君子己卯同年,夙仰光儀,
未經摳謁,遽承委撰,不敢固辭。爰就先生師友淵源,加以申述,俾讀其書
者知親師取友乃爲學之大綱,趨向端斯,經術邃矣。若夫搜採之多,抉擇之
慎,考正訛誤之精〔註5〕,則叔俛序中言之已備,茲不贅焉。

<hr />

〔註5〕 李慈銘《越縵堂讀書記》(由雲龍輯,中華書局1963年版,第130頁)載:
　　　　終日疲困,閱李杏村《春秋左氏傳賈服注輯述》,其於名物訓詁,皆推究古義,
　　　　務極精嚴。若發明經傳之旨,求其文從字順,則賈、服舊解,奇零不全,他書
　　　　所存,往往上下冢屬,遽難別白。或有本非賈服,而剌取誤及者。以證經義,
　　　　多不可通,故轉不如杜氏也。同治丁卯(一八六七)十二月十八日。
　　　　閱《左傳賈服解注》,其中論丘甲一條、八百乘一條,俱引《司馬法》,以申服、
　　　　賈之說,極爲明皙。因取凌曉樓《四書典故覈》、黃薇香《論語後案》、焦理堂
　　　　《孟子正義》及江慎修《周禮疑義舉要》、沈果堂《周官祿田考》、胡雒君《儀
　　　　禮釋官》諸書證之,惟金蘀齋《禮箋》之說,足相發明。(下略)同治壬申(一
　　　　八七二)八月二十八日。
　　　　楊鍾義曾爲此書撰提要(《續修四庫全書總目提要·經部》,第698頁),稱:
　　　　清李貽德撰。貽德字天彝,號次白,嘉興人。嘉慶戊寅舉人。善小學,省試出
　　　　高郵王引之之門,深器其學行。同時洪亮吉有《左傳詁》,孫星衍有《春秋集
　　　　證》。貽德早見孫、洪,故詩古文詞與之相近,而邃於《春秋左氏》,亦復相同。

蜚雲閣叢書序　代阮文達公作

　　近儒治《何氏公羊》者，莫著於孔檢討廣森；治《鄭氏儀禮》者，莫著於張編修惠言。孔氏之治《公羊》，以《春秋繁露》爲根本。檢討《公羊通義自序》凡三引董生《繁露》。張氏之治《儀禮》，以《四書》古注爲階梯。編修嘗辨四子書中漢說之當從者數十事，手書成帙。其授受各有師承，皆專門名家之學也。

　　江都凌君曉樓曙經術湛深，力學不倦，推廣張氏之意，著《四書典故覈》六卷；又引申孔氏之例，著《繁露注》十七卷。既而由《四書》以通《三禮》，著《禮論》一卷，而鄭氏之《儀禮》遂得其指歸。復由《繁露》以通《春秋》，著《公羊禮疏》十一卷、《公羊禮說》一卷、《公羊問答》二卷，而何氏之《公羊》亦探其奧賾。書凡六種，統名爲《蜚雲閣叢書》，洵可謂任城、高密之功臣，儀鄭、茗柯之同志矣。余昔官兩廣時，延君至節署，授諸子以經，並錄其書之最精者，刻入《學海堂經解》。及余予告還里，而君已久歸道山。其子東笙鏞奉遺書乞余作序，因述其說經之淵源，爲學之次第，俾後之讀其書者，知所從事焉。

　　此書實事求是，由古訓以通微言大義，凡《春秋》與《周禮》表裏，《左傳》與《國語》、《公》、《穀》異同，賈、服二家注與經傳子史符合者，一一溯其原委。搜採至博，抉擇尤愼。自天文、五行、輿地、職官、名物、度數，莫不援據傳注，疏通證明。元凱《集解》與賈、服相違者，孔《疏》多曲從杜說，則必爲之表微解惑，俾讀者知其視杜解爲優。義有未安亦加駁難，不曲爲之說，必黜杜以伸賈、服。其考正誤文誤義，如隱八年注「先者見獲」誤倒於「必不往相救」之前；僖二十六年注「夔，楚熊渠之孫」，「孫」當作「子」；宣四年注「兵車旁幔輪」，「輪」當作「轂」；成十六年注「袴而屬於附」，「袴」上當有「若」字；襄二十七年注「楚君」，「楚」疑作「燕」，「君」字下屬；昭十三年注「鄭伯爵在男畿」，爲賈本義，「男」當作「南」，南面之君，爲賈或義，「男」當作「南」，句上當依《國語注》補「或云」二字：皆誤文之顯然者也。桓五年「旝動而鼓」，從杜氏以旝爲旗，不取飛石之說；昭八年「自幕至於瞽瞍」，從鄭氏「幕」爲舜先，不取舜後虞思之說；十六年「其祭在廟，已有著位」，從杜氏爲助君祭，不取孔張先祖配食之說；十九年「楚子之在蔡也」，從杜氏以楚子爲大夫時聘蔡，不取楚子爲蔡公時之說：皆誤義之顯然者也。自國朝以來，爲《春秋左氏》學者，多昌言古注，而發明精博無過此書。儀徵劉毓崧稱其爲《左氏》功臣，景伯、子愼必當引爲知己。與餘姚朱久香閣學蘭交。歿後，久香取稿本付梨棗。所著尚有《周禮剩義》、《詩考異》、《詩經名物考》、《十七史考異》，見錢儀吉所撰《墓誌》。又訂正鄧名世《姓氏辯證》，見徐士芬所撰傳，惜其未成書而卒也。

春秋穀梁傳時月日書法釋例跋　代

右《春秋穀梁傳時月日書法釋例》四卷〔註6〕，先師許月南先生所著也。

〔註6〕李慈銘《越縵堂讀書記》同治癸亥（一八六三）正月二十八日記（由雲龍輯，中華書局 1963 年版，第 135 頁）：

得問月書，以孔氏微波榭所刻宋元憲《國語音》及近人海州許月南孝廉（桂林）《春秋穀梁傳時月日書法釋例》見贈。《穀梁》之學鮮傳者，邵氏、洪氏所輯皆未行。近日鎮江柳賓叔孝廉（興恩）撰《穀梁大義述》，儀徵太傅爲之序，閩中陳頌南侍御復撰《穀梁傳廣證》，而其書都未見於世。許氏與柳氏同出吾鄉湯文端之門，（文端典江南試，二君皆以經學得雋。）許氏此書，先從《穀梁》所書時日疏通其大旨，以《公羊》爲《穀梁》外傳，《左氏》爲《穀梁》衍義，唐陶山作序已譏其武斷，則漢人專門之結習，其能謹守師法者在此，其不能擇善而從亦在此。予未暇爲此學，亦未究閱其書，姑識其大端而已。

同治壬申（一八七二）三月十一日記（第 135 頁）：

閱海州許桂林《穀梁傳時月日釋例》，亦一家之學，而首爲「總論」，極詆《左氏》，其言甚悖，且云所著尚有《疑左》二卷。蓋妄書也。是書成於道光丁未，前有阮儀徵、唐陶山兩序，唐序尤佳。

胡玉縉《許廎經籍題跋》卷一《春秋穀梁傳時月日書法釋例書後》（吳格整理《續四庫提要三種》，上海書店出版社 2002 年版，第 426～427 頁），稱：

《春秋穀梁傳時月日書法釋例》四卷，海州許桂林撰。桂林字同叔，一字月南，舉人（非嘉慶丙子即道光辛巳）。其書首總論，次提綱，次述傳，次傳外餘例，各自爲卷。「總論」述《穀梁》之有功於經，蓋即自序。《提綱》舉塞其大端，「述傳」析其子目，所列門類，小有出入，而大致相同。其書時、月、日正例及不用正例，列於「提綱」之首，書昔例及夜中、日中、日下稷例，列於「提綱」之末，以其爲全書之通例，不專屬於一門，故「述傳」內不及之。「傳外餘例」則刺取范甯注，而注稱傳例、爲傳所本有者不復闌入，條例明整，頗能得其比附。間嗣下案捂，亦見發明，足爲專家之學。惟「述傳」以成十六年「甲午晦」傳云「日事遇晦曰晦」，而僖十五年「己卯晦」傳云「晦冥也」，以爲自亂其例，於傳文有所駁斥，未免拘泥。「總論」以《穀梁》爲正傳，《公羊》爲外傳，謂如《左氏》之與《國語》，已屬瞽説，又以公羊、穀梁爲一人，謂前人疑皆姜姓，似非偶然，更爲無識。羅壁《識遺》所載萬見春語，《四庫提要》已辨之，奚足據信。又以《左氏》就《公》、《穀》二傳曼衍成一家書，歷舉其失於照應、巧爲傳會諸端，謂鑿空而造人名、造地名，鑿空而爲夢境、爲繇詞，不必盡事實，別詳所撰《疑左》二卷中。肆意排擊，尤爲悖謬。左氏與孔子同時，並如周觀書於周史（《左傳》杜預《春秋序》：「左邱明受經於仲尼。」孔《疏》：「沈氏云：『《嚴氏春秋》引《觀周》篇云：孔子將修《春秋》，與左邱明乘如周，觀書於周史，歸而修《春秋》之經，邱明爲之傳，共爲表裏。』」縉按：此乃古《家語·觀周》篇中語，今王肅本亦有《觀周》篇，而失載此文，豈在公、穀之後？豈有鑿空之事？是書成於道光丁未，前有阮元及唐仲冕序，唐氏已有譏祠。近朱一新《無邪堂答問》、李慈銘《桃華聖解盦日記》亦以其論《左傳》爲非是。然「總論」外要自可取，王氏所爲刊入《緩解續編》歟？

《續修四庫全書總目提要·經部》有楊鍾義所作提要（第 734 頁），稱：

第一卷爲《總論》，第二卷爲《提綱》，第三卷爲《述傳》，第四卷爲《傳外餘例》。

　　《總論》一卷，先述《穀梁》之有功於經者三端，次辨趙匡、劉敞、程願學、汪克寬、顧棟高諸說之誤，終論《左氏》、《公羊》之異同。蓋即以此篇爲自序也。《提綱》一卷，舉其大端。《述傳》一卷，析其子目所分之門類，大率相同。「正月」例第一，「夏四月、秋七月、冬十月」例第二，「閏月」例第三，「朔晦」例第四，「即位」例第五，「公如」例第六，「朝」例第七，「盟」例第八，「郊」例第九，「烝嘗」例第十，《提綱》以「郊」與「烝嘗」合爲一，《述傳》分爲二。「嘉禮」例第十一，《提綱》以覜附於朝後，《述傳》因《春秋》所書之「覜」，乃大夫宗婦見夫人，故另列於此，以備嘉禮一門。「大閱」例第十二，「侵」例第十三，附《公羊》「伐」例。「戰」例第十四，「敗」例第十五，「潰」例第十六，「入」例第十七，此滅入之入。「取」例第十八，「滅」例第十九，「入」例第二十，此出入之入，「歸」例第二十一，「奔」例第二十二，「卒葬」例第二十三，《提綱》分卒葬爲二，《述傳》合爲一。「弒」例第二十四，「殺」例第二十五，附「用」例。「日食」例第二十六，「旱雩」例第二十七，附「雨、不雨」例。災異例第二十八，《提綱》有地震、山崩、蟲災等門，《述傳》皆括於災異之內。「傳疑」例第二十九。若夫書時月日正例及不用正例，列於《提綱》之始；書昔例及夜中日中日下稷例，列於《提綱》之末。而《述傳》內不列之者，以其爲全書之通例，不專屬於一門，故有綱而無目也。《傳外餘例》一卷，則以《傳》無明文，而僅見於范《注》

　　　清許桂林撰。桂林字同叔，號月南，海州人，嘉慶丙子舉人。太史公云：孔子因史文次春秋紀元年正時月日，《公》、《穀》皆謂春秋書法，以時月日爲例。而《穀梁》尤備。兩傳義異者，則《穀梁》之義多正。鄭君稱「《穀梁》善於經」。《穀梁》諸例，師說失傳，惟日月例可比附經文而得之。桂林篤信穀梁氏之學，所作《釋例》有引《公羊》互證者，有駁《公羊》而專主者，類別引申，條例明整。第一卷爲《總論》，先述《穀梁》之有功於經，次辨趙匡、劉敞、程端學、汪克寬、顧棟高諸說之誤，終論《左氏》、《公羊》之異同。第二卷爲《提綱》，舉其大端。第三卷爲《述傳》，析其子目。第四卷爲《傳外餘例》，則以所述時日月例。惟取傳中所有條而列之，其范《注》中所論之例，而傳無明文者，附之於後，不以淆焉。阮元序稱其居魯地而修魯學，可與鎮江柳氏之書相輔而行。書中謂《左氏》因《公》、《穀》蔓衍而成。《穀梁》以《公羊》爲外傳，如《左氏》之於《國語》，近於武斷，爲唐仲冕所譏。宋人有疑公羊、穀梁皆姜姓，以二字翻切皆爲姜字。桂林據其說謂疑即一人。寓此二姓，壽夢爲乘，勃鞮爲披，古蓋有之，不必以翻切始於孫炎爲疑。此尤誤信譌言，通儒不宜出此也。桂林兼治六書九數，所作《宣西通》二卷，入《續疇人傳》。

者，附之於後。「夫人如」例第一，「外相朝」例第二，「聘」例第三，「會」例第四，「平」例第五，「遇」例第六，「夫人饗」例第七，「王使」例第八，「歸」例第九，此歸地之例與《提綱》、《述傳》人歸之例不同。「宗廟」例第十，「祭祀」例第十一，「逆女」例第十二，「送女」例第十三，「狩」例第十四，「城」例第十五，「伐」例第十六，「圍」例第十七，「克」例第十八，「救」例第十九，「遷」例第二十，「諸侯奔」例第二十一，「諸侯歸」例第二十二，「執」例第二十三，「立」例第二十四，「公薨」例第二十五，「夫人薨」例第二十六，「周大夫卒」例第二十七，「內女卒」例第二十八，「賵」例第二十九，「有年」例第三十，「大水」例第三十一，「內」災例第三十二，「外災」例第三十三。凡注稱傳例為傳所本有者，則不復更錄焉。此書本無目錄，故因校刊既竣，敬識數語於後，俾閱者易於檢尋。至於作書之大指，則諸家之序〔註7〕已詳言之，無庸

〔註7〕《叢書集成初編》據《粵雅堂叢書》影印，卷首有阮元序，（中華書局 1991年版，第1～3頁），稱：
《漢書·儒林傳》云：「宣帝即位，聞衛太子好《穀梁春秋》，以問韋賢、夏侯勝及史高，皆魯人也。言穀梁子本魯學，公羊氏乃齊學也。宜興《穀梁》自瑕邱江公受學於申公，傳於榮廣、皓星公二人，申公與榮廣皆魯人。」案：齊魯之學俱親受於子夏，魯學於齊為較近。故鄭氏云：「《穀梁》四時田者，近孔子故也。」惟《公羊》先立學官，師說久著。《穀梁》至漢宣始立。《賈逵傳》云：「兼通五家穀梁之說」。范《序》：「自魏晉以來，釋者十家。」《隋書·經籍志》云：「至隋寖微，今殆絕無師說。」自隋至今又千二百年，近儒於《公羊》、《左氏》二家不少著錄，而穀梁無肄業及之者。誠以師說既沒，而時月日之書法，說者又每多齟齬。余輯《學海堂經解》千數百卷，於《穀梁》學獨無專家。道光二十年，見鎮江柳氏撰《穀梁傳學》，余舉善經近孔語，特為序之。今讀許氏桂林所作《釋例》，有引《公羊》互證者，有駁《公羊》而專主者，大旨具見所作《總論》。末據鄭氏「《穀梁》善於經」之語，以為時月日即善經之一，是亦篤信鄭學，不為無根之譚，與柳氏書可相輔而行也。許君，海州人。《太平寰宇記》，海州為春秋魯國之東界。《詩·魯頌》「至于海邦」，海邦即今海州之地。居魯地而修魯學，可謂近孔之實證矣。有海邦好古者繼許君而傳授之，則申公、韋賢之師說且不難按籍考也。桂林為余門生湯敦夫所取之士，湯喜其對策。嘉慶王申冬，余閱兵至海州，曾因凌仲子先生，見所作《宣西通》二卷，已採入《續疇人傳》。今又獲觀此冊，他時有刊入《經解續集》者，是則余所深快也。道光二十五年秋，揚州阮元筆。
次為唐仲冕序（第5～7頁），稱：
太史公云：「孔子因史文次《春秋》，紀元年，正時月日。」蓋《春秋》者，杜預所謂「以事繫日，以日繫月，以月繫時，以時繫年」，此魯史記之法也。若《晉乘》、《楚檮杌》，則不主斯義矣。《春秋》何以託始於隱？謂為東遷及隱讓國而作，皆非也。意者東遷後四十餘年，諸侯無大變更，其盟會赴告，皆有時月日可稽，可以著吾史法。又特載「夏五郭公」之闕文，以明或月或不月，或

日或不日，皆筆削而非闕文也。審是則穀梁氏之傳爲清而不短矣。夫事實在國史，而褒貶在單詞，捨國史而讀《春秋》，指某事曰此聖人之褒也，指某事曰此聖人之貶也，必有憑空結撰而不能衷諸一是者矣。或有謂以名地見書法者，名字繫乎爵位，地名分乎畛域，且人名去不知爲誰，地名去不知何國，安能成文？然則有所褒諱抑損之微言，其在時月日乎？而或者疑之，孔子未修《春秋》，豈先設此條例？則甚矣其說之固也！夫聖人之作《易》也，何有承乘比應？古人之作《詩》也，亦何有賦比興？而其義類卒不出乎此，蓋研經者參互考訂，以探作者之用心，而求其合，遂如陣伍之不可紊，法律之不可改也。其離與合，在信之篤與不篤耳。月南篤信穀梁氏之學，引而伸之，觸類而長之，豈惟有功於《穀梁》，其於《春秋》亦庶幾鼓芳風以扇遊塵者歟？至謂《公羊》爲《穀梁外傳》，《左氏》因《公》、《穀》曼衍，近於武斷。然漢儒治經，弊在黨同伐異，而經學立；後人治經，弊在隨聲是非，而經學廢。月南殆猶有專門之風，故特標舉爲成學，治古文者勸焉。陶山唐仲冕撰。

次爲孫星衍序（第9頁），稱：

近日爲《公羊》之學者，多無人措意《穀梁》者，得大著闡揚前哲經訓，條理精密，論辨明允，實足嘉惠儒林。鄙意如漢唐人家法有不合尊見之條，亦爲回互更善。丙子八月朔，星衍頓首。

次爲白鎔跋（第11頁），稱：

《春秋》之作，聖人所以正人事也。然必天統正於上，然後人事正於下。聖人書法於年月時日之間，必非偶然。乃後人不得其說，徒加以附會穿鑿。及不能通，則謂聖人本無意焉。夫聖人豈無意者？抑聞之，治《春秋》如獄，《左氏》案也，《公羊》判也，《穀梁》律也。世未有不明律條，而能據案以判是非者。則治三《傳》，必先《穀梁》，年月時日之間，何可不加之意乎？月南是書，詳爲《釋例》，爲《穀梁》之功臣，究《春秋》之微意，亦可以覘其學之深矣。潞河自鎔拜跋。

次爲汪喜孫記（第13頁），稱：

《春秋》三家，信難蜂出。鄭君獨謂「《穀梁》善於經」，然則治經者捨《穀梁》奚從？明《穀梁》者，捨年月日時奚從？且不與小斂，故不書日，《左氏》曾發其例，固非一家之學也。（喜孫）素好鄭說，無以發明，今獲觀月南先生《釋例》，渙然冰釋而廢疾益起。若其類別之詳審，引信之簡明，以況武子，其庶幾焉。劉原父言「窘於日月」焉，在其窘也。甘泉汪喜孫記。

按：鄭君指鄭玄、劉原父指劉尚。二人之說，見左氏王應麟《困學紀聞》卷六《左氏》（（清）閻若璩，何焯，全祖望注；樂保群，田松青校點，上海古籍出版社年版，第頁），云：

三《傳》皆有得於《經》，而有失焉。「《左氏》善於禮，《公羊》善於讖，《穀梁》善於經」，鄭康成之言也。「《左氏》豔而富，其失也巫；《穀梁》清而婉，其失也短；《公羊》辯而裁，其失也俗」，范武子之言也。「《左氏》之義有三長，二《傳》之義有五短」，劉知幾之言也。「《左氏》拘於赴告，《公羊》牽於讖緯，《穀梁》窘於日月」，劉原父之言也。「《左氏》失之淺，《公羊》失之險，《穀梁》失之迂」，崔伯直之言也。「《左氏》之失專而縱，《公羊》之失雜而拘，《穀梁》不縱不拘而失之隨」，晁以道之言也。「事莫備於《左氏》，例莫明於《公羊》，義莫精於《穀梁》；或失之誣，或失之亂，或失之鑿」，胡文定之言也。「《左

復贊一詞矣。

孫柳君《十三經音義故》序　代

許叔重《說文自序》云：「至孔子書六經，左邱明述《春秋傳》，皆以古文，厥意可得而說。」蓋文字者，經藝之本，故曰本立而道生。據此則許氏之辨析音義，正所以詮釋經文。蓋其五經無雙，實由六書獨擅，故既綜經師之緒言以成《異義》，復採經傳之古訓以作《說文》。昔人稱其以字解經，不愧爲身通六藝者〔註8〕，誠至當不易之論矣。顧諸家疏證《說文》，雖皆推重其經學，而專著一編，特爲闡發者，則自昔無傳書焉。程易疇先生序程東冶《說文引經考》云：「治古文者得是書而讀之，以論列群經文字之是非，而考訂其得失，夫豈復有迷於所往者哉。」其說可謂確矣。然東冶之書，第就《說文》所引群經，匯聚以考之，而群經之字散見於《說文》者，則未暇裒集也。

氏》傳事不傳義，是以詳於史而事未必實；《公羊》、《穀梁》傳義不傳事，是以詳於《經》而義未必當」，葉少蘊之言也。「《左氏》史學，事詳而理差；《公》、《穀》經學，理精而事誤」，朱文公之言也。學者取其長，捨其短，庶乎得聖人之心矣。啖、趙以後，憑私臆決，甚而閣束三《傳》，是猶人室而不由戶也。卷末有羅士琳跋（第153～156頁），即此文，可知乃代羅士琳而作。文末題署「道光甲辰冬受業甘泉羅士琳敬跋」，可知作於道光二十四年（1844）。

次爲伍崇曜跋（第157～159頁），稱：

右《春秋穀梁傳時月日書法釋例》一卷，國朝許桂林撰。案：桂林字同叔，號月南，又號月風，海州人。嘉慶二十一年舉人。羅茗香續阮文達《疇人傳》，稱其「至性純粹，丁內艱，以哀毀卒。生平博綜群書，好學深思。體素弱，不耐勞。然不能無所用心，若靜攝一二日輒病。唯讀書始精神煥發。故日以詁經爲事，人以疑義就質，有問必答，藹然示人以可親。談他事，未數語便覺氣餒。」兼治六書九數，著有《易確》二十卷、《毛詩後箋》八卷、《春秋三傳地名考證》六卷、《漢世別本禮記長義》四卷、《大學中庸講義》二卷、《四書因論》二卷、《許氏說音》十二卷、《說文後解》十卷、《太元後知》六卷、《參同契金隄大義》二卷、《步緯簡明法》一卷、《立天元一導窾》四卷、《擢對》八卷、《半古叢鈔》八卷、《味無味齋文集》八卷、《外集》四卷、《詩集》二十六卷、《外集》八卷、《駢體文》四卷、《壹籟齋詞》一卷及是書。蓋刊行者僅十之一耳。竊嘗歷覽數百年來治《穀梁傳》，成書者絕鮮。昔番禺亡友侯君謨康撰《穀梁禮證》一書，余嘗刻之《嶺南遺書》第五集中，似可與是書相輔而行。噫！闡千秋之墜緒，鼎興於吳粵之間，而余皆得而付之剞劂，亦一重文字香火緣也。咸豐甲寅孟冬之吉南海伍崇曜跋。

〔註8〕孫星衍《問字堂集》卷四《與段太令若膺書》（駢字騫點校，中華書局 1996年版，第99頁），云：「僕嘗言許叔重以字解經，鄭康成以經解經，孔門之外，身通六藝，古今惟此二人。」

錢辛楣先生《說文答問》云：「叔重生於東京全盛之日，諸儒講授師承各別，悉能通貫，取其合乎古文者，稱經以顯之。其文異而義可通者，雖不著書名，亦兼存以俟後人之決擇。」其識可謂精矣。然《答問》所述，第就群經所有異文，約舉以明之，而《說文》之字本見於群經者，亦未暇遍考也。

歸安孫柳君孝廉，博雅好古，撰述等身，於經學、小學尤爲邃密。頃以所輯《十三經音義故》屬余爲序〔註 9〕。是書以小學爲經，經學爲緯。其《敘例》謂：「說經以六書爲主。文字之指歸，莫善於《說文》，故是書悉循其部。」又謂：「《十三經》所有，說文所無者，約千餘字。其中或偏旁互異，或音義可通，或字形小變，仍不得謂經有而《說文》無也。今並附於《說文》正體

〔註 9〕王欣夫《蛾術軒篋存善本書錄》著錄孫葆璜《十三經音義故總例凡例》一冊，係清道光歸安孫氏己學齋刊本（鮑正鵠、徐鵬標點整理，上海古籍出版社 2002 年版，第 419～420 頁），稱：

清歸安孫葆璜撰。清道光歸安孫氏己學齋刊本。

葆璜原名衍慶，字仲山，號柳君。道光甲午舉人。考取内閣中書。《光緒歸安縣志·文苑》有傳云：「以文藝遊公卿間，有時名。晚歲著書甚勤。」《藝文》載其所著《十三經音詁》、《載道堂集》，皆無卷數。

此爲專刻其所著《十三經音義故》之《總例》二十二條，《凡例》二十五條。次行題「儀徵阮芸臺先生鑒定」，板口下方有「己學齋」三字。其書弘綱畢舉，條例詳明。大致稱十三經者，依太學《石經》之目。稱故者，故通作詁，張揖《雜字》云：「詁者，古今之異語也。」由今言以通古義。以《說文》爲解經之首，故於《說文》所有經典之字，則先篆後正，書以二體。《字林》、《玉篇》等所補，則有正無篆。以耑重訓詁，故群經中以《爾雅》爲主。蓋於字形本之《說文》，以蘄復乎古文，音義本之注疏，釋文以求合乎漢學。詁經之次第，本義在先，叚借次之，人名、地名、物名居末。引經之字式：經文大字，注疏小字；《說文》大字，同經，《繫傳》、段云同注疏；逸經、外傳同經，《字林》、《玉篇》、《廣韻》、《集韻》之與《說文》相次者同《說文》。每卷前標明字目某字至某，幾部；每卷後載明第幾卷，某字至某若干字。凡若此者，均詳於《總例》。其分類二十五：曰正，曰體，曰闕，曰逸，曰刊，曰補，曰通，曰別，曰存，曰釋，曰形，曰重，曰包，曰特，曰詳，曰略，曰合，曰連，曰互，曰坿，曰仍，曰約，曰繁，則詳於凡例。蓋其條理嚴密，引徵繁富，阮氏《經籍簣詁》後一巨製也。惟《總例》有云：「俟成書後，當仍許書部居分隸焉。」又有云：「俟成書時覈實之。」則刊此冊時，似全書尚未告成。案劉毓崧《通義堂集》卷四，有是書序，題下注「代」字，當爲阮芸臺作者，然則其書終已完成，故《志》傳謂「晚歲著書甚勤」也。陸心源藏書最富，又嘗徵刻《湖州從書》，乃其主修之縣志，於葆璜傳不言其經學藝文，目又漏去義字，殆未見是書。今北京圖書館亦有一冊，與宋、元本同列入善本目錄，可謂有識也矣。此本有挖改處，又有「葆璜」小印，當爲自留底本。

有「仲山初稿」朱文長方印，「元和胡氏玉縉所藏」朱文長印。

之下。」又謂：「是書載《說文》之引經字，異無論已。其不引經而皆關經訓，特顯載之。」又謂：「是書於字形，本之《說文》，以蘄復乎古文。於音義本之《注疏》、《釋文》，以求合乎漢學。」就《敍例》所言者，以核全書，其體裁無不符合。以視張參之《五經文字》、唐元度之《九經字樣》，不啻過之。洵所謂由小學以通經學，可謂叔重之功臣，而補程氏、錢氏所未備矣。昔顏魯公著《韻海鏡源》，告成於湖州。魯公撰《烏程妙善寺碑》，備記同纂諸人姓氏，而州人國子助教褚沖與焉。今孫君以湖郡名儒，勤於著書，足以接武褚氏。此藝林之盛美，不僅爲桑梓之光也。《韻海鏡源》久佚不傳，考《封氏見聞記》云：「其書先起《說文》，爲篆字，次作今文隸字，仍具別體爲證。然後注以諸家字書，解釋既畢，徵九經兩字以上，取其句末字編入本韻。爰及諸書，皆倣此。」繹其體例，蓋以《說文》爲經，九經爲緯，較諸孫君此書，雖有分部分韻之殊，其大指則皆尊許氏而崇經術。信乎小學與經學實相聯貫，而以字解經之法，先後有同心也。然褚氏與眾人分纂，而孫君則一人獨成，其功力更深，其學業亦更巨矣。誰謂古今人不相及哉？

汪仲伊《管樂元音譜》序

聲律之協，起於管音，不獨當驗諸樂書，抑且可徵於小學。蓋《說文》「律」訓爲「均布」，取義於聿。「律」字下云：「均布也。從彳聿聲。」《注》云：「《周語》：『律所以立均出度也。』《禮運注》云：『其管，陽曰律，陰曰呂。佈在十二辰。』」「聿」訓爲「筆」，取義於以聿書牘。「聿」字下云：「所以書也。楚謂之聿，從聿一聲。」段本無「聲」字，《注》云：「各本作一聲，今正。此從聿而象所書之牘也。」「筆」字下云：「秦謂之筆，從聿竹。」「聿」訓爲「疌巧」，取義於以手持巾。「聿」字下云：「手之疌巧也。從又持巾。」注家於「持巾」未加申釋。巾象筆形，即謂以手持筆；巾象筆形，非巾帨之巾，猶一象牘形，非一二之一也。蓋下象筆毫，上象筆管也。是故溯製字之源本，由聿生聿，由聿生律，律之用管，猶筆之有管，筆字從竹，證以《詩》之彤管，足證筆用竹管，由來久矣。製筆者，非竹管不能成；製律者，非竹管不能定。然則作樂由管音而起，不待旁證而已明矣。

歙縣汪君仲伊〔註10〕，好學深思，邃於樂律。所著《管樂元音譜》〔註11〕，

〔註10〕 劉師培《左盦集》卷六《汪仲伊先生傳》（萬仕國點校《儀徵劉申叔遺書》第9冊，廣陵書社2014年版，第3892～3896頁），載：
汪先生宗沂，字仲伊，亦號弢廬處士，連鑣子。世居徽州府歙縣之西溪，爲歙

縣人。以道光十七年十一月十四日生，早補縣學生員，同治三年以優行貢太學。光緒二年舉於鄉，六年成進土。簽分山西即用知縣，告病在籍。二十一年由安徽學政李端遇保舉學行，特旨賞加五品卿銜。，以三十二年十月十四日卒，年七十。

先生負橐穎異，生三歲，能湧四子書。四歲，母許太宜人授以《爾雅》、《毛詩》，均寓目成誦。長益嗜學。汪故巨族，世席豐厚，族眾數百人，建不疏園以藏書，即婺源江氏、休寧戴氏讀書所也。先生居園數年，手披口誦，以夜繼晝。嗣從同邑程先生焜遊，學甫成而粵亂起，轉徙浙江、江西，飢寒困頓，誦讀不輟。益好經世之學，討治兵農禮樂諸大端，作《禮樂一貫錄》。東南亂定，以所作謁湘鄉曾文正公。時文正公督兩江，延任忠義局編纂，因師臨川李大理聯琇，受漢學於先大父，受宋學於桐城方先生宗誠。於九流百家之學，莫不旁推交通，以宣究得失。然所學仍在經。治經大旨，在博徵群籍，以存已佚之經，集合眾說之長，以釋未佚之經。

其治《周易》也，謂《說卦》三篇，今佚其二。古籍引《易》，其有不載今本者，均為《說卦》逸文。輯《十翼逸文》一卷。又謂王注掃除象數，虞注說取道家，象多臆造，其失也均。因於《集解》所載漢說外，上溯韓嬰、孟喜、周生、蔡景君說，旁及《史記》、《淮南子》、貫、董、揚、劉之書，兼及唐宋以降諸家《易》注，以己意擇決，輯為經注，成《周易學統》若干卷，以《十翼逸文》綴其末。

其說《尚書》也，謂梅賾既造偽古文，與今文併合。於今文二十九篇，若《甘誓》、《金縢》、《酒誥》、《湯誓》、《微子》、《無逸》之屬，均有竄易，非復伏生所傳之舊。而馬、鄭所注古文，亦非孔壁眞簡。乃考定今文，證以漢人所引，以去梅賾所竄易，別《甘誓》、《太誓》於逸篇，曰《今文存眞》。別輯古文諸佚語，合以《甘誓》、《太誓》，定為二十四篇，曰《今古文輯逸》。括為《尚書合訂》上下卷。

於《禮》、《樂》二經則鉤棘數十年，謂《逸禮》三十九篇均為《周禮》，西漢未立博士，其說遂亡。乃綜集經傳諸子注疏言及逸禮者，繫以後論。吉禮六、凶禮五、軍禮三、賓禮四、嘉禮一、通言五禮者一，凡廿篇，名曰《逸禮大義論》。

又謂聲韻之精，必協律呂。樂有宮商角徵羽五音，字有陰陽上去入五聲，與喉舌唇齒牙出音相應。字區五聲，古代已然。《樂經》蓋以五音分部，以統陰陽上去入五聲，故王應麟《小學紺珠》以五聲分屬五音，等韻家辨別五音，法於習讀五聲字譜，因以樂音定五音，以五音括五方元音。法旋宮三調之變，並守溫字母，為廿一法琴徽之音。定韻部為十三，法五音之有五降。定音讀為廿五，又析五音為七音，益以變宮變徵，以括廿一字母。而以陰陽上去入五聲經緯之，成《管籥元音譜》、《聲譜》、《漢魏三調樂府詩譜》、《金元十五調南北曲譜》若干卷。括為《五聲音韻論》一篇。別著《律譜》、《尺譜》及《旋宮四十九調譜》以明樂律。更推其學以說詩，謂古詩之音均可譜。非考古字，循古音，未由便學徒諷習。因審辨音讀，以詩韻協樂律，成《詩說》、《詩經讀本》若干卷。

其說《論語》、《孝經》也，謂《齊論》有《問玉》、《知道》二篇。匡衡傳《齊論》本於后倉，倉作《曲臺記》，而《小戴》之中若《聘義》記「子貢問玉」，《鄉飲酒義》言「觀鄉知王道」，均述孔子語，則《冠義》以下七篇，或均《齊

論》逸文。又漢人引書，有僅稱「傳曰」、「記曰」、「孔子曰」者，魏晉之間，有與《魯論》比附並引者，疑亦《齊論》佚語。因輯爲《逸論語》一篇。謂《孝經》傳自曾子，周、秦、兩漢之儒，咸述其文，故有逸傳無逸經。今文之本，捨文字形聲而外，亦與古文多同。若隋代以前之孔本，實由王肅僞爲。後世所傳，則經傳均出依託，且作僞非一本，鄭本亦經眞注僞。因仿治《周易》例，萃古今眾說定爲《十八章輯傳》。末仿趙岐注《孟子》例，作爲《章指》。又以宋儒司馬光疑《孟子》，說近誣經，條辨其說，作《孟子釋疑》一卷。此先生治經之大略也。

先生幼以孝聞，長侍親病，因研醫術。以張仲景之書汨於王叔和也，輯《傷寒雜病論合編》。又以葬親之故，治形家言。病《葬經》、《龍經》無善本，作《葬經校注》、《龍經校注》若干卷。

壯喜論兵，以今之《六韜》既非眞帙，《武侯陣圖》、《李靖兵法》亦淪佚失傳，因掇刺群籍所引者，輯爲《太公兵法逸文》一卷，《武侯八陣兵法輯略》一卷，《衛公兵法》三卷，附錄一卷，弁曰「三家兵法」。以曾、胡、左行軍方略，俱見三公奏疏文集中，輯爲《三湘兵法》。又以古崇舞劍，法久失傳，因上徵劍制，並及舞容，輯爲《弢盧劍譜》。

晚喜道家言，以《老子》雖崇養生，然於用兵治國之經，不違於致用，匪屏仁義禮勿言，作《道德經實注》上下卷。又以《黃庭經》爲老子外書，說醫多符《素問》；《周易參同契》爲漢人詮述丹法之書，今所傳非故本。又改五相類爲三相類，與《神仙傳》所云作五行相類不符。作《黃庭經注》，《周易參同契五相類經文考》若干卷。其他輯佚之書有《何氏姓苑輯本》，纂錄之書有《王顧二子悴言》，校訂之書有西漢《急就章》寫校本、《弢盧隸譜》。而詞曲歌詩之屬，則有《後緹縈傳奇》、《弢盧詩略》諸編。若《弢盧文稿》，則先生歿後諸弟子所輯者也。

先生雖治經稽古，然志存濟世，恒欲推經術施之用。以所學禮樂兵農之實，補濟世變。曾試出常熟翁尚書同龢門，尚書謂人曰：「汪某不凡才也。」及合肥李文忠公督直隸，延聘入幕，條陳兵農諸政，並及北土蠶桑之法。以所抱莫克盡展，居三年，遂辭歸。曾主講安慶敬敷、蕪湖中江、本郡紫陽各書院。略仿胡安定分齋制，勗諸生以務實，士多興起。

庚子之夏，衢州變作，徽民蠢迪思逞。先生不避艱險，募鄉兵得百人，日居僧寺訓練，儼成一軍。又購浙西桑秧數百株，移植徽歙，迄今邑人收其利。篤信己學，迄老不衰，謂：「舉吾術以措之，太平易致也。」年屆七十，論及世變聲屈坐人。暇以作隸舞劍自遣。以里居鮮可語，因薄遊江淮。由揚州至江寧，主淮揚海道合肥蒯光典家，因以病歿。元配王孺人，繼配王宜人、李宜人均先歿。子五：長福熙、次律本、次行恕、次眞，均以學行世其家；次五倫。孫八，曾孫一。

劉師培曰：先生覃研《禮經》，洞悉樂呂，克秉鄉先生江、戴之傳。若推學於用，則上法顏、李，近與涇縣包氏符。先世父稱之曰：「綜貫六藝，自成一子」，蓋記實也。先生既受經先大父，與先世父先府君交誼尤稔，恒以事至揚州。師培方垂髫，嗜蓄古泉，因舉莽布諸品相畀。繼謁先生於蕪湖，因備讀所著書，克聞呂律大誼。今徽人宦京師者，將舉先生遺書上之朝，以傳文相屬，因述先生治學之大綱著於篇。

發明管龠中聲及律呂旋宮，甚爲詳備。余於音樂之道，夙未究心，承示此書，無以奉益。爰就律管之初義，略加推闡以質之焉。

唐元和寫本說文木部箋異跋

　　莫君子偲得米氏友仁鑒定唐人寫本《說文》木部之半，撰《箋異》一卷〔註12〕，據「栝」缺末筆避德宗嫌名，「楣」、「恒」缺末筆避穆宗諱，定爲中

〔註11〕 此書係《汪仲伊所著書十二種》第一種。湖南圖書館藏有《汪仲伊所著書》鈔本 16 冊，俟訪。

〔註12〕 梁光華注評《唐寫本說文解字木部箋異注評》附錄一依次載錄莫友芝《唐寫本說文解字木部箋異引言》、《唐寫本說文解字木部箋異識後》、《唐寫本說文解字木部箋異附識》、曾國藩《唐寫本說文解字木部題辭》、莫友芝《湘鄉相國命刊唐寫本說文解字殘帙箋異，且許爲題詩，歌以呈謝》、劉毓崧《唐寫本說文解字木部箋異識語》、張文虎《唐寫本說文解字木部箋異附識》、方宗誠《唐寫本說文解字木部箋異跋》、轟樹楷《唐寫本說文解字木部箋異識語》、梁光華《唐寫本說文解字木部箋異跋》等（上海古籍出版社 2016 年版，第 367～370 頁）。檢李祖望《鍥不捨齋文集》卷四有《唐寫本說文木部殘本跋》（《清代詩文集彙編》第 637 冊，第 53～54 頁），《唐寫本說文解字木部箋異注評》失載。其文曰：

近人得宋元槧本，輒自寶貴，不口重貲授梓，廣布藝林。謂宋元本之未誤，可藉以訂證今本之誤處；又可藉宋元之誤處，想見古本而知宋元之所由誤。如黃氏丕烈之刊《周禮》、《儀禮》、《國語》、《國策》，胡氏克家之刊《通鑒》、《文選》，洪氏瑩之刊《宋名臣言行錄》，吳氏鼒之刊《韓非》、《晏子》，秦恩復之刊《法言》、《鬼谷》諸書，皆顧文學廣圻爲校勘訛誤，各附《箚記》，詳辯異同。文學亦得宋刊《列女傳》，附《箚記》二卷，精刻傳世。恒謂古人云：「誤書思之，更是一適。」因自署著書處曰思適齋。凡以見宋元本之可貴。近因兵火，書且流傳絕鮮，何論唐代之舊本乎？又況唐代之寫本乎！

唐寫本《說文解字》木部殘本，後有米友仁跋尾。蓋米氏所見已僅存六紙，今更歷數百年，首尾字數雖少缺，而仍然六紙。徑得歸之莫君子偲者，物聚於所好也。莫君博學好古，精通六書。據此殘本爲之校正。於唐以前所引《說文》，如《玉篇》、《廣韻》諸書，爲之校正；於唐以後之《說文》，如孔《疏》、《釋文》諸書，又爲之校正。於二徐手定之《說文》，詳加考訂，成《箋異》一篇。皆博辨精審，實事求是。或有所疑，存以俟考，仍本許君。蓋闕之恉且稔知。段氏玉裁、嚴氏可均未見此本，然所注《說文》每與闇合。闇合者，學之精也。所謂思之思之，鬼神通之也。夫《說文》傳至唐代，李陽冰習篆書，《說文》手自寫定，每意爲改易，筆跡不能墨守許氏原文，唐本之不足信者一。唐人著書，間引《說文》，然又每以《字林》爲《說文》，又唐本之不足信者一。何如此書，可藉以訂證唐以前之《說文》本及唐以後之《說文》本，以知其不誤，以知其所由誤，功亦甚鉅矣哉！余嗜讀許氏書，嘗集近人精說許氏書者爲《小學類編》，刊於咸豐初元。洎粵寇竄大江南北，刻雖過半，工亦中輟，今幸海內清謐，而板尚完好。如莫君《說文箋異》一書，擬亟匯入，以見古本之傳於今者有如此。

唐人書。其說韙矣。毓崧復就唐代避諱之例，參互推求，知此本寫於元和十五年，穆宗登極之歲，尚在改元長慶之前。蓋新主龍飛，御名謹避，此制由來已久。《潛研堂集·跋金石文字記》云：「秦漢以後，御名未有不避者。故漢宣帝詔曰：『今百姓多上書觸諱，其更諱詢。』許叔重《說文》於安帝名亦稱上諱。即以唐事言之，章懷太子注《後漢書》，於『治』字皆改『易』；明皇時，楊隆禮改名崇禮，曷嘗有生不諱之令乎？」穆宗以是年閏正月丙午即位，己未改恒州為鎮州，以避御名。此本「恒」字既缺筆，則必書於是月以後矣。遠廟為祧，既祧不諱，故《開成石經》遇高宗、中宗、睿宗、玄〔註13〕宗廟諱，皆因已祧而不缺筆。此本書「且」為「旦」，「案」字反切之下一字，所缺之上一字，當是「烏」字或「於」字。易「基」為「鎮」，「櫙」字下云：「齊謂之鎡鎮。」本書無「鎮」字。《御覽》卷八百二十三引作「基」，疑原本作「基」，因避元宗諱改。其時睿宗、玄〔註14〕宗皆未祧也。元宗祧於穆宗祔廟之時，睿宗祧於憲宗祔廟之時。憲宗以元和十五年五月庚申葬景陵，既葬即祔廟，既祔則祧廟不諱。此本「旦」字仍缺筆，則必書於是月以前矣。縱或去京甚遠，聞詔較遲，當亦不出是歲秋間，必不遲至來春長慶紀元之後。則定為元和寫本，復何疑哉！或謂肅宗祧於敬宗祔廟之時，而《開成石經》「亨」字仍避，則長慶年間睿宗新祧，「旦」字何妨缺筆。不知唐朝九廟之制，太祖、高祖、太宗三廟不祧，餘六廟則三昭三穆，彼時議禮者多主兄弟同昭穆，共為一世。文宗係敬宗之弟，開成時肅宗雖祧，尚在六世之內。至若元宗至憲宗六世，紹承皆父子相傳，無兄弟相及。穆宗踐阼，則睿宗已在六世之外。廟雖同一新祧，而諱不諱自有區分，未可一概而論矣。惟是「虎」字為太祖諱，「丙」字為世祖嫌名，「世」字為太宗諱，此本皆不缺筆。「櫙」字「虝」聲，「柙」字下云：「可以盛藏虎兕。」「柄」字「丙」聲，「葉」字「世」聲。世祖之廟祧於祔代宗之時，故《開成石經》「丙」字不缺筆，若太祖、太宗皆不祧之廟，故《開成石經》遇「虎」字無不缺筆，太和三年石刻尉遲汾《狀嵩高靈勝》詩，自注引《白武通》云云。《潛研堂金石跋尾》云：「即《白虎通》，避唐諱改之也。」今按：太和、開成皆文宗年號，太和三年下距開成二年刻石經時，不過八年，足證其時「虎」字除經傳缺筆外，餘仍例應避改。遇「世」字亦無不缺筆。貞觀時，雖有二名不偏諱之詔，自永徽以後，即單用一字，無不避缺。而此本竟不缺筆者，蓋古人避諱之法令由疏而漸密，在前漢惟時君之名避改最嚴，此外則無畫一之例。故《焦氏易林》作於昭帝之時，書中止避「弗」字，而先朝廟諱不避。至後漢則嚴近而略遠，故《說文》曾經表獻於

〔註13〕玄，原作「元」。
〔註14〕玄，原作「元」。

朝，書中遇東京諸帝之名則但稱上諱，遇西京諸帝之名則不復避。雖景帝爲光武所自出，而「啓」字不避；高帝、文帝皆不祧之廟，而「邦」字、「恒」字亦不避。此必因世數已遙，可援親盡不諱之例也。唐時功令雖較漢爲密，而較宋猶疏，唐時嫌名不盡諱，舊名不必諱。宋時則嫌名之諱愈密，即舊名單字者，亦必避矣。《石經》係奉敕所刻，自必謹嚴。此本非進呈之書，不無闊略，故太祖、太宗論廟制，固屬不祧，而計世數，則已在祧廟之外。意者當時民間傳寫書籍者，因世祖較太祖爲近，高宗、中宗較太宗爲近，三廟既祧，「丙」字、「治」字、「顯」字業已不復避諱，遂於太祖、太宗之諱，亦援「親盡不避」之例，如後漢時不避高帝、文帝之諱歟？且刻石較之寫書更宜謹嚴，而唐碑亦間有闊略，故貞元時或不避「隆」字，《田府君佽墓誌》。廣德時或不避「世」字，《郭汾陽家廟碑》。開元時或不避「丙」字，《金仙長公主碑》係玄〔註15〕宗御筆，尤非臣下所書可比。萬歲登封時或不避「虎」字，《封祀壇碑》。立於武后之朝，碑中書「葉」爲「茱」，仍係避太宗諱，則非立意不避唐諱也。夫德宗時，元宗未祧；元宗時，世祖未祧；代宗時，太宗世數未遙；武后時，太祖世數更近。其歲月皆先於元和，而大書深刻者，亦復失記缺筆。然則當元和時，傳寫經籍者，於「虎」字、「世」字偶未缺筆，安在非情事之所有乎？元和十五年，歲在庚子，至今已閱庚子十八，歷年千四十五，而此本巋然獨存，若有神物護持。就中字句之詳略異同，足以校補各本之脫訛，印證諸儒之考訂者，斷非後人所能依託。況「栝」字爲應避之嫌名，雖亦在耳目之前，然究不若「虎」、「世」兩字熟在人口。昌黎《諱辨》「滸、勢、秉、機」之語，里塾咸知，不待讀史也。如謂好事者所作贋本，豈有能知「栝」字當缺，轉不知「虎」字、「世」字當缺，而留此罅隙，授人以攻擊之門？閱者不可竟指爲白璧微瑕，遽抑連城之價也。用是援引此例，以塞疑竇之端焉。若夫《箋異》之疏通證明，語簡而義核，則留心小學者自能識之，不待縷陳矣。〔註16〕

說文凝錦錄序

　　古人經術詞章皆導源於小學，故司馬長卿作《凡將》篇，楊子雲作《訓

〔註15〕　玄，原作「元」。

〔註16〕　《唐寫本說文解字木部箋》所附劉毓崧跋文末有「同治甲子中和節，儀徵劉毓崧識」（梁光華注評《唐寫本說文解字木部箋異注評》，上海古籍出版社2016年版，第364頁），可知寫於同治三年（1864）。

纂》，許叔重之《說文解字》亦援引其書。〔註17〕蓋文苑之奇才，即儒林之碩

〔註17〕 《續修四庫全書總目提要·經部》著錄《說文凝錦錄》一卷，有楊鍾義所作
提要（中華書局1993年版，第1062～1063頁），稱：
清萬光泰撰。光泰字循初，一字柘坡，秀水人。乾隆丙辰舉博學鴻詞，試罷，
旋中是年舉人。昔相如作《凡將篇》，子雲撰《倉頡訓纂》，諧聲會意，細入
毫髮，故能巧構形似之言，深探窈冥之域。許書十四篇，理群類，解謬誤，
辭簡意奧，古藻紛披。光泰撮其單詞，儷爲耦語，分天地人動植宮室器衣食
形體氣象事言等門，因文表質，隨手應心。用劉彥龢《文心雕龍》語，名曰
《凝錦》。嘉慶丁巳，仁和陸堯春重校付刊，謂於《說文》爲創體，於小學爲
支流。讀者沿波溯源，可弗視爲詞章之學，而爲達神指之一助。至於主階始
廟，叔鮪楚鳥，麥一來二縫，丁左行曲波，聚削槧勘經之字，成抽黃對白之
工，非徒如《說文錦字》之類，餖飣典故，裒續舊聞者矣。
《昭代叢書》本《說文凝錦錄》一卷，見《叢書集成續編》第17冊（上海書
店出版社1994年版），未載劉毓崧序。卷首有江衡序（773頁）：
柘坡金昭玉粹，蘭秘芳舒。漁畋典墳，早空四庫之目：咀嚙道妙，復嗜一臠
之嘗。排纂《說文》，部居象畫，命余原起申此撰稽。慨自禿人伏禾，圬者運
帚。學僮所習，不逮九千；懷鉛之徒，更施八體。桃菜難悟，棘棗轉訛。銀
鐺金根，見哂前古；外孫齏臼，無聞敏識。漢汝南許慎憫尉律之謬解經文，
諸生之喧稱元隸也，博關篆籀，理而董之，凡十四篇。李陽水演偏旁於前，
徐楚金係詮釋於後，形聲相益，廓然備矣。然其間辭簡義奧，未可周知，則
異理同條，難從補錄。卓哉吾友，獨邁曩賢，以抽黃對白之工，聚削牘勘經
之字。因文表質，言孳乳而浸多：隨手厭心，象陰陽以相儷。食時而成，皆
訓其意：章之煥也，可略言焉。夫鷸冠非隻羽之翠，狐服必眾純同功。以故
珠海千面，玉杯寸策，頗煩採葺之力，亦肆搜討之勤。固未聞立一爲耑，畢
終於亥，雜而不越，簡則易從。如此者，或者割蕉、加棋、縛魚、祭獺、字
皆減裂，文畫支離。此事則蹊徑不分，屬辭則黮闇匪色。即屈抑其音節，復
淆訛其檢繩。縱雕刌有加，亦鄙陋何取。若夫一卷之師，九珍在御，非鄉壁
以虛造，不詭更其正文。而主階始廟，可補亡經：叔鮪楚鳥，能詮《爾雅》。
麥一來二縫，輯瑞於《周官》：丁左行曲波，釋訛於《莊子》。又不惟牡蒙茶
芽之辨，喉喎節足之談矣。余棲遲異縣，廖落舊聞，彙筆愧非王粲之精，問字
實有侯芭之癖，剏論書繕表，未墜家風，借讀呈詩，亦云素業。劉太常碩學，
頗愛其滿堂：衛議郎口室，必資夫撰述。由是帳中羅祕，市上縣金。雖曰小
學，已垂重離之文：即理殘絲，可綴扶風之錦。江衡述。
次爲《自序》（774頁）：
以五經無雙，才訓文字，其奇奧即在說解，不僅以詁訓視也。撮其單詞，儷
爲耦語。一時興會，無益簡編。周大瓠作《南筆連珠》百首成，自比晬盤际
兒，隨手所得，無不厭心。又如紅螺和尚釣灘，時有紅蝦釣出。余爲是錄，
亦若是已矣。
卷末有陸堯春《跋》（793～794頁）：
《說文》一書，理群類，解謬誤，曉學者，達神恉。窮畢生之力，鑽研不盡，
其蘊直與經傳同。秀水萬柘坡先生以暇時輯成耦句，於《說文》爲創體，於
小學爲支流，名以凝錦，用劉彥和《文心雕龍》語也。觀其駢儷之工，有如

學也。秀水萬氏循初著《說文凝錦錄》一書，撮其單詞，儷爲耦語，則昉於梁朱澹遠之《語對》；《隋書·經籍志》雜家類有《語對》十卷，朱澹遠撰。與無名氏《對要》三卷、《眾書事對》三卷，名目相聯。《直齋書錄解題》稱澹遠爲湘東王功曹參軍。分別部居，標題篇目，則昉於宋林鉞之《漢雋》；《漢雋》分五十篇，此書分十四類。其專就《說文》採錄，則昉於《春秋十賦》；宋李宗衢所作，見《困學紀聞》卷十九。全取《左氏》以求屬對之工，其特以凝錦命名，則昉於《文心雕龍》《才略》篇「贊」。「一朝綜文，千年凝錦」之語。其《自序》謂：「一時興會，無益簡編」，然條理分明，擷擇精當，雖小學之支流餘裔，實駢文之大道康衢。譬諸冶銅山以鑄錢，遊鄧林以折杖，斷非展轉稗販者所能剽襲，眞可傳之書也。余家有舊藏鈔本，紹古齋主人雅重其書，爰仿知不足齋板式，校而付梓，問序於余。

余謂文章之體，成於奇耦相參，《堯典》文言，多用偶語。昔賢述之已詳。即以《說文自序》而論，其中運用排偶之處，層見迭出，宮商翰藻，文質相宜。置諸《文選》之中，亦出類拔萃之作。然則許氏之書，共推樸學；萬氏所錄，獨掞華詞。斯固殊塗同歸，並行不悖矣。揚州小學、《選》學，自曹、魏、公孫、李、徐以來，氣脈相承，淵源有自。觀於此書之刻，足徵繼起者。有志於根柢之學，以溯前哲之傳，亦吾郡之佳事也。余故樂得而序之。

天造地設，以供後人之尋覽者。雖似非叔重本意，然古藻粉披，觀者如獲異寶，未嘗不愛而玩之。丁巳年冬重加校勘，付之梨棗。惟讀是書者，沿波以溯源，取大小徐本而釋之，更取金壇段氏本而參之，而訂之，弗視爲詞章之學，而以爲達神怡之一助也可。仁和陸堯春。

次爲汪鵬飛《跋》（794 頁）：

秀水萬柘坡先生，學富文鉅，挾其所有遊京師，齎志以歿。聞其遺集頗多，而余惜未之見也。偶讀所輯《説文凝錦錄》則先生以著述之餘事，留意小學。取叔重之書，儷爲偶語，以類相從。其友人江君嘗爲之序，余因付諸梓以行遠。夫叔重生在東漢，與馬、鄭諸儒不甚先後。意壁經漆簡猶有存者，故其訓詁之奇奧.學士博徵異義，足以正傳習之訛。「實始戩商」，說《詩》者取焉。「浮於淮泗，達於菏」，說《書》者取焉。若乃訪蘭臺之秘，啓宛委之編，而惟聊織其詞，以供賦家之獺祭，毋乃嵬瑣無當歟？然其用心與力之勞，不可沒已。昔人有作《左傳類對賦》者，彼?韻以成章，此依文以證類，其難易固別，且余又豈以是概先生之所學乎哉。錢唐汪鵬飛。

次爲楊復吉《跋》（794 頁）：

晴初先生著作如林，類多發前人所未發。茲則襞積許氏詁辭，演爲儷語，可謂搜抉奧，得未曾有矣。惟自序中有所稱《周大鄃》、《南筆連珠》，無從購訪，以成合璧，爲可惜耳。乙丑仲冬震澤楊復吉識。

劉慈民《讀說文記》序

六書之學，以《說文》爲統宗，義蘊宏深，罣尋靡盡。雖門徑多開於先覺，而推闡有待於後賢。蓋創始固難，而觀成尤爲不易，非精心果力，鮮克奏其功也。南豐劉慈民中翰〔註18〕，好古績學，篤嗜許書，考究有年，手輯

〔註18〕 《清史列傳》卷六十九《儒林傳下二》（中華書局1987年版，第5668頁）載：劉庠，字慈民，江西南豐人。祖衡，已入《循吏傳》。庠幼從父讀書京師，執經於湘鄉曾國藩之門，國藩稱其傅學不倦，以咸豐元年順天鄉試舉人，官內閣中書，充國史館、方略館校對。後歸里，值國藩駐師撫州，遣使迎之，屢欲登薦，庠以養親辭。及移師祁門，復欲招佐軍幕，爲緩師期二日，仍以父病不就。父歿，不復仕。國藩聘主徐州雲龍書院。值髮逆初定，士習荒陋，庠以經學授諸生，士氣始振。旋又主海州敦善書院、清江浦崇實書院，先後三十餘年。教人以勤學篤行爲主，嘗嫉今之學者稍有所知，即泰然自封，或更務爲高遠，以欺世而盜名，故其說經典，綜漢宋兩家融會而貫通之。晚悔考據之無益，謂其競尚攻擊，務求勝人，多至無所忌憚，每見後進，必勸以讀有宋諸子，江淮髮後遊其門者，成就甚多。著有《儉德堂易說》、《說文蒙求》、《說文諸聲譜》、《唐藩鎮名氏年表》、《後漢職官考》、《後漢郡國職官表》、《通監校勘記》、《班許水道類記》、《文選小學》、《漢魏音補輯》、《意林補》、《讀史隨筆》、《詩文集》。
王耕心《龍宛居士集》卷五《劉慈民先生墓誌銘》（《清代詩文集彙編》第761冊，695～696頁），
光緒二十七年正月戊辰，南豐劉先生終於南清河，夏六月歸葬其縣之某鄉某原。而公子孚存來乞銘耕心，曰：先生不屑爲外吏，惟以植道義、崇經術爲務。不朽之業已獲其二，則於法宜銘。後學其奚辭。謹按：先生諱庠，字慈民，晚號鈍叟，姓劉氏，江西南豐人。祖父衡，故開歸陳許道兵備。道光中，以循吏名世，時稱廉舫先生。考良駒，故兩淮都轉鹽運使。先生由咸豐元年舉人，授內閣中書舍人，充國史方略館校勘官。同治五年，都轉公卒，先生以憂歸，輒謝病，不復仕。遊江南，主徐州雲龍書院講席。徙海州敦善書院，再徙南清河崇寶書院。及卒，年七十有八。先生少居京師，門祚方鼎盛，而惜惜向學，不知有子弟敖放事。嘗受業於湘鄉曾文正公，爲人軥軥如畏，孝友篤誠，不慕榮利，頗得文正之傳。文正方討粵匪，時議招先生入幕府，先生不敢決。文正將移師祁門，爲留行以待，且屬李布政元度及故大學士李文忠兩公來道意，而先生以都轉公意，不欲去左右，竟謝不往。其後文正門下士皆出入將相，以功名顯當世，惟先生以講授終老，無悔也。故人朱副使琦督師浙江，先生過之，副使留先生贊軍務，且籌厚稟膳其家，先生念母、夫人在堂，如就職守，且不得歸省，復辭去。後數月，而浙江陷，副使及巡撫皆遇害，先生獲免。當是時，先生方困家計，如以規利祿，辭親遠遊，且及於難。其自守如此，則志趣可知已。平居事親，能盡色養。都轉公嘗避地滁州，先生朝夕在側，每以稱古今、誦經史爲愉，俾都轉忘轉徙之憂。其處昆弟戚友，輒竭力紓其乏。己所不欲，未嘗加人。每曰吾所學不足道，惟於忠恕二字稍有體會，蓋實錄也。爲文昭曠清澈，不析門戶。少好考證，晚復致

《讀說文記》，分爲數種。

一在以《說文》字體正經傳字體，與江晉三《經典正字》相同。晉三有《經典正字》六卷。其《與汪孟慈先生書》〔註19〕云：「生平自信，尤在此書。以經證經，以《說

力兩宋諸子書。常手書經典全文，雖篤老無倦色。藏書萬卷，丹黃殆遍。嘗與陽湖方元徵同譔《徐州府志》，創闢義例，糾謬繩愆，世以爲精當。所著書別有《周易詁》、《說文校詁》及詩文集等，總若千萬言，藏於家。先生少遇異人，預必其行履之隆替，後數十年無差異，然先生抱道懷藝，不失尺寸，未嘗蹈流俗以自貶損也。烏呼！其可爲篤行君子矣。配吳孺人。子二：孚同，廩膳生；孚存，附學生；皆能以文學世其家。銘曰：

克孝其親，以質天人。克充其神，以覺天民。漢學匪故，而兩宋匪新。漢宋兼資，是爲道義之醇。君子彬彬，其鑒之百世之貞瑉。

卷一《儉德堂文存目錄敘》（第659頁）：

敘曰：光緒二十六年冬，南豐劉先生終於南清河。明年春，公子孚存最錄先生詩文若干卷，屬耕心纂次。耕心於先生累世通家，且以諏學論文，有知己之感，雖不足供校讎之役，故不敢敏辭。謹按：先生博通經術，尤好許、鄭之學，所著《易注》及《說文蒙求》，雖未脫稾，而謹嚴有家法。間爲古體文，爽塏淵懿，頗有其鄉前輩曾氏子固之風。古今體詩亦醇雅不苟作。其兼人之學如此。而先生抑抑自下，每以誠敬自將。平居言論，幾若無能者。其謙沖之度，爲尤不可及也。先生文不多作，故儲稾亦稀。今輒擬其尤雅者，次爲二卷，定名《儉德堂文存》，且敬次目錄如右。詩則卷帙少繁，當別爲起迄云。先生諱庠，字慈民，晚號鈍叟。咸豐中，由舉人授內閣中書舍人。祖簾舫先生，累官開歸陳許道。考星房先生，累官兩淮鹽運使。先生雖門第清華，而少壯時以數值寇亂，家劁於兵，故園之松菊不存，竟以講授終老。然立德立言，無愧通識。所就如此，亦足以上質昔賢已。道光中，簾舫先生以循良名天下，與先曾祖按察公爲道義交。嘗爲先公撰《從政餘談敘》，而先生無存稾。及耕心謁先生，輒錄稾以進，先生喜謂耕心能蒐討先世文獻，所志與流俗殊，由是相得益親。耕心雖遜謝不敢當，亦不可謂非文字因緣也。噫！典型猶在，而先生已歸道山。今耕心落落四顧，或欲質疑問難，能導我以先路者誰歟？歐陽子所謂「賢豪不常聚，交遊難得」者，豈虛言哉！嗚呼悕矣！光緒二十七年春二月。

《續碑集傳》卷81錄王耕心《劉慈民先生墓誌銘》，又錄《雲自在盦筆記》（《清代傳記叢刊》第119冊，第644～645頁）云：

晚年自號鈍叟，嘗手寫十三經，復自號寫十三經老人。每見後生子弟之俊異者，必勸以多讀有宋諸子書，庶可以挽末流而轉移風氣也。性和易，門生後進及子弟來謁者，往往引與談笑，或說歷代掌故、國朝軼事文獻，娓娓無遺忘。所著書曰《儉德堂易說》、《說文蒙求》、《說文諧聲表》、《後漢郡國職官表》、《唐藩鎮名氏表》、《通鑑校勘記》、《班許水道類記》、《意林補》、《文選小學》、《讀書隨筆》、《漢魏音補輯》、《儉德堂文集》、《紫之丹荔山房詩集》，凡十餘種。

〔註19〕劉師培《左盦題跋》有《跋江晉三與汪孟慈書》（萬仕國點校《儀徵劉申叔遺書》第13冊，廣陵書社2014年版，第5680頁），按語云：「晉三先生名有誥，安徽歙縣老儒，深於音韻、校勘之學。所著音學書十餘種，尤以《經典正字》爲最善。此書雖簡，亦可作序文觀也。光漢識。」

文》正經，往往諸家聚訟，將經字一改而豁然確斯。改漢後傳訛之本，以復聖經之舊，而經義愈明。」一在以《說文》諧聲爲經，偏旁爲緯，與陳仲魚《說文聲系》相同。《小學考》卷十載阮文達《陳仲魚論語古訓序》，云：「陳君精於六書，嘗著《說文解字正義》。又以《說文》九千言，以聲爲經，偏旁爲緯，輯成一書。」卷二十九載阮文達《書陳仲魚聲類拾存後》，云：「海寧陳君鱣嘗著《聲系》一書，因部分未定，故編輯此書，姑依《廣韻》。」一在以各書援引，校定各本《說文》。一在以《說文》水名，印證《漢書》水道，與嚴鐵橋《說文疏義》相同。鐵橋《說文校議自序》云：「益遍索異同，爲《說文長編》，亦謂之類考。有天文算術類、地理類、草木鳥獸蟲魚類、《說文》引群書類、群書引《說文》類，將校定《說文》，譔爲《疏義》。孫氏星衍欲先覩爲快，乃撮舉大略，就毛氏汲古閣初印本，別爲《校議》卅篇。」

顧陳書作而未成，江書成而未行，嚴書行者僅有《校議》之略，而無疏義之全。其《說文》地理類列於《長編》者，亦未付刊。就中水道源流，無由知其若何敘述，識者深致惜焉。今中翰編纂此書，就前人著作觸類旁通，略者增而詳之，闕者搜而補之。其稿本雖未睹其全，然就所已見者，去取甚嚴，辨訂極允，知全書竣後，必蔚然巨觀。而企望早成者，尤在《諧聲》一種。蓋自北宋沈括已主持右文左類之論，沈氏《夢溪筆談》卷十四云：「王聖美治字學，演其義以爲『右文』。古之字書，皆從左文。凡字，其類在左，其義在右。如水類，其左皆從水。所謂『右文』者，如戔，小也，水之小者曰淺，金之小者曰錢，貝之小者曰賤，皆以戔爲義也。」南宋張世南謂義在右旁，張氏《遊宦紀聞》卷九云：「自《說文》以字畫在左旁爲類，而《玉篇》從之，不知右旁，亦多以類相從，如戔有淺小之義，故水之可涉者爲淺，病而有所不足者爲殘，貨而不足貴重爲賤，木而輕薄者爲棧；青字有精明之義，故日之無障蔽者爲晴，水之無溷濁者爲清，目之能明見者爲睛，米之去麁皮者爲精。凡此皆可類求，聊述兩端，以見其凡。」元時吾邱衍謂《說文》諧聲爲韻書之本，吾邱氏《閒居錄》云：「韻書之作，實本於《說文》之諧聲字。如瓏籠、灃豐、怩泥、靡霏、廬鑪、份粉、邗釬等類，皆以龍、豐、尼、非、盧、分、干爲諧聲，而韻書中皆分析爲各韻。若能依《說文》諧聲之法，別爲通韻，則《毛詩》、《楚辭》古賦、選詩之韻，了然可知。」則以聲爲主，並非創自戴、段諸君。然趙撝謙之書，相傳謂以聲統字，而全書體例，莫得其詳。李東陽《麓堂詩話》云：「趙撝謙嘗作《聲音文字通》十二卷，未有刻本。本入內閣，而亡其十一，止存《總目》一卷，以聲統字。」近代諸儒繫聲分部者，大都藉以講求古韻，而於字之因聲取義，比類相從，則議論雖多，而成功絕少。大著即聲以明義，由本義以得引申，俾轉注假借之源流，不煩言而自解，豈獨副後學勤求之志，抑且

竟前賢未遂之功。所冀賞奇析疑，先覩爲快也。況此種既成，則餘三種次第
告成，更易於爲力。由是而擴充多種，會萃爲《說文叢書》，余更樂覩其成焉。

楊石卿重繪說文統系圖序

楊石卿司馬〔註 20〕篤嗜金石，深於篆書，就羅兩峰道人爲桂未谷先生所
繪《說文統系圖》〔註 21〕臨摹縮本，出以屬題〔註 22〕。余謂漢人治經最重家

〔註 20〕 蔣寶齡《墨林今話續編》卷一《石道人》（《墨林今話》，上海古籍出版社 2015
年版，第 449 頁），載：
楊石卿鐸，號石道人，河南商城人。天資穎異，酷嗜金石之學。少歲即遍齊、
魯、燕、趙、吳、越、江、漢，尋碑訪碣，孜孜不倦。結交多勝流名士，高
譚雄辯，征逐於酒旗歌板間，頗有晉人風味。畫善花卉，下筆俊爽，迅埽疾
馳，數十幅立盡。有李復堂、黃癭瓢逸趣，同人咸推重之。
〔註 21〕 桂馥《札樸》卷六《覽古·說文統系圖》（清嘉慶十八年李宏信小李山房刻本）
載：
余嘗乞羅兩峰作《說文統系圖》，自許慎至吾丘衍十餘人。或謂生各異代，不
應同在一圖。案：後漢趙邠卿圖季札、子產、晏嬰、叔向四像居賓位，又自
畫其像居主位。本朝方爾止作《四壬子圖》，畫陶淵明、杜子美、白樂天自執
詩卷請教。此皆前事也。
王紹曾《山東文獻書目》著錄《說文第一統系圖》（齊魯書社 1993 年版，第
82 頁），稱：
（清）桂馥撰（清）羅聘繪圖（清）翁方綱題記 山東大學圖書館藏乾隆四十
四年原拓本（石刻原存山東省博物館，有清盧文招、王念孫、丁傑、朱錢琮、
孔憲彝、王寶昌、王懿榮題記）山藝 山大
其中，翁方綱《桂未谷所作說文統系圖贊》，見《復初齋文集》卷十三（卷十
一另有《與桂未谷論所作說文統系圖》）。盧文弨《爲桂明經未谷題說文統系
圖》，見《抱經堂文集》卷七。王念孫《桂未谷說文統系圖跋》，見《王石臞
文集補編》。丁傑、朱錢琮、孔憲彝、王寶昌之文不詳。王懿榮之文，呂偉達
主編《王懿榮集》（齊魯書社 1999 年版）失收。
此外，朱筠《笥河文集》卷七有《桂馥說文統系圖記》，程瑤田《解字小記》
有《說文統系圖跋》，李祖望《鍥不捨齋文集》卷四有《說文統系圖跋》；樊
增祥《樊山續集》卷四《朝天集中》有《張菊如摹羅山人說文統系圖》；葉德
輝《郋園北遊文存》有《廣說文統系圖說》；張謇有《題說文統系圖》（李明
勳、尤世瑋主編《張謇全集》第 6 冊《藝文雜著》，上海辭書出版社 2012 年
版）。葉德輝文中提及「吳縣張瘦桐舍人塤爲作《記》，云（下略）」，檢張塤
《竹葉庵文集》（清乾隆五十一年刻本），卷一至卷二十四爲詩，卷二十五至
三十三爲詞，未收文。
《中國叢書綜錄》著錄葉銘編訂《葉氏存古叢書》4 種 4 卷，中有《說文書目》一
卷補遺一卷附《說文統系圖題跋》一卷。張耘田、陳巍主編《蘇州民國藝文
志》著錄張炳翔「《說文統系圖識》一輯，稿本，蘇州圖書館存。」（廣陵書社
2005 年版，第 376 頁）筆者尚未得見二書，未知輯錄詳情，俟訪。

法，凡子孫承祖父之業，弟子得師傅之傳，枝派臚列於史書，有如譜牒，誠以統系爲儒林所重，而見知尤切於聞知也。許祭酒之子冲所作《進說文表》，

〔註22〕 袁行雲《許瀚年譜》載「李祖望《小學類編》卷首同治五年楊鐸《説文統系圖記》略云」（齊魯書社1983年版，第143頁），稱：

揚州羅兩峰道人爲曲阜桂未谷先生作《説文統系圖》第二圖。余於道光庚子客任城，倩顏鹿門借臨一過，並錄盧氏文弨、丁氏敬身、王氏念孫、翁氏方綱原跋於上方，一時同人題者如許印林瀚、李啓亭聯榜、楊漱芸炳春、何子貞紹基、吳讓之熙載、楊季子亮、顧秋碧懷三、薛介伯壽、楊龍石㻞、湯雨生貽汾。咸豐丙辰攜至邗江，猝遇兵警散佚。今重繪斯圖於白門，聯述歖末，以質世之爲許氏學者。

薛壽《學詁齋文集》卷下《楊石卿臨本説文統系圖跋》（《清代詩文集彙編》第649冊，第498～499頁），稱：

《説文》：「圖，畫計難也。從囗」；「囗，回也，象回幣之形」；「畫，象田四介。聿所以畫之。」圖畫二篆，皆象形字。圖亦訓象，象也者，像此者也。或訓法，或訓形。漢人圖畫，去古未遠。其圖人物故事，凡皆寓表率法戒之意。如射陽孔子見老子畫像，以及伏生授經圖、晁錯伏地見伏生像，〔日照許孝廉瀚近得此石於沂郡治西北古寺西菜圃，即移置王右軍祠內，並以拓本見貽。〕則義取師資鴍門授受，非若後世徒逞筆墨，取工賞鑒已也。昔聞吾鄉羅山人爲曲阜桂未谷先生繪《説文統系圖》〔事見桂氏所著《札樸》。〕題記者，各抒所見，或升或黜，亦如議禮家之論崇祀，惜未得見。丙午夏日，楊君石卿（按：卿，原作「鄉」，誤。）以臨本屬題，因獲觀諸先輩題記，並臨本諸家跋語，參稽考核，極爲詳備。竊謂許氏之學晦蝕已久，至我朝諸儒尊崇考究，實事求是，其功殆有過於古之人者。每擬續匯專門之學，另圖一冊，如張氏弨、陳氏起源、江氏聲、朱氏筠、段氏玉裁、錢氏大昕、錢氏坫、嚴氏可均、孫氏星衍、鈕氏樹玉、顧氏廣圻諸先生，或手書《説文》字體，或別釋許氏專書，時地既近，畫像可尋，且其中並有師承可溯，此亦漢人篤守家法之遺意也。質之石翁，其許我否？

孫鏘鳴《説文統系圖》，爲楊石卿司馬（鐸）題（胡珠生編注《孫鏘鳴集》，上海社會科學院出版社2003年版，第177頁）云：

羅山人（聘）爲桂未谷明經（馥）畫《説文統系圖》，圖者凡八人，叔重外，江式、顏之推、李陽冰、徐楚金、鼎臣兄弟、張有、吾丘衍也。石卿亦精許氏學，手自縮臨爲此卷。

道術紛異派，各自溯其源。文字經藝本，所託體尤尊。倉、史去云遠，迷誤日以繁。汝南五經師，斐然思立言。三者形聲義，一一尋厥根。道統有絕續，得不憂塵昏。後先六七子，摹跡連肩跟。所造殊深淺，力能張戈韝。遂令正名旨，千載縣朝暾。達者爲此圖，古義賴以存。我思乾嘉盛，歎息誰與論。

同治五年（1866）五月廿八日丙戌（7月10日）載（張劍整理《莫友芝日記》，鳳凰出版社2014年版，第183頁）：

晚訪楊石卿，石卿索《説文統系圖》題詠，其在系者江式、顏之推，接踵者李陽冰、二徐、張有、吾邱衍也。

檢張劍、張燕嬰整理《《莫友芝全集》（中華書局2017年版）第7冊《郘亭遺詩》卷八（同治癸亥至辛未），未見其題詩。

根柢經義，克紹家聲。弟子尹珍自遠道來受《五經》，還以教授，是《說文》之統系，莫若二子爲最親。茲圖所列，自江、顏、李、徐，下逮張有、吾邱衍，雖皆犖究《說文》，然第私淑而非親炙，所當增繪二子，以補前哲之遺。譬諸宗鄭學者，欲繪禮堂統系之圖，自必首列益恩、小同〔註23〕與趙商、張逸〔註24〕等人，然後推及魏晉以來之士也。質諸大雅，以爲然乎？

全韻玉篇跋

　　《全韻玉篇》上下二卷〔註25〕，不署撰人名氏，亦不言刊書歲月。據書

〔註23〕 鄭玄之子鄭益恩、之孫鄭小同。孫家鼐《重刊七頌堂詩序》（劉體仁《七頌堂集》，黃山書社 2014 年版，第 262 頁）：「小同美字，鄭益恩世業長綿。」

〔註24〕 二人爲鄭玄門人。

〔註25〕 《許廎經籍題跋》卷一《全韻玉篇書後》（吳格整理《續四庫提要三種》，上海書店出版，2002 年版，第 480 頁），稱：

《全韻玉篇》二卷，不著撰人名氏，亦無刊書歲月。考書中「麗」字注「東國高麗」，「鮮」字注「東國朝鮮」，「夷」字注「東表嵎夷」，與「蠻」字注「南蠻鴃舌人」、「獠」字注「西南夷名」、「戎」字注「西夷」、「貉」字注「夷也」，爲外之之詞者迥別，當爲高麗人作。其目分二百一十四部，始「一」終「龠」，以筆劃之多寡爲次，與明梅鼎祚《字彙》目錄全同，惟風、飛二部先後互易爲異，當爲明以後人。全書頗載俗字，每字下絕不引載籍，甚爲簡略。惟必注明屬於何韻，其有一字而數韻兼收及平仄兩讀者，亦必詳爲分晰，各著其義，俾閱者一覽瞭然。蓋高麗向以詩賦取士，此猶我國《佩文詩韻》、《初學檢韻》之類，而特以《字彙》爲目，以便檢尋耳，當出坊賈所爲。觀其刊印精工，或出於政府，亦未可知。要其供場屋之用無疑，並無當於著作。劉毓崧《通義堂集》有是書跋，盛稱其「勝於《字彙》者有三大端」，又稱其「雖不能與顧氏《玉篇》並論，而視陰氏《韻府群玉》足稱伯仲」，非篤論也。此高麗紙本，甲辰年在日本得之坊肆者，茲姑存其目焉。

《續修四庫全書總目提要·經部》著錄《韻會玉篇》二卷，有孫海波所作提要（中華書局 1993 年版，第 1270 頁），稱：

朝鮮崔世珍撰。世珍撰有《四聲通釋》，訓蒙字會，已著錄。是編部位依《玉篇》，文字之排列依《韻會》。其大意謂宋朝黃公紹，始祛諸韻訛舛之襲，乃作《韻會》一書，循三十六字之母，以爲入字之次。又類異韻同聲之字，歸之一音，不更加切，覽者便之。但其粹字雖精而過略，集解頗繁而不節，未免後人有遺珠類玉之歉矣。大抵字必類其音而爲之《韻書》，則亦宜必類其形而爲之《玉篇》。然後乃可易於指形尋字，而得考其韻矣。今此《韻會》既類其音，不類其形，是乃存其韻而缺其篇，宜乎後學之深有所憾者也。故今將《韻會》著其《玉篇》云云。夫字形之書，其始乎《說文》者也。字韻之書，其始乎《廣韻》者也。《說文》之書，據形系聯，以形爲主，而不能馭之以音。《廣韻》之書，以音爲主，而不能馭之以形。蓋形、音與義，斯三者雖同屬於文字之學，而董理者必分門研治，而後考訂之功始有所施。此亦字形字音

中「遼」字下注云「契丹國名」，「汴」字下注云「宋京」，則作書者必在遼、宋以後矣。又據注中所言之韻，皆與王文郁、劉淵之《平水韻略》部分相同，則作書者必在王氏、劉氏以後矣。或謂此書用高麗紙刷印，而注中復有非篆非隸之奇字，疑是高麗人所作。

案：此書各部之字，有爲外國之名者，注中必顯言之，如「倭」字下注云「海中國名」，「趾」字下注云「南蠻交趾」，「龜」字下注云「西域屬國龜茲」，皆明著其爲外夷之國。惟「麗」字下注云「東國高麗」，「鮮」字下注云「東國朝鮮」，則特稱爲東國，而不與他國之書法相同者。蓋以《詩·小雅·大東·序》所言之「東國」，本指中國之地；《大雅·嵩高》之「南國是式」，韓奕之「奄受北國」，皆指中國之地。與此序之東國正同。而高麗居中國之東，故自稱爲東國，以求附於中國之諸侯也。況此書「蠻」字下注「雲南夷臬舌人」，「獠」字下注云「西南夷名」，「戎」字下注云「西夷」，「貉」字下注云「夷也」，皆係輕忽鄙略之詞。至「夷」字下獨注云「東表嵎夷者」，蓋鄭重言之，以見唐虞之時，其地本中國之東境，而高麗之迥異於他夷，自隱然著於言外。其用意可謂巧矣！是故《廣韻》、《集韻類篇》「麗」字下皆注云「東夷國名」，惟此書但言「東國」而不言「夷」，誠以《廣韻》、《集韻類篇》皆中國人所作，必稱之曰夷者，不使與華夏相混也。此書則高麗人所作，必諱其爲夷者，不肯與蠻貊爲伍也。然則謂此書爲高麗人所作者，雖以意推測之言，而就全書文義核之，似亦未嘗無據也。

此書之目分二百一十四部，始於一部，終於龠部，以筆劃之多寡爲次序之先後，與明梅膺祚之《字彙》目錄全同。惟《字彙》風部在飛部前，此書風部在飛部後，爲小異耳。而此書之勝於《字彙》者，其大端蓋有三焉。《字彙》喜載俗字，故委巷流傳、鄉壁虛造者，莫不污其簡編。此書所收，雖亦未能免俗，然較諸梅氏所收，不過千百中之一二而已。其勝於《字彙》者一也。《字彙》不知古韻，而好言反切，故周秦人之本音及唐宋人之誤讀，皆妄以爲?韻。此書但述今韻，而於古韻不置一詞，尚得「不知蓋闕」之義，而無強作解事之談。其勝於《字彙》者二也。《字彙》好引書而不加決擇，故所述經史子集訛舛甚多。此書於古今載籍絕不一引，固屬過於簡略，然而雜亂冗蔓之弊，則

之書之不可強合也。世珍居朝鮮，於中土文字音韻之書，見之甚稀，不知有《說文》、《廣韻》，而僅見及《韻會》、《玉篇》，已見其陋。且又未究乎文字制作之原，漫云音響協者爲《韻書》，偏旁同者爲《玉篇》，而妄割《玉篇》，附於《韻會》，是何異於不知而作。則其大本已誤，得失無庸論矣。

亦庶乎免矣。其勝於《字彙》者三也。若夫分別部居，不用《說文》始一終
亥之法，則自《龍龕手鑒》以後之字書相沿已久，未可歸咎於此書矣。要之，
作此書者之意，本取其便於檢韻。蓋外夷之有文學者，以高麗爲最。其國之
考試亦以詩賦，士之應舉者輯爲此書，以供家塾之用。故每字之下必注明屬
於何韻，其有一字而數韻兼收及平仄兩讀者，亦必詳爲分析，各著其義俾。
繙閱者一覽，了然其體例，實爲前人所未有，而最有裨於初學者也。然則此
書之名《全韻玉篇》，雖不能與顧氏之《玉篇》相提並論，而以視陰氏之《韻
府群玉》，亦足稱伯仲之間，固小學中可存之書也。至於刊刻之工，紙墨之美，
猶其餘事焉爾。

助字辨略跋

　　確山劉南泉先生撰《助字辨略》五卷〔註26〕，《自序》謂：「間嘗博求眾

〔註26〕錢泰吉《曝書雜記》卷一（中華書局 1985 年版，第 10～11 頁。又載《甘泉
　　　　鄉人稿》卷七）載：
　　　　二十年前，見苕估持書目，有《助字辨略》，謂是鄉學究啓悟童蒙，俾免杜溫
　　　　夫之誚。爾及得其書而讀之，則先秦兩漢舊籍，引據該洽，實爲小學書之創
　　　　例。撰人爲確山劉淇武仲，凡五卷。《自序》謂其類三十，曰重言、曰省文、
　　　　曰助語、曰斷辭、曰疑辭、曰詠歎辭、曰急辭、曰緩辭、曰發語辭、曰語已
　　　　辭、曰設辭、曰別異之辭、曰繼事之辭、曰或然之辭、曰原起之辭、曰終竟
　　　　之辭、曰頓挫之辭、曰承上、曰轉下、曰語聲、曰通用、曰專辭、曰僅辭、
　　　　曰歎辭、曰幾辭、曰極辭、曰總括之辭、曰方言、曰倒文、曰實字虛用；釋
　　　　訓之例凡六，曰正訓、曰反訓、曰通訓、曰借訓、曰互訓、曰轉訓。班諸四
　　　　聲，因以爲卷。其書刊於康熙五十年，海城盧承琰撰序，謂所著尚有《周易
　　　　通說》、《禹貢說》若干卷。謹檢《四庫總目》，俱未著錄，則劉君所著鮮傳本
　　　　矣。後讀陸朗夫先生《切問齋文鈔》第十五卷錄《堂邑志》、《賦役論》，乃知
　　　　劉君一字龍田，號南泉，濟寧人，有《衛園集》，《皇朝經世文編》爵里考同。
　　　　近時王伯申尚書著《經傳釋詞》十卷，其撰著之意畧同此書。詁訓益精密，
　　　　然創始之功不能不推劉君也。
　　　　錢泰吉《甘泉鄉人稿》卷五《跋助字辨略》（《清代詩文集彙編》第 572 冊，
　　　　第 59 頁）云：
　　　　得此書二十餘年矣。馮柳東嘗欲見奪，未之付也。今年硤川蔣生沐見余《曝
　　　　書雜記》中述此書，假鈔其副，爲重裝見還。因記己亥春仲，鄉先哲王先生
　　　　元啓《與胡書巢論脩濟寧州圖記書》云：前見《堂邑志》中所論代編一款，
　　　　知爲有學有識之士。近代百年間，少有能如此存心如此考究者。因欲得此一
　　　　書閱之，狠蒙郇以見贈云云。見《祇平居士集》卷十七。當即謂劉南泉淇所
　　　　撰之志。《濟寧圖記》，祇平居士所脩者，不知刻否，當訪求《圖記》及《堂
　　　　邑志》。則劉君之生平大略可見。祇平居士《濟寧州圖記》，稿本爲金岱峰所

藏，假余兩年矣。戊申正月，朱述之明府緒曾、羅鏡泉廣文以智借鈔此書，乃從《圖記》檢尋劉君事，文僅附見於其弟汶傳中，云淇字衞園，工爲詩古文，與汶同受知於世宗，當時有二難之目。《藝文志》中亦僅錄《衞園集》及《堂邑志》。《衞園集》不著卷數，《堂邑志》二十卷，錄其述例一條。然則此書祇平居士亦未見，其晦塞蓋已久矣。

《清史稿》卷四百八十四《文苑一》（第 13336 頁）載：

劉淇，字式仲，漢軍鑲白旗人。弟汶，舉人，受知世宗。時有二難之目。著《周易通說》、《禹貢說》、《助字辨略》、《堂邑志》、《衞園集》。

《助字辨略》章錫琛校注本，開明書店 1940 年版，卷首有《自序》（第 1～3 頁）：

構文之道，不過實字虛字兩端，實字其體骨，而虛字其性情也。蓋文以代言，取肖神理，抗墜之際，軒輊異情，虛字一乖，判於燕越，柳柳州所由發曬於杜溫夫者耶！且夫一字之失，一句爲之蹉跎；一句之誤，通篇爲之梗塞；討論可闕如乎！

蒙愧顓愚，義存識小。間嘗博求眾書，捃拾助字，都爲一集，題曰《助字辨略》。其類凡三十：曰重言，曰省文，曰助語，曰斷辭，曰疑辭，曰詠歎辭，曰急辭，曰緩辭，曰發語辭，曰語已辭，曰設辭，曰別異之辭，曰繼事之辭，曰或然之辭，曰原起之辭，曰終竟之辭，曰頓挫之辭，曰承上，曰轉下，曰語辭，曰通用，曰專辭，曰僅辭，曰歎辭，曰幾辭，曰極辭，曰總括之辭，曰方言，曰倒文，曰實字虛用。其訓釋之例凡六：曰正訓，曰反訓，曰通訓，曰借訓，曰互訓，曰轉訓。（下略）凡是刺舊詁者十七，參臆解者十三。班諸四聲，因以爲卷。既取虛用，故「之」訓「往」，「而」、「著」訓「汝」之屬，雖虛猶實，悉無載焉。至於元曲助字，純用方言，無宜闌入，他日別爲一編，以附卷尾。

大都古辭韻語，往體今言，義各有歸，淯用斯舛，能自得之，庶幾善變耳。他如變體裂，研風尚，溯流窮源，枝分節解，則有摰虞《文章流別》、劉勰《文心雕龍》之屬，述之備矣，所不贅焉。碻山劉淇撰。

次爲盧承琰《序》（第 3～4 頁）：

粵自方冊既陳，訓詁斯尚。聖作《爾雅》，爰列諸經，述者代興，其流益廣。如《廣雅》、《釋名》、《小爾雅》之屬，並乃步驟矩墨，梳櫛名物，牗蒙通昧，厥用宏焉。顧文以足言，乃後行遠。要其窮類盡變，仍歸肖言。一文一質，若有殊科，挹彼注此，初無二致。夫其四坐酬對，人人異情，而疾徐短長輕軒輕重之間，工拙攸判。拙者辭疊而義塞，工者神寄而情宣。良以辭所逮者或窮，而神所示者莫滯也。是故出話則視諸口吻，點筆則資於助言，談何容易，焉可誣邪！維是代易古今，方睽秦越。在昔能者，因地從時，藻以丹青，傳其音貌，細碎俚野，彌益增妍。宋元以降，寖不能爾，一步屢顯，猶恐失之。非去黼繡，莫敢濡翰。遂使言語文章，此疆彼界，助辭虛字，大抵混茫。施諸縑墨，亦云斐然；叩以討論，率牴於口。夫《爾雅》諸訓，匪不昭融；至於助言，蓋乃不備。是者，此吾友碻山劉氏武仲《助字辨略》之作所爲汲汲也。武仲學有根柢，識造崑岷。凡所撰述，卓犖冠古。而此一編者，不惟辨析秋豪，亦且晦義誤讀，舉止不少。實《爾雅》之功臣，藻林之金鑒也。爰付開雕，公之區內。其他如《周易通說》、《禹貢說》之屬若干卷，並宜急梓，衣被來學，而力有未逮，俟諸它日云。

康熙五十年九月，海城盧承琰撰。

次爲國泰《序》（第4～6頁）：

《助字辨略》者，碻山劉老人所著也。老人世爲濟寧人，博聞強記，生平喜著書。性恬澹，不妄與人交，然亦以此見重於世，當世士大夫，無不知有劉老人者。其在京師，與先伯祖尚書公友善。老人既沒，其幼子無所依怙。雍正年間，蒙恩旨賞入旗籍爲漢軍。尚書公以其爲故人子，嘗拊而育之。雖別隸漢軍，而居處飲食衣服，一切俾得與諸子齒。今其在者，老人之孫也。予幼時，親見其往來予家，如家人禮，竊疑其非同姓而親近若是。既而知其由先世及老人之故，予因奇其事而誌之，至於今不忘。

今年夏，歷城書院山長盛君百二，偶攜《辨略》一編謁予。予未及展視，盛君具言作者姓氏里居，及其後人歸旗之故。且言當時有大人者，拊以爲子，而惜其旗分氏族未詳也。予聞之愕然，曰：「此予之伯祖尚書公也。子之書，其劉老人之書耶？」盛君亦爲之愕然。於是請以書付梓，予笑而頷之。又固請予爲敍。予何以敍是書哉！

先賢云：「仕而優則學。」吾仕未優，敢言學乎！然細觀此書，所辨者助字，有益於行文，無論爲仕爲學，皆當講明而切究，非如常人詩文浮靡之作，可以置之不錄也。又況其爲老人之書，予縱未暇訪求，即有之，亦安忍失墜！然則雖刊而行之，亦情理之不容諉者。

予既應盛君之請，爰舉老人生平大略，及所以得是書之由，敍之簡首，聊以誌予與老人文字因緣，其來有自。而今之重爲是刻者，匪漫爲好事焉云爾。

乾隆己亥小春月，長白國泰撰。

次爲葉德輝《序》（第6～8頁）：

上古結繩紀事，飾僞萌生。黃帝史臣倉頡，初造書契。依類象形謂之字，形聲相益謂之文，著於竹帛謂之書。六書之中有假借，假借之義行，而後文字成爲文言。文言有奇，有偶。奇者爲古文，重在義法；偶者爲駢文，重在聲律；皆非有相助之字，不能成爲篇章。蓋助字本假借實字用之。曩余撰《六書古微》，於假借一類，已舉其義。其未引申及於語助字者，一則余書本例，爲《説文解字》遠流；一則劉氏此書，造述在先，不欲爲狗尾之續也。嘉慶中，高郵王文簡引之，曾撰《經傳釋詞》一書，正與此書同例。而專在疏通經義，不若此之貫穿群籍，足窮文字之變化也。

竊嘗論之：吾國文辭之遞嬗，自黃帝迄今，閲五千餘年。唐虞以前之文，引見於周秦諸子百家之書，其眞僞不可辨。故孔子刪《書》斷自唐虞，刪《詩》始於二《南》。誠以其文記事采風，語無虛作，克盡史氏之職，有足爲後世法者。昔揚子《法言》云：「虞夏之書渾渾爾，商書灝灝爾，周書噩噩爾。下周者，其書譙乎。」李軌《注》：「下周者秦，言酷烈也。」由今觀之，虞、夏、商、周、嬴秦之書，其不同如此，無非助語之所表見耳。顧余讀《史記·李斯傳》，上書論逐客、上書對二世、上書言趙高、獄中上書，《韓非子存韓》，斯《上韓王書議存韓》，其劁切指陳，與揚子所云譙書不類。惟《秦本紀》載始皇二世諸制令，及遊巡刻石，世傳權量詔銘之類，文氣畫一，有橫掃六合之概。則以廟堂典册，號令天下之文，非若臣下屬辭，必藉語助爲修飾者，亦事勢然也。迨其後兩漢三國晉宋六朝，風會雖有變遷，其文章語助之辭，究不能別創異文，如梵夾之譯《華嚴》，佉盧之作旁行，不適吾人文之書之用。

亦以助字之在典籍，若布帛菽粟日用之具，不得一日而廢者也。

雖然，助字既不可廢，則讀古書者，安可不推求其義例，以爲撰述之門徑。今惟劉氏此書，能得其要領。其分類爲三十，而訓釋之例六。條分縷析，既博且精，可謂字學之尾閭，文辭之淵海。論其書之創作，高郵一席，且退居後覺之人。劉氏事蹟，略載泰吉《曝書雜紀》本書《跋文》。康熙中葉人，著書已與乾嘉學者沆瀣一氣，知有清一代，文治之盛，其所由來者遠矣。

是書康熙五十九年海城盧承琰校刻，傳本極少，故《四庫全書》未及採錄。咸豐五年，聊城楊河督以增重刻，今亦久未印行。門人楊蓻詒之季弟季常，篤嗜縹緗，既刻俞樾《古書疑義舉例》成，因類及是書，重加校勘，丐蓻詒索余一言，以爲引起。

余謂此書本爲考據家之作，而實足爲詞章筆削之資。讀者日日紬釋其書，非獨二者得以肆其取求，即義理之精深，亦將由此檢讀群書，玩索而獲其益。是固不僅於助字之用得所辨析也已。

乙丑四月小滿前二日，郋園葉德輝。

卷末有劉毓崧《跋》，文末多「儀徵劉毓崧伯山謹跋」一句，且附有注（第293～305頁），逐錄於下：

原注一

盧氏《序》云：「爰付開雕，公之區內。」其序係康熙五十年九月所撰。

原注二

《釋詞》卷一云：「與，及也。」卷二云：「爰，於也。」卷三云：「惟，獨也。」卷四云：「曷，何也。」卷五云：「孔，甚也。」卷六云：「寧，顯詞也。」卷七云：「而，承上之詞。」卷八云：「雖，詞兩設也。」卷九云：「誰，何也。」卷十云：「蔑，無也。」凡此之類，皆先舉常語習見者，以著通行之義，然後推及其異詞也。此書之例亦然。

原注三

《釋詞》卷一云：「《廣雅》云：『與，如也。』與其，皆謂如其也。或但謂之與。《孟子·萬章》篇曰：『與我處畎畝之中，由是以樂堯舜之道，吾豈若使是君爲堯舜之君哉！吾豈若使是民爲堯舜之民哉！』」此書卷三三約同。

原注四

《釋詞》卷一云：「以猶及也。《易·復》上六曰：『用行師，終有大敗，以其國君，凶。』言及其國君也。」此書卷三約同。

原注五

《釋詞》卷一云：「猶，猶均也。物相若則均，故猶又有均義。襄十年《左傳》曰：『從之將退，不從亦退。猶將退也，不如從楚，亦以退之。』猶將退，均將退也。《論語·堯曰》篇曰：『猶之與人也，出納之吝，謂之有司。』猶之與人，均之與人也。《燕策》：『柳下惠曰：苟與人異，惡往而不黜乎！猶且黜乎，寧於故國爾。』猶且黜，均將黜也。」此書卷二約同。

原注六

《釋詞》卷二云：「安，猶則也，字或作案。《荀子·勸學》篇曰：『上不能好其人，下不能隆禮，安特將學雜識，志順詩書而已耳。』安，猶則也。言既不能好其人，又不能隆禮，則但學雜識，順詩書而已也。楊倞《注》云：『安，語助。或作安，或作案。《荀子》多用此字。』」《禮記·三年問》作『焉』。《戰

國策》：『謂趙王曰：秦與韓爲上交，秦禍案移於梁矣。秦與梁爲上交，秦禍案攘於趙矣。』《呂氏春秋》：『吳起謂商文曰：今日置質爲臣，其主安重。釋爾辭官，其主安輕。』蓋當時人通以『安』爲語助。」此書卷一約同。

原注七

《釋詞》卷二云：「安，焉也，然也。《荀子‧榮辱》篇曰：『俄則屈安窮矣。』言屈焉窮也。屈焉，窮貌也。楊《注》曰：『安，語助，猶言屈然窮矣。』」此書卷一約同。

原注八

《釋詞》卷二云：「焉，猶於也。《孟子‧盡心》篇曰：『人莫大焉無親戚君臣上下。』言莫大於無親戚君臣上下也。」此書卷二約同。

原注十

《釋詞》卷三云：「云，語中助詞也。僖十五年《左傳》曰：『歲云秋矣。』成十二年曰：『日云暮矣。』亦以云爲語助。」此書卷一約同。

原注十一

《釋詞》卷三云：「有，猶又也。《詩‧終風》曰：『終風且曀，不日有曀。』《儀禮‧士相見禮》曰：『某子命某見吾子有辱。』《箋》、《注》並曰：『有，又也。』有，又古同聲，故『又』字或通作『有』。」此書卷三約同。

原注十二

《釋詞》卷三云：「一，猶皆也。《詩‧北門》曰：『政事一埤益我。』言政事皆埤益我也。《箋》曰：『國有賦稅之事，則減彼一而以益我』，失之。今從朱《傳》。」此書卷五約同。

原注十三

《釋詞》卷三云：「唐，猶何也、安也、詎也。莊十四年《左傳》曰：『庸非貳乎！』昭十年曰：『庸愈乎！』皆是也。庸與何同意，故亦稱庸何。襄二十五年《左傳》曰：『將庸何歸？』庸猶何也，承上文君死安歸言之也。杜《注》曰：『將用死亡之義，何所歸趣』，失之。庸與安同意，故亦稱庸安。《荀子‧宥坐》篇曰：『女庸安知吾不得之桑落之下。』庸，猶安也。庸與詎同意，故亦稱庸詎。《莊子‧齊物論》曰：『庸詎知吾所謂知之非不知邪！庸詎知吾所謂不知非知邪！』庸，猶詎也。」此書卷一約同。

原注十四

《釋詞》卷四云：「《管子‧小稱》篇曰：『闔不起爲寡人壽乎？』闔不，何不也。」此書卷五約同。

原注十五

《釋詞》卷五云：「言，云也，語詞也。話言之言謂之云，語詞之云亦謂之言。若《詩‧葛覃》之『言告師氏，言告言歸』，《泉水》之『駕言出遊』，《伯兮》之『言樹之背』，《小戎》之『言念君子』，《易‧繫詞》之『德言盛，禮言恭』，皆與語詞之云同義。而毛、鄭釋《詩》，悉用《爾雅》『言，我也』之訓；或解爲言語之言。揆之文義，多所未安，則施之不得其當也。」此書卷一約同。

原注十六

《釋詞》卷六云：「誕，發語詞也。《詩‧生民》曰：『誕彌闕月』、『誕寘之隘巷』，諸『誕』字皆發語詞。說者用《爾雅》『誕，大也』之訓，則詰鞫爲病矣。」此書卷三約同。

原注十七

《釋詞》卷七云：「《漢書·韋賢傳》，《注》曰：『而者，句絕之辭。』《詩·著》曰：『俟我於著乎而。』《論語·子罕》篇引《詩》曰：『唐棣之華，偏其反而。』《微子》篇曰：『已而已而。』」此書卷一約同。

原注十八

《釋詞》卷七云：「而，猶若也。若與如，古同聲，故而訓爲如，又訓爲若。《周官》：『旅師而用之。』鄭《注》：『而讀爲若。』」此書卷一約同。

原注十九

《釋詞》卷七云：「如，猶然也。若《論語·鄉黨》篇『恂恂如』、『踧踖如』、『勃如』、『躩如』之屬是也。」此書卷一約同。

原注二十

《釋詞》卷七云：「如，猶將也。又《孟子·公孫丑》篇：『寡人如就見者也。』如字亦與將同義。」此書卷一約同。

原注二十一

《釋詞》卷七云：「《儀禮·鄉飲酒禮》：『公如大夫入』，謂公與大夫入也。鄭讀『如』爲『若』，若亦與也。《論語·先進》篇曰：『方六七十，如五六十。』又曰：『宗廟之事如會同。』『如』字並與『與』同義。」此書卷一約同。

原注二十二

《釋詞》卷七云：「《史記·禮書》，鄭義曰：『若，如此也。』《書·大誥》曰：『爾知寧王若勤哉。』言如此勤也。《孟子·梁惠王》篇曰：『以若所爲，求若所欲。』言如此所爲，如此所欲也。」此書卷五約同。

原注二十三

《釋詞》卷七云：「《廣雅》曰：『然，譍也。』『譍』通作『應』。《孟子·公孫丑》篇曰：「然，夫時子惡知其不可也。」但爲應詞，而不訓爲是。」此書卷二約同。

原注二十四

《釋詞》卷七云：「然，猶焉也。《禮記·檀弓》曰：『穆公召縣子而問然。』鄭《注》：『然之言焉也。』」此書卷二約同。

原注二十五

《釋詞》卷八云：「斯，語助詞也。《詩·瓠葉》曰：『有兔斯首。』鄭《注》以『斯首』爲『白首』，非。」此書卷一約同。

原注二十六

《釋詞》卷八云：「將，猶抑也。《楚辭·卜居》曰：『吾寧悃悃款款樸以忠乎？將送往勞來斯無窮乎？』」此書卷二約同。

原注二十七

《釋詞》卷八云：「且，猶夫也。《孟子·公孫丑》篇曰：『若是，則弟子之惑滋甚。且以文王之德，百年而後崩，猶未恰於天下。』」此書卷三約同。

原注二十八

《釋詞》卷八云：「《漢書·西南夷傳》，《注》曰：『即，猶若也。』《史記·秦本紀》曰：『晉公子圉聞晉君病，曰：即君百歲後，秦必留我。』言若君百歲後也。」此書卷五約同。

原注二十九

《釋詞》卷九云：「之，語助詞也。《禮記・射義》：『公罔之裘。』鄭《注》曰：『之，發聲也。』僖二十四年《左傳》：『介之推。』杜《注》曰：『之，語助。凡《春秋》人名中有之字者皆放此。』」此書卷一約同。

原注三十

《釋詞》卷九云：「《說文》：『只，語已辭也。』《詩・鄘・柏舟》曰：『母也天只，不諒人只。』《毛傳》：『母也天也，尚不信我。』字亦作『軹』，《莊子・大宗師》篇曰：『而奚來爲軹！』崔譔《注》：『軹，辭也。』《楚辭・大招》句末皆用『只』字。」此書卷三約同。

原注三十一

《釋詞》卷九云：「《書・秦誓》曰：『不啻如自其口出。』《孟子・告子》篇曰：『取食之重者與禮之輕者而比之，奚翅食重。』《莊子・大宗師篇》曰：『陰陽於人，不翅於父母。』『翅』並與『啻』同。」此書卷四約同。

原注三十二

《釋詞》卷十云：「《孝經疏》引劉瓛曰：『夫，猶凡也。』襄八年《左傳》曰：『夫人愁痛。』杜《注》曰：『夫人，猶人人也。』二十七年曰：『且吾因宋以守，病則夫能致死。』」此書卷一約同。

原注三十三

《釋詞》卷四云：「遐，何也。《詩・南山・有臺》曰：『樂只君子，遐不眉壽。』《隰桑》曰：『心乎愛矣，遐不謂矣。』《棫樸》曰：『周王壽考，遐不作人。』遐不，皆謂何不也。《禮記・表記》引《詩》作『遐不謂矣』，鄭《注》曰：『遐之言胡也。』《傳》、《箋》皆訓『遐』爲『遠』，失之。」此書卷二云：「遐得爲胡者，遐、何音相近，何、胡音相近也。又《詩・邶風・泉水》：『遄臻於衛，不瑕有害。』朱《傳》曰：『瑕，何也。言如是則其至衛疾矣，然豈不有害於義理乎？』又《二子乘舟》：『願言思子，不瑕有害。』《朱傳》云：『不瑕，疑辭也。』愚案：《毛傳》訓『遐』爲『遠』，與《詩》義全無干涉。朱《傳》義長也。不瑕有害，猶云得無有害。蓋《泉水》以衛女義不得歸，故疑歸而有害。《乘舟》則國人旣傷二子見害，乃故爲唯恐見害之言以哀之也。不瑕得爲疑詞者，『不』有無義，『瑕』有何義。何、寧義通。得無、無寧，皆疑辭也。」

原注三十四

《釋詞》卷十云：「薄，發聲也。《詩・葛覃》曰：『薄污我私，薄浣我衣。』又《芣苢》曰：『薄言采之。』《傳》曰：『薄，辭也。』《詩・邁》曰：『薄言震之。』《韓詩・薛君傳》與《毛傳》同。」此書卷五云：「《詩・國風》：『薄言采之。』《毛傳》云：『薄，辭也。』《正義》云：『《時邁》云：薄言震之。《箋》云：薄，猶甫也。甫，始也。《有客》曰：薄言追之。』《箋》云：王始言餞送之。以薄爲始者，以《時邁》下句云莫不震疊，明上句薄言震之爲始動以危也。《有客》前云以繫其馬，欲留微子；下云薄言追之，是時將行，王始言餞送之。《詩》之言薄多矣，唯此二者以薄爲始，餘皆爲辭也。』愚案：薄，辭也；言亦辭也。薄言，重言之也。《詩》凡云薄言，皆是發語之辭，非《時邁》、《有客》二詩又別爲甫、始，不如《正義》所云也。」

原注三十五

《釋詞》卷四云：「《詩・民勞》曰：『民亦勞止，汔可小康。』《箋》亦曰：『汔，

幾也。」昭二十年《左傳》孔子引前《詩》云云，杜《注》曰：『汔，其也。』於義亦通。此蓋出三家詩，或是《左傳》舊注如此。《後漢書·班超傳》超妹昭上書引前《詩》云云，李賢《注》亦曰：『汔，其也。』」此書卷五云：「《爾雅》云：『凱，汔也。』郭《注》云：『謂相摩近。』邢《疏》云：『《說文》云：剴，摩也。』」郭讀爲䥩剴，云：「謂相摩近。」孫炎云：「汔，近也。」《大雅·民勞》云：「汔可小康。」鄭《箋》云：「汔，幾也。」反覆相訓，故汔得爲幾也。昭二十年《左傳》引亦此詩，杜預云：「汔，期也。」然則期字雖別，皆是近義，言其近當如此。《史記》稱漢高祖欲廢太子，周昌曰：「臣口不能言，然臣期知其不可。陛下雖欲廢太子，臣期不奉召。」言期者，意亦與此同也。愚案：「《詩·大雅》：『汔可小康』，《毛傳》云：『汔，危也。』危是幾將之辭，故《詩箋》訓『汔』爲『幾』也。《左傳》昭公二十年杜《注》云：『汔，其也』，未嘗訓『期』，豈舊本有此文邪？其，語辭也。周昌云『期』，乃口吃聲，皆不爲義，與幾將之義無涉。《正義》云然者，謂汔既是幾辭，又與期通爲語聲也。」

原注三十六

《釋詞》卷五云：「憖，且也。哀十六年《左傳》：『旻天不弔，不憖遺一老，俾屏予一人以在位。』杜《注》曰：『憖，且也。』王肅注《家語·終祀》篇同。應劭注《漢書·五行志》曰：『憖，且辭也。言旻天不善於魯，不且遺一老使屏蔽我一人也。』昭二十八年《傳》：『祁盈之臣曰：鈞將皆死，憖使吾君聞勝與臧之死也以爲快。』憖，亦且也。言鈞之將死，且使吾君聞勝臧之死而快意也。杜以憖爲發語之音，於文義未協。」此書卷四云：「《詩·小雅》：『皇父孔聖，作都于向。擇三有事，亶侯多藏。不憖遺一老，俾守我王。』《注》、《疏》訓『憖』爲心不欲自彊之辭，言皇父不自彊留一人，輔天子也。《左傳·哀公十六年》：『旻天不弔，不憖遺一老。』杜《注》云：『憖，且也。』愚案：訓『憖』爲彊者，《爾雅》之文也。然《詩》言非勉強之義，不如杜氏訓「且」爲安，言聊且留一老都不肯也。又《左傳·昭公二十八年》：『祁盈之臣曰：『鈞將皆死，憖使吾君聞勝與臧之死也以爲快。』杜《注》云：『憖，發語之音。』愚案：發語之音猶云寧也。今云寧可，有作去聲者，其音乃近於憖也。然則『憖』字訓作『且』亦通。」

原注三十七

此書卷一云：「其，指物辭也。又《廣韻》云：『豈也。』《莊子·齊物論》：『人之生也，固若是芒乎！其我獨芒而人亦有不芒者乎！』《戰國策》：『今也寡人一城圍，食不甘味，臥不便席。今應侯亡地而言不尤，此其情也！』《史記·叔孫通傳》：『呂后與陛下攻苦食淡，其不背哉！』此『其』字並是『豈』辭。其、豈音相近，故通也。《論語》：『才難，不其然乎！』不其然，猶云豈不然乎。」今案：《釋詞》卷五「其」字下各條，未有訓爲「豈」者。「豈」字下雖有「其」字之訓，亦未言「其」字又轉訓爲「豈」也。

原注三十八

此書卷四云：「《禮記·投壺》：『主人曰：枉矢哨壺，不足辭也，敢固以請。』鄭《注》云：『固之言如故也。言如固辭者，重辭也。』《禮記·少儀》：『聞始見君子者，曰：某故原聞名於將命者。』鄭《注》云：『固，如故也。重則云固。』《正義》云：『再辭也。不云初辭而云固者，欲明主人不即見己，己

乃再辭，故云固也。若初辭則不云固。」愚案：此『固』字是心誠如此，非
有虛假之謂。若訓作『再』，則《少儀》云始見君子，豈可便云再原聞名邪？」
今按：《釋詞》卷五「固」字下各條，未有訓爲誠者。

原注三十九

此書卷二云：「方，當也。又《詩・國風》：『方何爲期。』《朱傳》云：『方，
將也。將以何時爲歸期也。』庾子山《哀江南賦》：『小人則將及水火，君子
則方成猿鶴。』「方」亦「將」也，「將」亦「方」也。古人文別而義同，如
此類甚多，非有兩義。又《國風》：『方將萬舞。』鄭《箋》云：『將，且也。』
愚案：方將，重言也。又張平子《南都賦》：『方今天地之睢剌，帝亂其政，
豺虎肆虐，眞人革命之秋也。』李善云：『《漢書・音義》云：方，向也。謂
高祖之時。《倉頡篇》云：今，時辭也。謂光武。』愚案：方今，猶云向時，
不必以向屬高，以今屬光。方今得爲向時者，反訓也。《爾雅》訓肆爲故、今，
訓徂爲在、存。郭《注》云：『肆既爲故，又爲今。今亦爲故，故亦爲今。此
義相反而兼通。』又云：『以徂爲存，猶以亂爲治，以曩爲向，以故爲今，此
皆詁訓義有反覆旁通，美惡不嫌同名也。』」今按：《釋詞》未載「方」字。
卷五「今」字下亦未載方今之義。

原注四十

此書卷四云：「振，《爾雅》云：『古也。』郭《注》云：『《詩》曰：振古如茲。
猶云久若此。』邢《疏》云：『案：《周頌・載芟》云：匪今斯今，振古如茲。
《毛傳》云：振，自也。《鄭箋》云：振亦古也。言修德行禮，莫不獲報，乃
自古而如此，所由來者久，非適今時是也。』愚案：振古得爲自古者，振，
作也。凡創始者爲作，此欲溯其所由來，故謂之振古，猶云自有天地以來也。
蓋當時語如此。」今按：《釋詞》未載「振」字。

原注四十一

《釋詞》卷五「顧」字下引《燕策》曰：「吾每念常痛於骨髓，顧計不知所出
耳。」又引《燕策》曰：「子之南面行王事，而噲老不聽政，故爲臣。」此書
卷四「顧」字下引《史記・刺客傳》與《燕策》第一條略同。又引《史記・
燕世家》與《燕策》第二條全同。今按：《燕策》即《史記》所本。

原注四十二

《釋詞》卷四云：「噫，意，懿，抑，並字異而義同。」卷五云：「其，祀，
忌，已、，義並同也。」又云：「詎，距，鋸，巨，渠，遽其義一而已矣。」
此書卷一「噫」字下，但言「懿」字而未言意，「抑」、「其」字下但言「記」、
「忌」、「已」，而未言「迊」。

原注四十三

盧氏《序》云：「夫《爾雅》諸訓，匪不昭融。至於助言，蓋乃不備。自有書
契以還，未有發其緘縢而導夫先路者。此吾友碻山劉氏武仲《助字辨略》之
作所爲汲汲也。」

原注四十四

卷五「莫」字下云：「《朱子語類》云：『莫，詞疑，猶今人云莫是如此否。』
莫是者，方言，猶今云恐是也。又《宋史・岳飛傳》：『莫須有三字，何以服
天下。』莫須，猶莫是也。又王右軍《止殷浩北伐書》：『保淮之志，非復所
及，莫過還保長江。』莫過，猶云不如也。又郭頒《古墓斑狐記》：『遽莫千

試萬慮，其能爲害乎。』杜子美詩：『遮莫鄰雞下五更。』遮莫，猶云盡教，一任其如何也。又盧祖皋詞：『溪魚堪鱠，切莫論錢。』切莫，猶云慎母，方言也。」

原注四十五

《自序》云：「至於元曲助字，純用方言，無宜闌入。他日別爲一編，以附卷尾。」今按：此編今無傳本。其爲輯而弗成，抑係成而弗刊，與刊而弗傳，不可考矣。

原注四十六

卷一「頤」字下云：「《史記‧陳涉世家》：『客曰：夥頤，涉之爲王沉沉者。』愚案：《漢書‧陳涉傳》省『頤』字。蓋『夥頤』者，驚歎之聲。『夥』之餘聲便是『頤』，故《漢書》省去也。陳、蔡、光、黃間人，言如此則云正樣，其呼『正』字如『沈』去聲。蓋客驚歎涉之富貴至於如此也。」卷二「登」字下云：「《公羊傳‧隱公五年》：『公曷爲遠而觀魚？登來之也。』何休云：『登讀言得。得來之者，齊人語也。齊人名求得爲得來。作登來者，其言大而急，由口授也。』愚案：今山東人呼『得』字爲德歸切，與『登』字音近，故以得來爲登來也。」

又有楊樹達《跋》（第 306～315 頁。又見《積微居小學金石論叢》卷五，題爲《劉武仲先生助字辨略跋》，上海古籍出版社 2014 年版，第 228～233 頁），節錄如下：

確山劉武仲先生《助字辨略》五卷，初刻於清康熙五十年辛卯，刻者爲海城盧氏承琰。越六十八年爲乾隆四十四年己亥，長白國泰得其書於盛氏柚堂，取而重刻之。又越七十六年爲咸豐五年乙卯，聊城楊氏以增得傳鈔本，延高君均儒重刊，是爲海源閣本，此三本皆鏤板也。最近有文學社據海源閣本排印之巾箱本，不知排印年月，蓋當在清末時。盧氏初刻余未得見，國泰所據當爲盧刻，故簡首有盧氏序文。海源閣所據之傳鈔本亦係據盧刻，而高君伯平校勘時似未見國刻本，故頗有國刻字不訛誤而楊刻誤者。楊刻卷首亦無國序，皆其證也。余去夏南歸省親，舍弟季常欲刻舊籍以益學子，問余以應首何書，余舉此書及王氏《經傳釋詞》、俞氏《古書疑義舉例》對。弟因首刻此編及俞書。此編底本亦用海源閣本，余頗取國刻對勘，凡楊刻避清諱之字，皆爲回改，遇文義不可通者，頗檢閱原書勘正之。其楊本所無之國泰序文及劉氏毓崧伯山《通藝堂集》之跋文則附載焉。此書與王氏《釋詞》相較，自有遜色，然亦有精審過於王氏之處。伯山跋文取二書細加比勘，詳哉其言之矣。惟伯山所言亦尚有未盡者。（下略）此二事衡校兩家，劉氏之說皆勝於王氏。（下略）此二說又王氏《釋詞》所未及者也。然劉氏書亦有偶不審核至於誤解者。（下略）此皆劉氏偶未審核，故致誤釋。然吾人生當訓詁學大明之後，而劉氏生於清學初啓之時，篳路藍縷，其功甚巨，正小有疵類，不足掩其精詣也。余惟先儒著述之流傳於後世者顯晦類有時，而先生之書，自盧氏刻後約七十年而有國刻，國刻後七十餘年而有海源閣本。今距海源閣本恰七十年，蓋自初刻後約每七十年而一鏤板，若有定律然者，亦一奇也。前歲余南歸後復北上，京漢道中車過確山，有句云：「秋午晴陰過確山，峰巒娬媚似鄉關。遺書已自成瑰寶，記否劉家有二難？」余生平不事吟詠，以景仰先生之懷，經過故里，忽發清興，遂成短章，附識於此，以見余與先生若有針芥之契云爾。

書，捃拾助字，都爲一集。其類凡三十，其訓釋之例凡六，班諸四聲，因以爲卷。」嘉興錢氏泰吉《曝書雜記》云：「引據該洽，實爲小學之創例。」近時王伯申尚書著《經傳釋詞》十卷，其撰著之意，略同此書。詁訓益精密，然創始之功，不能不推劉君也。

今按：此書曾於康熙五十年爲海城盧氏承琰所刊。盧氏《序》云：「爰付開雕，公之區內。」其《序》係康熙五十年九月所撰。而傳播未遠，故高郵王文簡公亦未獲見。然《經傳釋詞》所言，往往與此書暗合。凡常語習見者，姑不具論。《釋詞》卷一云：「與，及也。」卷二云：「爰，於也。」卷三云：「惟，獨也。」卷四云：「曷，何也。」卷五云：「孔，甚也。」卷六云：「寧，願詞也。」卷七云：「而，承上之詞。」卷八云：「雖，詞兩設也。」卷九云：「誰，何也。」卷十云：「蔑，無也。」凡此之類，皆先舉常語習見者，以著通行之義，然後推及其異詞也。此書之例亦然。今以其最精確者，約舉言之。如：「與，如也」；《釋詞》卷一云：「《廣雅》云：『與，如也。』『與其』，皆謂『如其』也。或但謂之『與』。《孟子·萬章篇》曰：『與我處畎畝之中，由是以樂堯舜之道，吾豈若使是君爲堯舜之君哉？吾豈若使是民爲堯舜之民哉？』」此書卷三約同。「以，猶及也」；《釋詞》卷一云：「以，猶及也。《易·復》上六曰：『用行師，終有大敗，以其國君，凶。』言及其國君也。」此書卷三約同。「猶，猶均也」；《釋詞》卷一云：「猶，猶均也。物相若則均，故猶又有均義。襄十年《左傳》曰：『從之將退，不從亦退。猶將退也，不如從楚，亦以退之。』『猶將退』，均將退也。《論語·堯曰篇》曰：『猶之與人也，出內之吝，謂之有司。』『猶之與人』，均之與人也。《燕策》：『柳下惠曰：苟與人異，惡往而不黜乎？猶且黜乎，寧於故國爾。』『猶且黜』，均將黜也。」此書卷二約同。「安爲語助」；《釋詞》卷二云：「安，猶則也，字或作『案』。《荀子·勸學篇》曰：『上不能好其人，下不能隆禮，安特將學雜識志，順《詩》、《書》而已耳。』安，猶則也，言既不能好其人，又不能隆禮，則但學雜識、順詩書而已也。

另外，劉師培《讀書隨筆》有「助字辨略正誤」一條（萬仕國點校《儀徵劉申叔遺書》第 13 冊，廣陵書社 2014 年版，第 5623 頁），稱：
劉淇《助字辨略》，精確雖稍遜《經傳釋詞》，然博引之功不可沒也，惟訛誤甚多。試錄之如下。（下略）
劉師培《左盦外集》卷十三《國文雜記》（萬仕國點校《儀徵劉申叔遺書》第 11 冊，廣陵書社 2014 年版，第 4962 頁），稱：
中國分析字類之書以碻山劉南泉《助字辨略》爲最古，嘉興錢泰吉稱爲「引據該洽，爲小學創例」。然其書所列者僅助字一門，于連詞、介詞、副詞悉以助字該之，至有以助動詞而入助詞者，且徵引該博，以之存古訓則有餘，以之啓後學則不足。王氏《經傳釋詞》較《助字辨略》尤爲精確，其所舉者亦以虛字爲主，但所舉之字有以助動詞爲助字者，甚有以代詞爲虛字者，此則中國字類無界說使然，非可盡責王氏也，且王氏創始之功亦豈能沒哉？

楊倞《注》云：『安，語助，或作安，或作案。《荀子》多用此字。《禮記・三年問》作焉。《戰國策》謂趙王曰：秦與韓爲上交，秦禍案移於梁矣。秦與梁爲上交，秦禍案攘於趙矣。《呂氏春秋》吳起謂：商文曰：今日置質爲臣，其主安重？釋璽辭官，其主安輕？蓋當時人通以安爲語助。』此書卷一約同。「安，焉也，然也」；《釋詞》卷二云：「安，焉也，然也。《荀子・榮辱篇》曰：『俄則屈安窮矣』，言屈焉窮也。屈焉，窮貌也。楊《注》曰：『安，語助，猶言屈然窮矣。』」此書卷一約同。「焉，猶於也」；《釋詞》卷二云：「焉，猶於也。《孟子・盡心篇》曰：『人莫大焉無親戚君臣上下』，言莫大於無親戚君臣上下也。」此書卷二約同。「焉，猶是也」；《釋詞》卷二云：「焉，猶是也。隱六年《左傳》曰：『我周之東遷，晉鄭焉依。』《周語》作『晉鄭是依』。」此書卷二約同。「云，語中助辭也」；《釋詞》卷三云：「云，語中助詞也。僖十五年《左傳》曰：『歲云秋矣。』成十二年曰：『日云莫矣。』亦以云爲語助。」此書卷一約同。「有，猶又也」；《釋詞》卷三云：「有，猶又也。《詩・終風》曰：『終風且曀，不日有曀。』《儀禮・士相見禮》曰：『某子命某見，吾子有辱。』《箋》、《注》並曰：『有，又也。』有、又古同聲，故又字或通作有。」此書卷三約同。「一，猶皆也」；《釋詞》卷三云：「一，猶皆也。《詩・北門》曰：『政事一埤益我』，言政事皆埤益我也。《箋》曰：『國有賦稅之事，則減彼一而以益我』，失之，今從朱《傳》。」此書卷五約同。「庸，猶何也，安也，詎也」；《釋詞》卷三云：「庸，猶何也，安也，詎也。莊十四年《左傳》曰：『庸非貳乎？』昭十年曰：『庸愈乎？』皆是也。庸與何同意，故亦稱庸何。襄二十五年《左傳》曰：『將庸何歸？』庸，猶何也，承上文『君死安歸』言之也。杜《注》曰：『將用死亡之義，何所歸趣』，失之。庸與安同意，故亦稱庸安。《荀子・宥坐篇》曰：『女庸安知吾不得之桑落之下。』庸，猶安也。庸與詎同意，故亦稱庸詎。《莊子・齊物論》曰：『庸詎知吾所謂知之非不知邪？庸詎知吾所謂不知之非知邪？』庸，猶詎也。」此書卷一約同。「闔不，何不也」；《釋詞》卷四云：「《管子・小稱篇》曰：『闔不起爲寡人壽乎？』闔不，何不也。」此書卷五約同。「言，云也」；《釋詞》卷五云：「言，云也，語詞也。話言之言謂之云，語詞之云亦謂之言。若《詩・葛覃》之『言告師氏，言告言歸』，《泉水》之『駕言出遊』，《伯兮》之『言樹之背』，《小戎》之『言念君子』，《易・繫詞》之『德言盛，禮言恭』，皆與語詞之云同義。而毛、鄭釋《詩》悉用《爾雅》『言，我也』之訓。或解爲言語之言，揆之文義，多所未安，則施之不得其當也。」此書卷一約同。「誕，發語詞也」；《釋詞》卷六云：「誕，發語詞也。《詩・生民》曰：『誕彌厥月』、『誕寘之隘巷。』諸誕字皆發語詞。說者用《爾雅》『誕，大也』之訓，則詰鞫爲病矣。」此書卷三約同。「而者，句絕之辭」；《釋詞》卷七云：「《漢書・韋賢傳》，《注》曰：『而者，句絕之辭。』《詩・著》曰：『俟我於著乎而。』《論語・子罕篇》引《詩》曰：『唐棣之華，偏其反而』；《微子篇》曰：『已而已而。』」此書卷一約同。「而，猶若也」；《釋詞》

卷七云：「而，猶若也。若與如古同聲，故而訓為如，又訓為若。《周官》：『旅師而用之』，鄭《注》：『而，讀為若。』」此書卷一約同。「如，猶然也」；《釋詞》卷七云：「如，猶然也。若《論語・鄉黨篇》『恂恂如』、『踧踖如』、『勃如』、『躩如』之屬是也。」此書卷一約同。「如，猶將也」；《釋詞》卷七云：「如，猶將也。又《孟子・公孫丑篇》：『寡人如就見者也』，如字亦與將同義。」此書卷一約同。「如，猶與也，及也」；《釋詞》卷七云：「《儀禮・鄉飲酒禮》『公如大夫入』，謂公與大夫入也。鄭讀如為若，若亦與也。《論語・先進篇》曰：『方六七十，如五六十』；又曰：『宗廟之事如會同』。如字，並與『與』同義。」此書卷一約同。「若，如此也」；《釋詞》卷七云：「《史記・禮書》，《正義》曰：『若，如此也。』《書・大誥》曰：『爾知寧王若勤哉』，言如此勤也。《孟子・梁惠王篇》曰：『以若所為，求若所欲』，言如此所為，如此所欲也。」此書卷五約同。「然，應詞」；《釋詞》卷七云：「《廣雅》曰：『然，譍也。』譍，通作應。《孟子・公孫丑篇》曰：『然。夫時子惡知其不可也。』但，為應詞，而不訓為是。」此書卷二約同。「然，猶焉也」；《釋詞》卷七云：「然，猶焉也。《禮記・檀弓》曰：『穆公召縣子而問然。』鄭《注》：『然之言焉也。』」此書卷二約同。「斯，語助也」；《釋詞》卷八云：「斯，語助也。《詩・瓠葉》曰：『有兔斯首。』鄭《注》以斯首為白首，非。」此書卷一約同。「將，猶抑也」；《釋詞》卷八云：「將，猶抑也。《楚辭・卜居》曰：『吾寧悃悃款款，樸以忠乎？將送往勞來，斯無窮乎？』」此書卷二約同。「且，猶夫也」；《釋詞》卷八云：「且，猶夫也。《孟子・公孫丑篇》曰：『若是，則弟子之惑滋甚。且以文王之德，百年而後崩，猶未洽於天下。』」此書卷三約同。「即，猶若也」；《釋詞》卷八云：「《漢書・西南夷傳》，《注》曰：『即，猶若也。』《史記・秦本紀》曰：『晉公子圉聞晉君病，曰：即君百歲後，秦必留我。』言若君百歲後也。」此書卷五約同。「之，語助也」；《釋詞》卷九云：「之，語助也。《禮記・射義》『公罔之裘』，鄭《注》曰：『之，發聲也。』僖二十四年《左傳》『介之推』，杜《注》曰：『之，語助。』凡春秋人名中有之字者，皆放此。」此書卷一約同。「只，語已詞也」；《釋詞》卷九云：「《說文》：『只，語已詞也。』《詩・鄘・柏舟》曰：『母也天只，不諒人只。』毛《傳》：『母也天也，尚不信我。』字亦作『軹』。《莊子・大宗師篇》曰：『而奚來為軹。』崔譔《注》：『軹，辭也。』《楚辭・大招》句末皆用『只』字。」此書卷三約同。「翅，與啻同」；《釋詞》卷九云：「《書・秦誓》曰：『不啻如自其口出。』《孟子・告子篇》曰：『取食之重者，與禮之輕者而比之，奚翅食重？』《莊子・大宗師篇》曰：『陰陽於人，不翅於父母。』翅並與啻同。」此書卷四約同。「夫，猶凡也」。《釋詞》卷十云：「《孝經疏》引劉瓛曰：『夫，猶凡也。』襄八年《左傳》曰：『夫人愁痛。』杜《注》曰：『夫人，猶人人也。』二十七年曰：『且吾因宋以守病，則夫能致死。』」此書卷一約同。此皆作《釋詞》者，溫故知新，深造自得之語。而此書意指與之不謀而同，可謂疊矩重規，若合符節者矣。

　　況乎此書所推闡引證，有較《釋詞》更詳，可補其未備者，如「遐不」與「瑕不」皆係何不之意，「不遐」與「不瑕」皆係得無之意；《釋詞》卷四云：「遐，何也。《詩·南山有臺》曰：『樂只君子，遐不眉壽。』《隰桑》曰：『心乎愛矣，遐不謂矣。』《棫樸》曰：『周王壽考，遐不作人。』遐不，皆謂何不也。《禮記·表記》引《詩》作『瑕不謂矣』。鄭《注》曰：『瑕之言胡也。』《傳》、《箋》皆訓遐爲遠，失之。」此書卷二云：「遐得爲胡者，遐、何音相近，何、胡音相近也。又《詩·邶風·泉水》：『遄臻於衛，不瑕有害。』朱《傳》云：『瑕，何也，言如是則其至衛疾矣。然豈不害於義理乎？』又《二子乘舟》：『願言思子，不瑕有害』；朱《傳》云：『不瑕，疑辭也。』愚案：毛《傳》訓遐爲遠，與詩義全無干涉。朱《傳》義長也。『不瑕有害』，猶云得無有害。蓋《泉水》以衛女義不得歸，故疑歸而有害。《乘舟》則國人既傷二子見害，乃故爲唯恐見害之言，以哀之也。『不瑕』得爲疑詞者，『不』有無義，『瑕』有何義。何、寧義通。得無、無寧，皆疑辭也。」「薄污我私，薄澣我衣」、「薄言采之」，諸「薄」字係發語詞。「薄言震之」、「薄言追之」，兩「薄」字亦係發語詞。《釋詞》卷十云：「薄，發聲也。《詩·葛覃》曰：『薄污我私，薄澣我衣。』又《芣苢》曰：『薄言采之。』《傳》曰：『薄，辭也。』《時邁》曰：『薄言震之。』《韓詩》薛君《傳》與毛《傳》同。」此書卷五云：「《詩·國風》：『薄言采之。』毛《傳》云：『薄，辭也。』《正義》云：『《時邁》云：『薄言震之。』《箋》云：『薄，猶甫也。甫，始也。』《有客》曰：『薄言追之。』《箋》云：『王始言餞送之。』以薄爲始者，以《時邁》下句云『莫不震疊』，明上句『薄言震之』爲始動以威也。《有客》前云『以縶其馬』，欲留微子。下云『薄言追之』。是時將行。王始言餞送之。《詩》之『薄言』多矣。唯此二者以薄爲始，餘皆爲辭也。』愚案：薄，辭也。言，亦辭也。薄言，重言之也。《詩》凡云『薄言』，皆是發語之辭，非《時邁》、《有客》二詩又別爲甫始，不如《正義》所云也。」是其例也。有與《釋詞》微異，可存以俟考者，如「汔」訓爲「其」，亦可訓爲「期」；《釋詞》卷四云：「《詩·民勞》曰：『民亦勞止，汔可小康。』《箋》亦曰：『汔，幾也。』昭二十年《左傳》，孔子引前《詩》云云。杜《注》曰：『汔，其也。』於義亦通。此蓋出三家詩，或是《左傳》舊注如此。《後漢書·班超傳》，超妹昭上書引前《詩》云云。李賢《注》亦曰：『汔，其也。』」此書卷五云：「《爾雅》云：『凱，汔也。』郭《注》云：『謂相摩近。』邢《疏》云：『《說文》云：剴，摩也。郭讀凱爲剴，云謂相摩近。孫炎云：汔，近也。《大雅·民勞》云：汔可小康。鄭《箋》云：汔，幾也。反覆相訓，故汔得爲幾也。昭二十年《左傳》亦引此《詩》，杜預云：汔，期也。然則期字雖別，皆是近義，言其近當如此。《史記》稱漢高祖欲廢太子，周昌曰：臣口不能言，然臣期知其不可。陛下雖欲廢太子，臣期不奉詔。言期者，意亦與此同也。』愚案：《詩·大雅》『汔可小康』，毛《傳》云：『汔，危也。』危是幾將之辭，故《詩箋》訓『汔』爲『幾』也。

《左傳》昭公二十年杜《注》云：『汔，其也。』未嘗訓『期』，豈舊本有此文邪？其，語辭也。周昌云『期』，乃口吃聲，皆不爲義，與『幾將』之義無涉。《正義》云然者，謂『汔』既是幾辭，又與『期』通，爲語聲也。」「憖」可訓爲「且」，亦可訓爲「寧」。《釋詞》卷五云：「憖，且也。哀十六年《左傳》：『旻天不弔，不憖遺一老，俾屏子一人以在位。』杜《注》曰：『憖，且也。』王肅注《家語・終記篇》同。應劭注《漢書・五行志》曰：『憖，且辭也，言旻天不善於魯，不且遺一老，使屏蔽我一人也。』昭二十八年《傳》：『祁盈之臣曰：鈞將皆死，憖使吾君聞勝與臧之死也以爲快。』憖亦且也，言鈞之將死，且使吾君聞勝臧之死而快意也。杜以憖爲發語之音，於文義未協。」此書卷四云：「《詩・小雅》：『皇父孔聖，作都于向。擇三有事，亶侯多藏。不憖遺一老，俾守我王。』《注》、《疏》訓『憖』爲『心不欲自強之辭』，言皇父不自強留一人輔天子也。《左傳》哀公十六年：『旻天不弔，不憖遺一老。』杜《注》云：『憖，且也。』愚案：訓憖爲強者，《爾雅》之文也。然《詩》言非勉強之義，不如杜氏訓且爲安，言聊且留一老都不肯也。又《左傳》昭公二十八年，祁盈之臣曰：『鈞將皆死，憖使吾君聞勝與臧之死也以爲快。』杜《注》云：『憖，發語之音。』愚案：發語之音猶云寧也。今云寧可，有作去聲者，其音乃近於憖也。然此『憖』字訓作『且』，亦通。」是其例也。有其義爲《釋詞》所未述，而挈然當於人心者，如「其」有「豈」義，此書卷一云：「其，指物辭也。又《廣韻》云：『豈也。』《莊子・齊物論》：『人之生也，固若是芒乎？其我獨芒而人亦有不芒者乎？』《戰國策》：『今也，寡人一城圍，食不甘味，臥不便席。今應侯亡地，而言不憂，此其情也。』《史記・叔孫通傳》：『呂后與陛下攻苦食淡，其不背哉。』此『其』字，並是『豈』辭。『其』、『豈』音相近，故通也。《論語》：『才難，不其然乎？』『不其然』猶云豈不然乎。」今案：《釋詞》卷五『其』字下各條，未有訓爲「豈」者；『豈』字下雖有「其」字之訓，亦未言「其」字又轉訓爲「豈」也。「固」有「誠」義。此書卷四云：「《禮記・投壺》：『主人曰：枉矢哨壺，不足辭也，敢固以請。』鄭《注》云：『固之言如故也。言如固辭者，重辭也。』《禮記・少儀》：『聞始見君子者曰：某固願聞名於將命者。』鄭《注》云：『固如故也，重則云固。』《正義》云：『再辭也。不云初辭而云固者，欲明主人不即見己，已乃再辭，故云固也。若初辭則不云固。』愚案：此固字是心誠如此，非有虛假之謂。若訓作再，則《少儀》云『始見君子』，豈可便云再願聞名邪？」今按：《釋詞》卷五「固」字下各條，未有訓爲「誠」者。是其例也。有其字爲《釋詞》所未載，而鑿然合於古訓者，如「方」有「將」義，「方今」有「向時」之義；此書卷二云：「方，當也。又《詩・國風》：『方何爲期。』朱《傳》云：『方，將也，將以何時爲歸期也。』庾子山《哀江南賦》：『小人則將及水火，君子則方成猿鶴。』『方』亦『將』也，『將』亦『方』也。古人文別而義同，如此類甚多，非有兩義。又《國風》：『方將萬舞。』鄭《箋》云：『將，且也。』愚案：

方將，重言也。又張平子《南都賦》：『方今天地之睢剌，帝亂其政，豺虎肆虐，眞人革命之秋也。』李善云：『《漢書音義》云：方，向也，謂高祖之時。《倉頡篇》云：今，時辭也，謂光武。』愚案：方今，猶云向時，不必以向屬高，以今屬光方。今得爲向時者，反訓也。《爾雅》訓『肆』爲『故』，今訓『徂』爲『在』、『存』。郭《注》云：『肆既爲故，又爲今。今亦爲故，故亦爲今。此義相反而兼通。』又云：『以徂爲存，猶以亂爲治，以曩爲曏，以故爲今。此皆詁訓義有反覆旁通，美惡不嫌同名也。』」今按：《釋詞》未載「方」字，卷五「今」字下亦未載「方今」之義。「振」有作「義」，「振古」有「自古」之義。此書卷四云：「振，《爾雅》云：『古也』。郭《注》云：『《詩》曰振古如茲，猶云久若此。』邢《疏》云：『案：《周頌·載芟》云：匪今斯今，振古如茲。毛《傳》云：振，自也。鄭《箋》云：振，亦古也。言修德行禮，莫不獲報，乃自古而如此，所由來者久，非適今時是也。』愚案：振古得爲自古者，振作也。凡創始者爲作此，欲溯其所由來，故謂之振古。猶云自有天地以來也，蓋當時語如此。」今按：《釋詞》未載「振」字。是其例也。

　　然則此書洵足與《釋詞》相爲表裏，豈非治小學之士所當寶貴者歟？若夫同一援據舊文也，《釋詞》必舉其最初，而此書不必盡從其朔；《釋詞》卷五顧字下引《燕策》曰：「吾每念常痛於骨髓，顧計不知所出耳」；又引《燕策》曰：「子之南面行王事，而噲老不聽政，顧爲臣。」此書卷四顧字下引《史記·刺客傳》，與《燕策》第一條略同；又引《史記·燕世家》，與《燕策》第二條全同。今按：《燕策》即《史記》所本。同一發明通假也，《釋詞》能窮其究竟，而此書未能盡獲其源。《釋詞》卷四云：「噫、意、懿、抑，並字異而義同。」卷五云：「其、記、忌、己、邛，義並同也。」又云：「詎、距、鉅、巨、渠、遽，其義一而已矣。」此書卷一「噫」字下但言「懿」字，而未言「意」、「抑」。「其」字下但言「記」、「忌」、「己」，而未言「邛」。此則草創之闊疏，不及大成之美備。然後來雖云居上，而先覺終不可忘。盧氏《序》云：「夫《爾雅》諸訓，匪不昭融。至於助言，蓋乃不備。自有書契以還，未有發其緘縢而導夫先路者。此吾友碻山劉氏武仲《助字辨略》之作所爲汲汲也。」譬諸吳氏棫、陳氏第講求古韻，遠不若亭林之宏通；吳氏澄、梅氏鷟辯證古文，迥不如潛邱之綜覈。而好古績學者，未嘗不稱許其書，不得因大輅具而遂鄙椎輪，藻火興而遽遺韋韍矣。至於《釋詞》所述者，上自九經三傳，下迄周秦西漢之書，而東漢以還，則概從其略。此書所述者，自經傳諸子、《史》、《漢》以外，旁涉近代史書雜說、文字、詩詞。卷五「莫」字下云：「《朱子語類》云：『莫，疑辭，猶今人云莫是如此。』不莫是者，方言猶今云恐是也。又《宋史·岳飛傳》：『莫須有三字，何以服天下？』『莫須』，猶莫是也。又王右軍《止殷浩北伐書》：『保淮之志，非復所及，莫過還保長江。』『莫過』，猶云不如也。又郭頒《古墓斑狐記》：

『遮莫千試萬慮，其能爲害乎？』杜子美詩：『遮莫鄰雞下五更。』『遮莫』，猶云盡教一任其如何也。又盧祖皋詞：『溪魚堪鱠切莫論錢。』『切莫』，猶云愼毋，方言也。」蓋《釋詞》以經傳爲主，故採錄不多。此書以助字標名，故臚陳較廣。緣體裁小異，斯去取有殊耳。然此書雖搜羅甚富，而斷限最嚴。元曲之詞，絕不闌入。《自序》云：「至於元曲，助字純用方言，無宜闌入。他日別爲一編，以附卷尾。」今按：此編今無傳本，其爲輯而弗成，抑係成而弗刊，與刊而弗傳，不可考矣。方音之字，亦不輕收。卷一「頤」字下云：「《史記・陳涉世家》：『客曰：夥頤，涉之爲王沉沉者。』愚案：《漢書・陳涉傳》省『頤』字，蓋『夥頤』者，驚歎之聲，夥之餘聲便是頤。故《漢書》省去也。陳、蔡、光、黃間人言如此，則云正樣，其呼『正』字如沈去聲，蓋客驚歎涉之富貴至於如此也。」卷二「登」字下云；「《公羊傳》隱公五年：『公曷爲遠而觀魚登來之也。』何休云：『登，讀言得。得來之者，齊人語也。齊人名求得爲得來。作登來者，其言大而急，由口授也。』愚案：今山東人呼『得』字爲德歸切，與『登』字音近，故以得來爲登來也。」故詳贍而不入於蕪，博洽而不流於雜。後之人誠能循其條目，觸類旁通，則東漢以後、宋元以前之書，其詞氣異同，均能洞悉，其爲功也大矣。

　　咸豐乙卯秋，故南河總督贈右都御史聊城楊公得傳鈔之本，深重其書。復念南泉先生遷居濟寧，有同鄉之誼，爰分清俸，特爲重刊。延秀水高君伯平精校授梓，毓崧獲見是本，因綜括書中大指，揭其要而申言之，以告世之願讀此書者焉。

卷　五

校刻《漢書》凡例

一、文淵閣本《漢書》較武英殿本《漢書考證》加詳，其纂修官爲邵二雲學士。《提要》亦出其手，見《南江文鈔》。學士深於史學，所校甚精。今茲議刻《漢書》，意在博考各家，則閣本尤當首列。雖巨帙，傳抄不易，而《四庫全書考證》向有刻本流行。閣本與殿本異同，尙可見其大略，亟宜登載，以定折衷。

一、荀氏《漢紀》雖改紀傳爲編年，而根柢實在《漢書》，所據之本猶是漢時舊帙，巽岩李氏云：「《資治通鑑》書月，皆捨班而從荀，蓋以悅修《紀》時，猶未訛舛。而『君蘭』、『君簡』，『端』、『瑞』、『興』、『譽』、『寬』、『竟』等字猶兩存之，疑以傳疑，先儒蓋愼之也。」〔註1〕所當取校，以存古本之遺。

一、類書中時代近古者，如《北堂書鈔》、《藝文類聚》、《初學記》之類，所引《漢書》皆唐以前舊本。《太平御覽》雖時代較後，然其書多取材於北齊《修文殿御覽》，《直齋書錄解題》載《修文殿御覽》三百六十卷，是南宋末年猶存也。陳氏謂《太平御覽》本於此書，蓋確有所見矣。所引《漢書》，容有六朝舊本。所當取校，以溯宋本之源。

一、《冊府元龜》作於宋眞宗景德、祥符之際，其敘事依據正史。西漢一朝，大都出自《漢書》。小注亦採《漢書》顏《注》，且有標明應劭、孟康諸舊《注》者。眞北宋初年之本，諸家所列宋本，皆在其後。楊侃《兩漢博聞》亦作於景德間。所當取校，以從宋本之朔。

〔註1〕語見《文獻通考》卷一百九十三《經籍考二十》「《漢紀》」條。

　　一、林鉞《漢雋》作於南宋初年，婁機《班馬字類》、徐天麟《西漢會要》，其書取漢時典章制度見於《漢書》紀、表、志、傳者，以類相從，分門編載。皆作於南宋中葉。其所見《漢書》，皆兩宋舊本。所當取校，以擇宋本之長。

　　一、《史記》敘漢初事，為《漢書》所本。《通鑒》敘漢時事，多本於《漢書》。王益之《西漢年紀》亦然。推之《集解》、《索隱》、《正義》，以及倪思《班馬異同》、胡三省《通鑒注》，凡與《漢書》有關者，所當取校，以考各本之異。

　　一、《文選》所錄西漢人文，或採《漢書》，或採本集，其字句均可參稽。《漢文紀》亦然。他如賈長沙、董江都、司馬長卿、揚子雲諸集，其文載入《漢書》者，所當取校，以定各本之殊。

　　一、各書紀載可印證《漢書》者，經學如《韓詩外傳》、《春秋繁露》之類，小學如《急就篇》、《方言》之類，正史如《後漢書》之類，別史如《東觀漢紀》之類，地理如《三輔皇圖》、《水經注》之類，政書如《漢官儀》、《通典》之類，金石如《隸釋》、《隸續》之類，儒家如《新書》、《鹽鐵論》、《說苑》、《新序》之類，術數家如《京氏易傳》、《焦氏易林》之類，雜家如《淮南子》之類，略舉十門，餘可類推，所當參校，以求原本之真。

　　一、前代校《漢書》者，小宋、三劉以外，莫著於吳氏之《兩漢刊誤補遺》。近時校《漢書》者，錢氏《考異》、《拾遺》以外，莫著於王氏之《商榷》。《蛾術編》亦然。若夫群書考證，涉及《漢書》者，後漢人如《論衡》、《獨斷》等書，六朝人如《顏氏家訓》等書，唐人如《史通》等書，宋人如《夢溪筆談》、《容齋隨筆》、《野客叢書》、《困學紀聞》等書，明人如《丹鉛總錄》等書，國朝人如《日知錄》等書，所當詳校，以正今本之誤。

　　一、《漢書》紀、表、志、傳，往往不同。或傳寫有訛，則可依他卷以更本卷；或根源各異，則難據此篇以考彼篇。《漢書》雖出一家，究非一手，且所採亦非一書。觀其會通，無庸執一。所當互校，以免紛岐。

　　一、殿本《漢書考證》，各條分標名氏，蓋仿宋人校刻《漢書》之例。道光壬寅、癸卯，揚州刻《舊唐書》，除分校、寫樣、刻樣、延請四人外，另延四人分纂校勘記，每人分任數十卷，目錄內臚列姓名。今輯《漢書》，《校勘記》成例可循，所當分校，以專責成。同人彼此覆校，意見合者可以互相證明。即意見不合者，無妨並存其說於《校勘記》中，以待賢者決擇。

　　一、《漢書》字句古奧，較之《舊唐書》難讀，不啻倍蓰。雖錢警石先生

〔註2〕哀校各本，俾閱者事半功倍，然編次《漢書校勘記》，須檢漢以來之書，較之《舊唐書校勘記》僅檢唐以來書者，仍覺其難。加以前此，刻《舊唐書》係照殿本寫樣，今刻《漢書》，欲兼採各本，擇善而從，去取權衡，尤宜愼重。所當緩校，俾得從容。《舊唐書》專據一本，故可正書先刻，《校勘記》後成。《漢書》不專據一本，故須《校勘記》先成，正書後刻。

　　一、《漢書》百卷，毓崧擬分任《紀》十二卷、《表》八卷，共二十卷。其中年月日時干支，端緒甚多，推求不易。然鄙性所近，不厭其煩，需查各書，擬就所有者先校，餘俟陸續借觀。期以明年冬末，後年春初，將《校勘記》稿本次第編就，然後核定正文付刊。綆短汲深，智小謀大，必須細校，庶少悔尤。刻書譬諸辦案，照本不易者，如巡城問供，錄送到部，其責任較輕；增刪改移者，如巡方鞫獄，高下在心，其責任綦重。

漢昭烈帝廟號顯祖考上篇

　　漢昭烈帝之廟號，《三國志・先主傳》中未載。今以他書參互考訂，證以《蜀志・郤正傳》中所載之文，然後知昭烈爲漢三祖之一，其廟號蓋以顯祖爲稱也。《晉書・劉元海載記》云：「立漢高祖以下三祖五宗神主而祭之。」《太平御覽》卷一百一十九。引崔鴻《十六國春秋》與《載記》略同，無「漢高祖」以下五字，「宗」下有「之」字，餘同。《冊府元龜》卷二百二十四。「僭僞部・奉先」門亦與《載記》全同。蓋《十六國春秋》即《晉書》所本，而《冊府元龜》又本於《晉書》耳。此漢有三祖之證矣。《通鑑》云：卷八十五。「劉淵於是即漢王位，《御覽》引《十六國春秋》云：「劉淵字元海。」《晉書・劉元海載記》云：「名犯高祖廟諱，故稱其字焉。」作漢三祖五宗神主而祭之。」胡《注》云：「淵以漢高祖、世祖、昭烈爲三祖，太宗、世宗、中宗、顯宗、肅宗爲五宗。」今考《晉書・載記》，元海僭即王位時，所下之《令》，歷舉漢三祖五宗之謚號，與胡氏所述正同。元海《令》云：「昔我太祖高皇帝，以神武應期，廓開大業。太宗孝文皇帝，重以明德，升平漢道。世宗孝武皇帝，拓土攘夷，地過唐日。中宗孝宣皇帝，搜揚俊乂，多士盈朝。而元、成多僻，哀、平短祚。賊臣王莽，滔天簒逆。我世祖光武皇帝，誕資聖武，恢復鴻基。顯宗孝明皇帝、肅宗孝章皇帝，累葉重暉，炎光再闡。自和、安已後，國統頻絕，曹操父子，

〔註2〕錢泰吉（1791～1863），字輔宜，號警石，一號深廬。浙江嘉興人。生平事蹟見《清史稿》卷四百八十六、《清史列傳》卷七十三、曾國藩《海寧州訓導錢君墓表》、王拯《錢警石先生傳》、蕭穆《錢警石先生傳》。

凶逆相尋。故孝愍委棄萬國，昭烈播越岷蜀，冀否終有泰，旋軫舊京。」此昭烈帝列於三祖之證矣。《蜀志・卻正傳》載正仕後主時所撰《釋譏》，《正傳》云：「與宦人黃皓比屋周旋，經三十年。皓從微至貴，操弄威權，正既不為皓所愛，亦不為皓所憎。是以官不過六百石，而免於憂患。依則先儒，假文見意，號曰《釋譏》。」今按：黃皓弄權係後主末年之事，則正之《釋譏》亦必撰於是時。其辭有云：「今天綱已綴，德樹西鄰。丕顯祖之宏規，糜好爵於士人。」以上下文語意核之，所謂「天綱」，既指蜀漢之統緒而言；所謂「西鄰」，又指益州之疆域而言；則所謂「顯祖」，當指昭烈之廟號而言。《正傳》載《釋譏》之辭曰：「自我大漢，應天順民，君臣履度，各守厥貞。然而道有隆窊，物有興廢，沖質不永，桓、靈墜敗。故縱橫者歘披其胸，狙詐者暫吐其舌也。今天綱已綴」云云。蓋初言先漢親君子而興，次言後漢親小人而衰，終言昭烈奮起於蜀，復用君子而中興也。此昭烈帝顯祖廟號之證矣。夫顯祖與顯考不同，顯考為高祖，係家國之通稱，《禮記・祭法》云：「是故王立七廟，曰考廟、曰王考廟、曰皇考廟、曰顯考廟、曰祖考廟，皆月祭之。諸侯立五廟，顯考廟、祖考廟，享嘗乃止。大夫立三廟，顯考、祖考無廟。」《正義》云：「曰顯考廟者，高祖也。」今按：王及諸侯大夫皆得稱顯考，其為上下通用之詞明矣。自漢魏以後，大抵稱父為顯考，而不稱高祖為顯考，與《禮記》不同。蓋以《康誥》云「惟乃丕顯考文王」，武王與康叔言稱其父文王為顯考，後人沿襲，遂亦為上下通用之詞耳。顯祖為廟號，惟人君乃得用。是故晉國稱唐叔為顯祖，《書・文侯之命》云：「汝克昭乃顯祖。」某氏〔註3〕《傳》云：「言汝能明汝顯祖唐叔之道。」《正義》云：「以晉之上世有功名者，惟有唐叔耳。故知明汝顯祖唐叔之道。」今按：唐叔始封於晉，為晉國之祖，其廟不毀，故以顯祖為廟號也。韋國稱豕韋為顯祖，《漢書・韋玄〔註4〕成傳》云：「作詩自劾責，曰：『赫矣我祖，侯於豕韋。賜命建伯，有殷以綏。德之令顯，慶流於裔。宗周至漢，群后歷世』」；又云：「玄〔註5〕成復作詩，因以戒示子孫，曰：『於戲後人，惟肅惟栗。無忝顯祖，以藩漢室。』」今按：合二詩文義考之，所謂顯祖，即指始封於豕韋之君。蓋本不毀之廟，故得有廟號也。前漢之楚國稱元王為顯祖，《漢書・韋賢傳》云：「其先韋孟為楚元王傅，傅子夷王及孫王戊。戊荒淫不遵，道孟作詩諷諫。其《諫詩》曰：『兢兢元王，恭儉淨壹。惠此黎民，納彼輔弼。如何我王，曾不是察。嫚彼顯祖，輕茲削黜。』」今按：《史記・孝文紀》云：「有司皆固請，曰：『高帝為帝者，太祖。諸侯王及列侯始受國者，皆亦為其國祖。』」據此，則諸侯各祖其始封之君，漢時尚沿古制。元王始封於楚，乃不毀之祖廟，故有顯祖之稱也。

〔註3〕見《尚書正義》，係孔安國《傳》。
〔註4〕玄，原作「元」。
〔註5〕玄，原作「元」。

此諸侯之廟號也，其時代皆在昭烈以前。後魏稱獻文帝爲顯祖，《魏書・顯祖紀》
云：「上尊謚曰獻文皇帝廟號顯祖。」北齊稱文宣帝爲顯祖，《北齊書・文宣帝紀》云：「廟
號顯祖。」五代之後，漢稱章聖帝爲顯祖，《舊五代史・後漢高祖紀》云：「皇
考諱琠，追尊爲章聖皇帝，廟號顯祖。」此天子之廟號也，其時代皆在昭烈
以後。據《十一家謚法》云：「行見中外曰顯，受祿于天曰顯，百辟惟刑曰顯」，
見《通鑒》卷二胡《注》所引。胡氏云：「周公蓋未有此謚，而周之末世謚顯王曰顯，意謂後
世傳寫周王《謚法》者遺之。」則顯字乃最美之鴻名。天子謚號用顯字者，周有顯
王，《史記・周本紀》云：「弟扁立，是爲顯王。」明有顯帝，《明史・神宗紀》云：「範天
合道哲肅敦簡光文章武安仁止孝顯皇帝。」天子廟號用顯字者，顯宗始於漢明，《晉書・
成帝紀》云：「廟號顯宗。」在漢明帝之後。顯祖始於昭烈。明帝在昭烈以前，明帝稱
顯宗，而昭烈復得稱顯祖者，猶之武帝在光武之前，武帝稱世宗，而光武亦
得稱世祖耳。昭烈以前止稱二祖，而昭烈以後改稱三祖者，猶之章帝以前止
稱四宗，《後漢書・章帝紀》云：「元和二年二月癸酉，告祠二祖四宗。」章懷《注》云：「二
祖，謂高祖、世祖。四宗，謂文帝爲太宗，武帝爲世宗，宣帝爲中宗，明帝爲顯宗。」《丁鴻
傳》，章懷《注》云：「元和二年，車駕東巡狩，鴻以少府從上，奏曰：『二祖四宗，咸有告祀。』」
《班固傳》云：「及肅宗雅好文章，固又作《典引》篇。其辭曰：『然後宣二祖之重光，襲四宗
之緝熙。』」《文選》載班氏此篇，李善引蔡邕《注》云：「高祖、光武爲二祖。孝文曰太宗，
孝武曰世宗，孝宣曰中宗，孝明曰顯宗。」章懷注《班固傳》與蔡說同。章帝以後改稱五
宗耳。《後漢書・楊賜傳》：「賜復上疏曰：『陛下不顧二祖之勤止，追慕五宗之美躕。』」
章懷《注》云：「高祖，光武也。文帝，太宗；武帝，世宗；宣帝，中宗；明帝，顯宗；章帝，
肅宗也。」《獻帝紀》云：「初平元年，有司奏和、安、順、桓四帝無功德，不宜稱宗。制曰可。」
章懷《注》云：「和帝號穆宗，安帝號恭宗，順帝號敬宗，桓帝號威宗。」今按：以《賜傳》
上文考之，此疏上於靈帝熹平五年，在初平元年之前十四年。是時和、安、順、桓四帝未去宗
號，然朝野之公論，皆謂繼明帝之後可以稱宗者，惟有章帝。故賜疏止言五宗，不言九宗也。
又考《安帝紀》云：「延光三年二月癸巳，告祀二祖六宗。」今按：安帝爲和帝嗣子，和帝稱
穆宗，故改五爲六耳。章懷不數和帝，而數元帝，其說甚誤。《漢書・元后傳》云：「初，莽爲
安漢公時，奏尊元帝爲高宗。」《續漢書・祭祀志》云：「以元帝於光武爲穆，故雖非宗，不毀
也。」據此則元帝之稱高宗，起於王莽中興後，即去其號，六宗內不得有元帝也。劉昭《注續
漢志》引蔡邕《議》，云：「古人據正重順，不敢私其君。」《舊唐書・禮儀志五》引顏眞卿《議》，
云：「是知祖有功，宗有德，存至公之義，非其人不居。」明乎此義，則知五宗爲是，而六宗、
九宗爲非矣。觀於《晉書・載記》，但言追尊後主加謚號爲孝懷，《載記》云：「追

尊劉禪爲孝懷皇帝。」《御覽》同。《冊府》：「劉禪作蜀後主。」而不言追尊昭烈加廟號爲顯祖，則昭烈之廟號定於蜀漢之世，非定於北漢之世可知。元海令文，先言「群公所推，紹修三祖」，次言「社稷無主，勉從群議」，元海《令》云：「何圖天未悔禍，後主竄辱，自社稷淪喪，宗廟之不血食，四十年於茲矣。孤今猥爲群公所推，紹修三祖之業，顧茲尫闇，戰惶靡厝。但以大恥未雪，社稷無主，銜膽棲冰，勉從群議。」則三祖之名號起於蜀漢之世，非起於北漢之世可知。

　　且以廟謚通義言之，古者立廟之制，祖有功而宗有德。始受命而有天下者，後世必奉之爲祖，以報其創業之功。《史記‧孝文紀》云：「蓋聞古者，祖有功而宗有德。」《漢書‧孝景紀》同。應劭云：「始取天下者爲祖，高帝稱高祖是也。始治天下者爲宗，文帝稱太宗是也。」顏師古云：「祖，始也，始受命。宗，尊也，有德可尊。」此歷代所共由也。前漢高帝功在撥亂，實始創業，其廟號稱爲太祖。《史記‧高祖紀》云：「群臣皆曰撥亂世，反之正，平定天下，爲漢太祖功最高。上尊號曰高皇帝。」《孝文紀》云：「丞相臣嘉等言：『臣謹議曰：功莫大於高皇帝，宜爲帝者太祖之廟。』」《漢書‧韋玄〔註6〕成傳》云：「酒下詔曰：『蓋聞王者，祖有功而宗有德。高皇帝爲天下誅暴除亂，受命而帝，功莫大焉，爲漢太祖。』」後漢光武帝功在中興，等於創業，其廟號稱爲世祖。《續漢書‧祭祀志下》云：「明帝即位，以光武帝撥亂中興，更爲起廟尊號曰世祖廟。」《注》引蔡邕《表志》，曰：「孝明立世祖廟，以明再受命祖，有功之義。」蜀漢昭烈帝，功業與太祖、世祖相符，《三國志‧先主傳》，《評》云：「先主之宏毅寬厚，知人待士，蓋有高祖之風，英雄之器焉。」《諸葛亮傳》云：「群下勸先主稱尊號，先主未許。亮說曰：『昔吳漢、耿弇初勸世祖即帝位，世祖辭讓，耿純進言，世祖感純言深至，遂然諾之。今曹氏篡漢，大王紹世而起，今即帝位，乃其宜也。』」則其廟號亦當稱祖，方與漢家故事相合。試思前漢諸帝，自孝惠至於孝平；後漢諸帝，自孝明至於孝愍；此二十一帝，或稱宗，或不稱宗，而謚號皆冠以孝字，見其善述前人。《漢書‧惠帝紀》，顏《注》云：「孝子善述父之志，故漢家之謚自惠帝以下，皆稱孝也。」惟高帝、光武帝廟號稱祖，而謚號不冠以孝字，誠以其爲創業之主，不等於守成之君也。昭烈帝亦創業，而非守成，故謚號不冠以孝字，正用高帝、光武帝之故事。則其廟號亦當稱祖，有明徵矣。況蜀漢之祀昭烈，特立一廟，《三國志‧後主傳》，《注》引《漢晉春秋》，曰：「北地王諶哭於昭烈之廟。」《宋書‧禮志》據此謂其廟別立，是也。此必當時議禮者，尊爲世世不祧，與太祖、世祖並列，因而遂有三祖之稱。蓋昭烈即位告天之初，臣下本望其嗣武二祖，《三國志‧先主傳》云：「太傅許靖等上言：『二祖受命，圖書

先著，以爲徵驗。今上天告祥，名諱昭著，宜即帝位，以纂二祖』」；又云：「即皇帝位於成都武擔之南，爲文曰：『皇帝備昭告皇天上帝，后土神祇。漢有天下，曆數無疆。曩者王莽篡盜，光武皇帝震怒致誅，社稷復存。今曹操阻兵安忍，操子丕載其凶逆，竊居神器。群臣將士以爲社稷墮廢，備宜修之。嗣武二祖，龔行天罰。率土式望，在備一人。』」

　　故登遐之後，議廟號者即尊之爲祖，以上擬於高、光。此顯祖之號所由興，而三祖之稱所由昉與？要之，中興之君或稱祖，或不稱祖，各有所宜。蓋繼體承基者，雖中興亦等於守成，稱祖則嫌其越禮。故唐憲宗不稱祖，《舊唐書・王彥威傳》云：「憲宗晏駕，未定諡，淮南節度使李夷簡以憲宗功高列聖，宜特稱祖。彥威奏曰：『國朝祖宗制度，本於《周禮》，以景皇帝爲太祖，又祖神堯而宗太宗，自高宗已降但稱宗，謂之尊名，可爲成法。不然則太宗造有區夏，理致升平；元宗掃清內難，翊戴聖父；肅宗龍飛靈武，收復兩都。此皆應天順人，撥亂返正。至於廟號，亦但稱宗。大行廟號宜稱宗。』制從之。」宋高宗不稱祖，《宋史紀事本末》云：「尤袤典禮，定大行皇帝廟號，高宗翰林學士洪邁獨請號世祖。袤率禮官顏師魯等奏曰：『在《禮》，子爲父屈，示有尊也。太上親爲徽宗子，子爲祖，父爲宗，失昭穆之序。議者不過以漢光武爲比。光武以長沙王後，布衣崛起，不與哀、平相繼，其稱無嫌。太上中興，雖同光武，然實繼徽宗正統，以子斷父，非光武比。將來祔廟在徽宗下而稱祖，恐在天之靈有所不安。』詔從禮官議。」〔註7〕是其證也。旁枝崛起者，雖中興而等於開國，不稱祖則無以報功。故後漢光武帝稱世祖，《舊唐書・王彥威傳》云：「彥威奏曰：『自東漢、魏、晉，漸違經意。自始祖以下，並有建祖之制。蓋非訓典，不可法也。』」王氏此言，似以光武之稱祖爲非。然其上文云：「始封之君，謂之太祖。太祖之外，又祖有功而宗有德。」如其所言，則漢以高帝爲太祖、光武爲世祖，正合於「太祖之外，又祖有功」之義矣。其下文云：「今宜本三代之定制，去魏晉之亂法。」言魏晉而不言漢魏，則王氏之意固不以光武之稱世祖爲非矣。特以東漢諸帝，自明、章而外，稱宗者皆違經意，故與魏晉並言耳。《日知錄》云：「稱宗之濫，始於王莽之三宗。稱祖之濫，始於曹魏之三祖。唐王彥威所謂『叔世亂象，不可以訓』者也。」〔註8〕可謂善體王氏之意矣。南唐孝高帝稱烈祖，陸氏《南唐書・烈祖紀》云：「烈祖光文肅武孝高皇帝。」《蕭儼傳》云：「江文蔚、韓熙載典太常禮儀，烈祖稱宗，儼獨建言：『帝王已失之，己得之，謂之反正；非己失之，自己復之，謂之中興。中興之君，廟宜稱祖。先帝興已墜之業，不應屈而稱宗。』文蔚亦以儼議爲當，遂用之。」《玉壺清話》云：「議者以先主繼唐昭宗之後，號當稱宗，韓熙載建議」

〔註7〕事亦見李心傳《建炎以來朝野雜記》甲集卷二、《宋史》卷一百九十五《尤袤傳》等。
〔註8〕見《日知錄》卷十四「除去祖宗廟諡」條。

云云，與儼傳所言略同。今按：徐鉉《騎省集‧江文蔚墓誌銘》云：「公與司門郎中蕭公儼博士、韓君熙載協力建議，周行翕然，由是祖功宗德之位定，大行昭名之議允。功著高廟，與天無窮。」《韓熙載墓誌銘》云：「時有司議孝高廟宜稱宗，司門郎中蕭君儼上疏論之。公與給事江公文蔚協同其議。凡書疏論難，皆成於公手。由是廟號尊諡，定於一言。君子以爲眞博士也。」據此，則三人共建此議，而秉筆則熙載一人。馬氏《南唐書‧儼傳》云：「與韓熙載、江文蔚同議禮儀諡法。」《文蔚傳》云：「判太常寺，以議葬禮。」《熙載傳》云：「時江文蔚判寺，所議雖同，而諡法廟號皆成於熙載之手。」與徐氏所言正合，可以互證。是其證也。昭烈帝由旁枝崛起，而非繼體承基，自應如後漢世祖、南唐烈祖，奉爲開國之君；不應如唐憲宗、宋高宗，儕於守成之主。其廟號合稱祖，不合稱宗，此顯祖之稱，所以繼太祖、世祖，而無愧也古人。祭祀之禮有常，而祖宗之數無定。夫稱宗者無定數，既可證以殷之三宗；《漢書‧韋玄〔註9〕成傳》載劉歆《議》，曰：「天子三昭三穆，與太祖之廟而七，宗不在此數中。苟有功德則宗之，不可預爲設數。周公爲毋逸之戒，舉殷三宗以勸成王。繇是言之，宗無數也。然則所以勸帝者之功德博矣。」則稱祖者無定數，亦可證以漢之三祖。蓋魏有三祖，乃失禮之尤；曹叡承操、丕舊業，非崛起者，而廟號稱祖，與操、丕並列爲三，其僭妄甚矣。漢有三祖，固得禮之正矣。論世者明乎此義，當益信昭烈之稱顯祖，洵合於有功爲祖之古制也夫。

漢昭烈帝廟號顯祖考下篇

《蜀志》自《郤正傳》以外，他卷所載時人之語言文字，凡述及昭烈帝者，大抵皆稱諡號，而未有稱廟號者。良由兩漢以來，臣子稱君父者，多舉其諡號，而罕舉其廟號。《史記》、《兩漢書》中言及二祖者，率稱高帝、光武帝；言及五宗者，率稱文帝、武帝、宣帝、明帝、章帝。雖亦有稱廟號者，究不若稱諡號者之多。此特習俗相沿，稱謂各從其便而已。陸機《辨亡論》云：「吳桓王基之以武，太祖成之以德。」吳王稱孫權廟號者，僅見於此。其他皆稱「大皇帝」，亦習俗相沿耳。

若夫陳氏之作《三國志》，每於《蜀志》書法之中，隱寓尊漢之旨。錢氏大昕《跋三國志》云：「陳承祚，蜀人也。於蜀二君，書先主、後主而不名。於吳諸君，皆直斥其名。蜀之甘皇后、穆皇后、敬哀皇后、張皇后皆稱后，而吳之後，但稱大人。其書法區別如此。立后、立太子諸王之策，魏、吳皆不書，而特書於蜀。隱然寓帝蜀之旨焉。」而《楊戲傳》末載《季漢輔臣贊》，大書《贊昭烈皇帝》，以自白其帝漢之心。邵氏晉涵《南江箚記》云：「承祚身入晉室，奉命修史，不得不以魏爲正，乃於《蜀書》之末，記文

〔註9〕玄，原作「元」。

然之贊，大書《贊昭烈皇帝》，則己之所述曰《先主傳》者，明其遜詞，實以文然所贊代己序傳也。」〔註10〕其用意亦甚微矣。然失載昭烈帝之廟號，則與不記蜀漢廟制，厥咎維鈞。《蜀志・先主傳》云：「立宗廟，祫祭高皇帝以下。」裴《注》云：「先主雖云出自孝景，而世數悠遠，昭穆難明。既紹漢祚，不知以何帝爲元祖，以立親廟。於時英賢作輔，儒生在官，宗廟制度，必有憲章。而載記闕略，良可恨哉。」今按：上文云：「太傅許靖等上言：『伏爲大王，出自孝景皇帝中山靖王之胄，本支百世，紹嗣昭穆，天下幸甚。臣等謹與博士許慈、議郎孟光，建立禮儀。』據此則世數雖遠，昭穆本明。當日賢輔名儒，建立禮儀者，必首及於廟制，特承祚所記太略，致後世愈遠而難明耳。蓋疏漏之愆，固不得辭其責也。迨裴氏作《注》於宋時，則上距蜀漢漸遠，昭烈帝之廟號已無人爲之傳述。故但知引《吳曆》之言，證吳大帝廟號太祖；《吳志・孫亮傳》云：「太平元年春。」裴《注》引《吳曆》，曰：「正月爲權立廟，稱太祖廟。」今按：《宋書・禮志》云：「立權廟爲太祖廟。」即本於此《五行志》云。又終吳世不上祖宗之號，則與《禮志》不合。其說非也。而不知據《卻正傳》之文，證昭烈帝廟號顯祖。《卻正傳》，《釋譏》前半篇，裴《注》止解「九考不移」一句，其餘無注。故「顯祖宏規」之語，亦未申明其意，殆習焉不察之故耳。《正傳》載《釋譏》全篇，以史法繩之，亦在可刪之列。錢氏大昕《廿二史考異》曰：「承祚志以簡質勝，然如卻正之《釋譏》事無繫乎興亡，語不關於勸誡，準之史例，似可從刪。」然猶幸其未經刊削，藉以考昭烈帝廟號之稱，則不必更以繁蕪爲議矣。

　　至於北漢劉元海，係出單于，假興復爲詞，竊附於漢之宗室。《晉書・劉元海載記》云：「冒頓之後也」；又云：「元海曰『漢有天下，世長恩德，結於人心，且可稱漢，追尊後主，以懷人望。』」與五代時後漢劉知遠，以沙陀部落自稱漢裔，《舊五代史・後漢高祖本紀》云：「諱暠，本名知遠。其先本沙陀部人也。四代祖諱湍。」《五代會要》云：「湍爲東漢顯宗第八子，淮陽王昞之後。」今按：《本紀》所言，記其實也。《會要》所言，緣飾之詞也。事適相同。然知遠止尊高帝、光武帝，《舊五代史・後漢高祖紀》云：「天福十二年七月庚辰，以太祖高皇帝世祖光武皇帝爲不祧之廟。」而元海則並尊昭烈帝。雖皆非類非族之祭，爲三祖所不歆，而就祀典言之，則祀三祖者，較祀二祖者，差爲完具。蓋元海夙好讀書，《晉書・劉元海載記》云：「幼好學，師事上黨崔游，習《毛詩》、《京氏易》、《馬氏尚書》，尤好《春秋左氏傳》、《孫吳兵法略》，皆誦之。其臣范隆、朱紀、劉宣等，頗習經傳。」《晉書・儒林・范隆傳》云：「好學修謹，博通經傳，無所不覽。著《春秋三傳》，撰《三禮吉凶宗紀》，甚有條義。與上黨朱紀友善，後與紀依於劉元海。元海以隆爲

大鴻臚，紀爲太常。」《劉元海載記》云：「以劉宣爲丞相。」《載記》末附《劉宣傳》，云：「好學修絜，師事樂安孫炎。沉精積思，不捨晝夜。好《毛詩》、《左氏傳》。於漢代掌故，並所留心。」《晉書‧劉元海載記》云：「《史》、《漢》、諸子，無不綜覽。嘗謂同門生朱紀、范隆曰：『吾每觀書傳，常鄙隨、陸無武，絳、灌無文。』」《劉宣傳》云：「每讀《漢書》，至蕭何、鄧禹傳，未嘗不反覆詠之，曰：『大丈夫若遇二祖，終不令二公獨擅美於前矣。』」非若知遠起自行間，未嘗學問。《舊五代史‧後漢高祖紀》云：「初事唐明宗，列於麾下。」其臣段永、竇貞固等，學術亦疏。《舊五代史‧禮志》云：「時漢高祖已即位，太常博士段永泰議曰：『更上追遠，祖光武皇帝爲始祖。』吏部尚書竇貞固等議云：『更請上追高皇帝。』」《通考》「天子宗廟門」云：「漢初，則段永、竇貞固之徒，曲爲詔附。」故同一冒姓亂宗，其後嗣各尊爲漢之高祖。《晉書‧劉元海載記》云：「僞諡光文皇帝廟號高祖。」《舊五代史‧後漢高祖紀》云：「太常卿張昭上諡曰睿文聖武昭肅孝皇帝，廟號高祖。」今按：張昭等非不知元海已稱高祖而復用之者，蓋當時尊高帝、光武帝爲遠祖，而不引元海爲同宗，故無嫌於廟號相襲也。又按：《史記‧高祖紀》裴《注》，《漢書‧高帝紀》顏《注》，並引張晏曰：「《禮‧諡法》無『高』，以爲功最高而爲漢帝之太祖，故特起名焉。」據此則諡號用「高」字者，自漢高帝始。其廟號則是太祖，而非高祖。後人稱高祖者，乃誤移諡號於廟號耳。此元海、知遠所以皆稱高祖，而不稱太祖也。然元海尚知昭烈帝在三祖之列，而奉其祀於宗祧；知遠不識昭烈帝有顯祖之稱，而用其號於禰廟。則元海此舉，固視知遠爲優矣。惜乎元海所下令文，拘於對偶字數，但稱昭烈，而未稱顯祖。其令文云：「故孝愍委棄萬國，昭烈播越岷蜀。」今按：其上文云：「太祖高皇帝、太宗孝文皇帝。」以例推之，此處亦當言孝愍皇帝、顯祖昭烈皇帝。作令文者因孝愍有諡號而無廟號，故但以昭烈對孝愍，而省去顯祖之稱，特取其字數相等耳。致後之讀《郤正傳》者，未免疑顯祖爲泛詞，而非指廟號。

不知書傳之言顯祖者，其義各別。有謂顯揚先祖者，此統論之詞也；《漢書‧敘傳》云：「中宗明明，寅用刑名。丕顯祖烈，尚於有成。」《後漢書‧曹褒傳》云：「褒知帝旨，欲有興作。迺上疏曰：『宜定文制，著成漢禮，丕顯祖宗盛德之美。』」今按：《禮記‧祭義》云：「顯揚先祖，所以崇孝也。」班氏言「丕顯祖烈」，曹氏言「丕顯祖宗」，皆統言顯揚先祖，非有所專指也。有謂廟號顯祖者，此專屬之詞也。《魏志》言「聿修顯祖」，《吳志》云「忽顯祖之功勤」，皆可以爲顯揚先祖；《魏志‧明帝紀》，《評》云：「不先聿修顯祖，闡拓洪基。」《吳志‧賀邵傳》云：「邵上疏諫曰：『陛下宜勉崇德器，以光前烈，愛民養士，保全先軌。何可忽顯祖之功勤，輕難得之大業。』」今按：魏以曹操爲太祖，曹丕爲高祖，曹叡爲烈祖。吳以孫堅爲始祖，孫權爲太祖。皆無顯祖之稱。所謂顯祖，蓋即顯揚先

祖之統詞耳。而《蜀志》言「丕顯祖之宏規」，則不可以爲顯揚先祖。蓋丕與宏皆訓爲大，見《爾雅‧釋詁》。《康誥》云：「惟乃丕顯考文王。」《孟子‧滕文公》引《書》曰：「丕顯哉，文王謨！丕承哉，武王烈！」趙《注》及某氏《傳》皆以「大」釋「丕」字。王氏引之《經傳釋詞》云：「《玉篇》曰：『不，詞也。』經傳所用，或作『丕』，或作『否』，其實一也。『丕顯考』，顯考也。『顯哉』、『承哉』，讚美之詞。『丕』則發聲也。後世解經者，但知『丕』之訓『大』，而不知其又爲語詞，於是強爲注釋，而經文多不可通矣。」今按：王說析辨甚詳。然自兩漢、魏、晉以來，凡以「丕」、「顯」二字連文者，皆取丕大之義，亦非必不可通。至于邵氏言「丕顯祖之宏規」，其以「丕」爲大，文義甚明。若以「丕」爲語詞，則反覺不詞矣。必以顯祖爲昭烈之廟號，斯宏大本屬諸昭烈，而丕大乃屬諸後主，文義始爲無礙。如以顯祖爲顯揚之統詞，則宏大既屬諸後主，而丕大仍屬諸後主，文義未免不詞。故此處之顯祖，定指廟號，而不指顯揚。郤氏此語，未嘗不頌美後主之顯揚。特其意即在「丕」字之中，與「顯」字無涉。所謂言豈一端，各有所當也。若謂顯祖非統論，顯揚亦非專屬，昭烈乃泛言顯德之祖，則尤不可通。蓋兩漢之君，廟號稱祖者，惟高、光二帝，分而言之，既有太祖、世祖之稱；合而言之，又有二祖之稱。初不聞更有顯祖之稱，豈得捨其舊有之名，而加以本無之號？且郤氏從宦，在後主之朝，則頌揚之詞，當自近始，不應近捨昭烈，遠溯高光。則顯祖指昭烈而言，本無疑義。況顯祖之號，與烈祖相類。康叔爲衛之烈祖，《左氏》哀二年《傳》及《晉語》並云：「烈祖康叔。」韋昭《國語注》、杜預《左傳注》並云：「烈，顯也。」今按：康叔受封爲衛侯，乃衛國始祖。其廟不毀，故稱烈祖。伯禽爲魯之烈祖。《魯頌‧泮水》云：「昭假烈祖。」鄭《箋》云：「其聰明乃至於美祖之德，謂遵伯禽之法。」今按：《禮記‧明堂位》云：「魯公之廟，文世室也。」蓋周公雖受封而不之魯，故魯人以伯禽爲始祖。如周人之祀文王，其廟不毀，故亦稱烈祖。此諸侯廟號稱烈祖，猶之唐、晉、豕韋及前漢之楚國，皆以顯祖爲廟號也。成湯爲商之烈祖，《商頌‧那》篇云：「衎我烈祖。」毛《傳》云：「烈祖，湯。有功，烈之祖也。」鄭《箋》云：「烈祖，湯也。」《正義》云：「湯之前有功烈者，止契、冥、相土之屬也。」以《序》稱「祀成湯」，則經之所陳，是祀湯之事，不宜爲湯之祀祖。故《易傳》以烈祖爲湯。下篇《烈祖》既是成湯，則知此亦成湯。文王爲周之烈祖。《小雅‧賓之初筵》云：「烝衎烈祖。」鄭《箋》云：「烝，進。衎，樂。烈，美也。奏樂和，必進樂其先祖。」今按：周人祖文王而宗武王，《小雅》所言烈祖，必指文王而言。與《商頌》所言烈祖指湯而言，正屬一例。鄭於《商頌》之烈祖，既不以爲泛言先祖，而專指爲成湯；則《小雅》之烈祖，斷不以爲泛言先祖，特未明言文王耳。此天子之廟號稱烈祖，猶之後魏、北齊及五代之後漢，亦

以顯祖爲廟號也。彼謂烈祖爲泛言先祖者，雖本於舊說，尚覺難從。矧謂顯祖爲泛言先祖者，不見於它書，豈能爲據？試思曹魏之烈祖，皆知其爲廟號。《三國志・魏・明帝紀》云：「景初元年六月，有司奏帝制作興治，爲魏烈祖。」裴《注》引孫盛曰：「未有當年而逆制，祖宗未終而預自尊顯。魏之群司，於是失正。」《吳質傳》，裴《注》云：「太子即王位，又與質書，曰：『南皮之遊，存者三人。烈祖龍飛，或將或侯。今惟吾子，棲遲下仕。』」案：裴《注》所謂太子，指曹丕而言。丕書所謂「烈祖」，指其父操而言。是時丕尚未僭位，而已稱操爲烈祖者，蓋以操自立爲魏王，乃魏國始祖，其廟不毀，故有烈祖之號耳。丕既篡，立尊操爲太祖，不復更稱烈祖。故叡復以烈祖自居，其意蓋謂操稱烈祖在爲魏王之時，已稱烈祖在爲魏帝之日耳。有司承望風指，不復顧廟號重複之嫌，所謂失禮之中又失禮也。蜀漢之顯祖，獨不知爲廟號。是明於彼而昧於此也。《宋書・禮志》言昭烈無祖宗之號，未免失考。《通典》「天子宗廟門」亦沿其誤。《通考》「天子宗廟門」於蜀漢廟制，全未言及，更屬過於簡略。推原其故，皆由於讀《卻正傳》者，每視顯祖爲泛詞，而不復詳考，故有此誤耳。《南唐書》之烈祖，皆以爲廟號，而不以爲泛詞。《三國志》之顯祖，乃以爲泛詞，而不以爲廟號。是知其一而不知其二也。

夫蜀漢統緒之正，《三國志・先主傳》云：「漢景帝子中山靖王勝之後也。勝子貞，封涿縣陸城亭侯，因家焉。」邵氏晉涵《南江劄記》云：「《續漢書・百官志》『宗正卿』下注云：『郡國歲因計，上宗室名籍』。《補注》胡廣曰：『又歲一治諸王世譜，差序次第。』故西京枝屬，其後衰者，猶皆可考。」今按：裴《注》引《典略》，謂：「昭烈爲臨邑侯枝屬。」《典略》乃魏郎中魚豢所作，其不言陸城，而言臨邑，蓋傳聞之誤。然據此亦足見昭烈實漢之宗室，爲天下所共知。雖黨附曹魏者，亦未嘗有異說也。遠過於《南唐》；《通鑑・魏紀・論》云：「昭烈之於漢，雖云中山靖王之後，而族屬疏遠，不能紀其世數，名位亦猶南唐烈祖稱吳王恪後，是非難辨。」今按：烈祖當亂離飄泊之世，既冒姓楊，又冒姓徐。至即位以後，乃復姓李。不特新、舊《五代史》等書多有異詞，即南唐諸臣之考證世系者，或謂出自吳王，或謂出自建王，亦無定說。特既姓李氏，難斷其必非。唐室宗枝，較諸後唐以沙陀賜姓，差得其正耳。若昭烈之統緒分明，正與光武相同，實非烈祖，可比溫公之論，未免擬不於倫矣。昭烈功德之隆，迥超乎李主。《三國志・先主傳》，《評》曰：「誠君臣之至公，古今之盛軌也。」《五代史記・南唐世家》云：「李昇志在守吳舊地而已，無復經營之略也。」諸葛武侯之深明國典，《三國志・甘皇后傳》云：「丞相亮上言：『昔高皇帝追尊太上昭靈夫人爲昭靈皇后，孝和皇帝改葬其母梁貴人，尊號曰恭懷皇后，孝懿皇帝亦改葬其母王夫人，尊號曰靈懷皇后。今皇思夫人，宜有尊號。』」案：《諡法》：「宜曰昭烈皇后。」《隋書・經籍志》「正史類」有《論前漢事》一卷，注云：「蜀丞相諸葛亮撰。」非宋、周、張、李所可追攀。陸氏《南唐書・宋齊邱傳》

云：「好學，工屬文。元宗即位，與周宗並相。」《李建勳傳》云：「少好學，能屬文。自開國至升元五年，猶輔政。放還私第，未幾復相。元宗嗣立，尊遇之，與宋齊邱垺。」《烈祖紀》云：「升元元年十月丙申，以門下侍郎張居詠同平章事。」《元宗紀》云：「保大二年春正月，左僕射兼門下侍郎平章事張居詠罷爲鎮海軍節度使。」今按：《南唐書》無張居詠傳。然考烈祖以保大元年十一月葬永陵，則祔廟之時，居詠仍在相位矣。《全唐文》卷八百七十二載居詠《郊祀議》，蓋亦頗明典禮者也。許、胡、來、孟之諳練舊章，《三國志·詐慈傳》云：「善鄭氏學。又有魏郡胡潛，祖宗制度之儀，喪紀五服之數，皆指掌畫地，舉手可得。先主定蜀，慈潛並爲博士，與孟光、來敏等典掌舊文。」《孟光傳》云：「博物識古，尤銳意三史，長於漢家舊典。先主定益州，拜爲議郎，與許慈等並掌制度。」《來敏傳》云：「尤精於《倉》、《雅》訓詁。先主定益州，署敏典學校尉。」非蕭、江、韓、徐所能企及。陸氏《南唐書·江文蔚傳》云：「博學，工屬文。烈祖殂，元宗以喪亂之後，國恤舊典散亡，命文蔚以給事中判太常卿事，與韓熙載、蕭儼共加討論，時稱其精練。」馬氏《南唐書·徐鉉傳》云：「與韓熙載齊名，江南謂之韓徐。」今按：鉉雖未居議禮之官，然烈祖末年，已與常夢錫同直門下省，則其時國政亦得與聞。其爲文蔚、熙載作墓誌，極稱其廟號之議，且與熙載齊名友善，或亦曾經參酌者歟？使謂南唐當有烈祖之號，而蜀漢初無顯祖之稱，則是正統開創之君，弗獲與祖宗之列；轉不若十六國僭竊之世，猶能以廟號奉其先矣。曾謂當日議禮者，竟若是哉？故詳爲考證，俾論漢代廟號者，知七製之外，《文中子·王道篇》云：「七製之主，其人可以即戎矣。」阮逸《注》云：「《續書》有七製，皆漢之賢君立文武之功業者。高祖、孝文、孝武、孝宣、光武、孝明、孝章是也。」《問易篇》云：「三國何其孜孜多虞乎，捨兩漢將安取制乎？」阮逸《注》云：「七製之主，可以垂法，又明《續書》有制也。」今按：王氏、阮氏所言之七製，即《後漢書·楊賜傳》所言之二祖五宗，皆漢帝之有廟號者也。尙有昭烈，《文中子·述史篇》云：「通也敢忘大皇、昭烈之懿識，孔明、公瑾之盛心哉？」《立命篇》云：「使諸葛亮而無死，禮樂其有興乎？」今按：王氏之意，極重武侯，亦未嘗不推尊昭烈，特拘於時代之斷限，又不知昭烈本有廟號。故別蜀漢於兩漢之外，且別昭烈於七製之外也。無以闕典爲憾焉。

舊唐書逸文序　代阮文達公作

　　甘泉岑紹周提舉建功重刻《舊唐書》，延其友分纂《校勘記》。書成之後，並授諸梓。余於癸卯秋曾爲作序〔註11〕，以汲古閣毛氏比之，蓋深喜古籍之

〔註11〕阮元《重刻舊唐書序》，《揅經室再續集》卷三（《清代詩文集彙編》第477冊，第777～779頁）。此序爲劉文淇代筆，又載《青溪舊屋文集》卷五。

復行也。繼而紹周復就諸書所引《舊唐書》，與今本不相比附者，薈萃參考，爲《舊唐書逸文》十二卷。戊申夏，甫經寫定，而紹周遽亡。其子秋舲淦。及其從子仲陶鎔。爲付剞劂，復乞序於余。

　　余取其書閱之，所載事蹟有關係者甚多，就其最巨者言之，有十善焉。李元瓘請明經習業，兼讀《周禮》、《儀禮》、《公羊》、《穀梁》；《元宗紀逸文》云：「國子司業李元瓘上言：『學人教業，必事資經。今明經所習，咸以《禮記》文少，人皆競讀《周禮》，經邦之軌則；《儀禮》，莊敬之楷模。《公羊》、《穀梁》，歷代崇習。即望四海均習，九經該備。』」文宗斥施士丐之《春秋》，涉於穿鑿。《施士丐傳逸文》云：「文宗每對宰臣，未嘗不深言經學。李石因奏施士丐之《春秋》可讀。上曰：『朕嘗覽之，穿鑿之學。貴爲異同耳。』」此有關於經學者，其善一也。許敬宗修《太宗實錄》，高宗嫌其所記多非；《高宗紀逸文》云：「高宗以許敬宗所撰多非實，乃謂劉仁軌曰：『朕昨觀國史，所書多不周悉。卿等必須窮微索隱，原始要終，咸使詳備。此既乖於實，何以垂之後昆？』」玄〔註12〕宗命史官止記災異，不書祥瑞。《玄〔註13〕宗紀逸文》云：「上謂宰臣曰：『往者史官維記災異，將令王者懼而循德。故《春秋》不書祥瑞，唯記有年。』」此有關於史法者，其善二也。太宗鑒於有隋，作序以賜太子；《太宗紀逸文》云：「太宗思隋氏失道，皇運開基，因而序之，以明誡愼。申筆書石，命工刻之，以賜皇太子。」憲宗讀《金鏡》、《帝範》、《訓誡》，思貞觀、開元之風。《憲宗紀逸文》云：「憲宗以天下無事，留意政典。每覽前代興亡得失之事，皆三復其言。又讀貞觀、開元《實錄》，見太宗撰《金鏡書》及《帝範》上下篇、玄〔註14〕宗撰《開元訓誡》，思繼前躅。」此有關於君德者，其善三也。張文瓘論宰臣任職，在有益於公道；《高宗紀逸文》云：「高宗朝，諸宰臣於政事堂供饌珍美，議減其料。東臺侍郎張文瓘曰：『吾輩若不任其職，當自陳乞以避賢路，不可減削公膳，以邀求名譽也。國家之所費不在此，苟有益於公道，斯亦不爲多也。』」裴垍對爲理之問，以正心爲先。《裴垍傳逸文》云：「憲宗問爲理之要何先？裴垍對曰：『先正其心。』上深然之。」此有關於相業者，其善四也。太宗閱《明堂孔穴》〔註15〕之書，即著令罪人不得鞭背；《刑法志逸文》云：「太宗以暇日遍閱群書，因讀《明堂孔穴》云『人五臟之繫，咸附背脊。針灸失所，皆有損害』，乃廢書而歎曰：『夫箠，五刑之最輕者也；生死，人之至重者也。豈容犯最輕之刑，而或鞭笞至死。』即頒制決，罪人不得鞭背。」趙冬曦諫法律之輕重，因乎愛憎。《中宗紀逸文》云：「趙冬曦上書曰：『近有隋之姦臣，

〔註12〕 玄，原作「元」。
〔註13〕 玄，原作「元」。
〔註14〕 玄，原作「元」。
〔註15〕 《隋書·經籍志》著錄《明堂孔穴》五卷、梁《明堂孔穴》二卷。

將弄其法，立一言而廢其數百條，輕重必因乎愛憎。受法者不知其然，舉事者不知其犯。』」此有關於國典者，其善五也。王師旦謂浮薄者雖有詞華，不成令器；《太宗紀逸文》云：「考功員外郎王師旦知舉時，冀州進士張昌齡、王公直並有俊才。及奏等第，太宗怪無昌齡等名。因召師旦問之，曰：『此輩誠有詞華，然其體性輕薄，文章浮豔，必不成令器。臣若擢之，恐後生相放，有變陛下風雅。』」劉墍請以文藝爲末，德行爲先。《禮儀志逸文》云：「劉墍上疏〔註16〕曰：『夫人之愛名，如水之務下。上有所好，下必有甚焉。陛下若以德行爲先，文藝爲末，酈舒俊才，沒而不齒；陳寔長者，拔而用之。則多士雷奔，四方風動，豈有不變者歟。』」此有關於世教者，其善六也。馮履謙自守以清廉，卻部人之餉鏡；《馮履謙傳逸文》云：「馮履謙補河北尉，有部人張懷道任江陽尉，與謙疇舊，餉鏡一面。謙集僚吏遍視之，曰：『吾効官以俸祿自守，豈私受遺哉？』昌言曰：『清水見底，明鏡照心。余之効官必至於此。』復書於使者，乃歸之。」張鎭周官於本邑，親戚故人蕭然。《張鎭周傳逸文》云：「張鎭周拜舒州都督。舒州即其本邑，乃多市酒肴，盡召故人親戚與之，酺宴十日。既而垂泣，謂親賓曰：『比者張鎭周與故人爲歡，今日以後，舒州都督治百姓耳。』州境因茲蕭然。」此有關於政績者，其善七也。王行敏拒劉黑闥之兵，不屈而見殺；《王行敏傳逸文》云：「王行敏鎭潞州，劉黑闥來攻，拒戰。擊賊，破之。既而憇於野，不設備，因爲黑闥所擒。竟不拜黑闥，怒斬之。臨死，西向而言曰：『行敏，大唐忠臣也，願陛下知之。』」劉秋子張空弮以攻賊，決勝於兵盡矢窮。《劉秋子傳逸文》云：「至德中，宜春郡太守劉秋子率士卒攻賊，兵盡矢窮。秋子張空弮，大呼於軍前，死戰而勝，詔嘉其忠勇。」此有關於節義者，其善八也。三師復置，據太宗之詔詞；《太宗紀逸文》云：「太宗降手詔曰：『朕觀前代明王聖主，曷嘗無師傳哉。況朕鍾百王之末，智不周物。其無師傳，何以匡朕之不逮？宜依古道，置三師位也。』」貢士列方物之前，從劉承慶所議。《禮儀志逸文》云：「左拾遺劉承慶上疏曰：『天下諸州所貢物，至元日皆陳在御前，唯貢人獨於朝堂拜列。恐所謂貴財而賤義，重物而輕人。伏請貢士至元日，列在方物之前，以備充庭之禮。』制曰可。」此有關於掌故者，其善九也。《祭漢太尉楊震文》爲輯太宗文者所未載，《太宗紀逸文》云：「貞觀十一年，太宗幸洛陽，遣使祭漢太尉楊震墓。太宗自爲文曰」云云。《賀五色鸚鵡表》可以補燕公集之遺，《玄〔註17〕宗紀逸文》云：「元宗有五色鸚鵡，能言，岐王文學熊延京因獻《鸚鵡篇》以贊其事。上以鳥及延京詩示百僚，尚書左丞相張說上表賀曰」云云。此有關於藝文者，其善十也。

〔註16〕 劉墍之疏見錄杜佑《通典》卷十七《選舉五》。後收入董誥編《全唐文》卷四
　　　　百三十三，題爲《取士先德行而後才藝疏》。

〔註17〕 玄，原作「元」。

　　約舉十端，足徵梗概。其書之有裨實用，洵可與正史相輔而行。以視彼搜聚瑣言，無關大義者，奚啻霄壤之隔哉！若夫編次之精密，辯證之周詳，觀其書者，必能知之。去取之謹嚴，校訂之慎重，觀其《自序》者，必能識之。此則不待余縷析言之矣。余家舊藏鈔本《輿地紀勝》，紹周借錄副本，欲爲重刊，並欲倣《元和郡縣志》之「補遺」，爲補鈔本闕卷。惜乎所補者未及脫稿，而欲刻者未及開雕也。所望秋舲、仲陶輩，能爲成其未竟之志，庶不致有遺憾也夫〔註18〕。

舊唐書逸文自序　　代甘泉岑紹周提舉作

　　自南宋以後，《新唐書》盛行，而《舊唐書》流傳漸少。至明嘉靖時，藏書之家已罕有足本。文徵明《序》云：「先是書久不行世，無善本。沈君得舊刻數冊，較全書才十之六七。」聞人詮《序》云：「吳令朱子遂得《列傳》於光祿張氏，長洲賀子隨得《紀》、《志》於守溪公。」聞人氏所刻，乃彙集諸家之書，補綴而成。楊循吉《序》云：「且命廣搜殘逸，足其卷數。」文徵明《序》云：「於是遍訪藏書之家，殘章斷簡悉取以從事。」其中不無殘缺之處。錢氏《考異》言薛播等傳有論無贊，王氏《商榷》言《柳公度傳》其文不完，趙氏《箚記》言《張巡傳》行墨脫落，皆辯論精詳，能正今本之失。而逸文散在群籍，尚未有彙集之者。

　　道光癸卯，建功重刻《舊唐書》，延同志諸君博考各書，成《校勘記》六十六卷，既爲序而梓行之矣〔註19〕。復思諸書所引《舊唐書》，頗有累牘連篇，與今本不相附麗，無須悉載於《校勘記》者。竊不自量，爲之薈萃成書，一一整比編排，而加以考訂，共得十有二卷，即名之曰《舊唐書逸文》。所援據之書，以《御覽》爲主，而《寰宇記》、《事類賦注》、《通鑒考異》次之。蓋諸書皆明引《唐書》，足以傳信也。《會要》、《冊府》所述唐時之事，必《御覽》等書所已引者，乃取以校訂其文；其未引者，則不復裒輯。誠以《會要》、《冊府》雖根柢亦出於《唐書》，而究未嘗明引，恐蹈無徵不信之譏也。《會要》

〔註18〕　《續修四庫全書》第 285 冊收錄《舊唐書逸文》十二卷，係清道光二十八年揚州岑氏懼盈齋刻本。卷首所載此序（第 1～2 頁），文末尚有「道光戊申十二月太傅予告大學士在籍食全俸揚州阮元敘」，可知寫於道光二十八年（1848）。

〔註19〕　羅士琳、陳立、劉文淇、劉毓崧同校《舊唐書校勘記》六十六卷，有清道光二十九年（1849）懼盈齋刻本，卷首目錄後附岑紹周道光丙午（1846）仲冬序（徐蜀選編《二十四史訂補》第 8 冊，書目文獻出版社 1996 年版，第 47～48 頁）。

原闕數卷，後人採他書補之，內有引及《舊唐書》而爲今本所無者，仍輯入《逸文》。凡年月之先後，則本諸《通典》、《通鑒》、《新唐書》，以推其次第。詩文之詳略，則證諸《英華》、《唐文粹》，以證其異同。務期確有憑依，不欲參以臆斷。其中有互見於《志》、《傳》，而實爲《紀》之逸文者；《肅宗紀逸文》乾元二年女媧墳事，互見《五行志》。《睿宗紀逸文》景雲元年李朝隱事，互見《李朝隱傳》。有互見於《紀》、《傳》，而實爲《志》之逸文者；《禮儀志逸文》五經試墨義，互見《憲宗紀》事。《音樂志逸文》率更寺閱女樂事，互見《文苑·賈曾傳》。有互見於《紀》、《志》，而實爲《傳》之逸文者；《田悅傳逸文》攻張伾事，互見《德宗紀》。《韋昭度傳逸文》廢尚書令事，互見《職官志》。並爲之條分縷析，詳著著其採入逸文之由，庶乎區別較明，不以紛岐致惑矣。若夫其詞有與《通典》相同，《職官志逸文》雜端御史云云，與《通典》二十四同。《食貨志逸文》開元二十五年令諸屯云云，與《通典》卷二同。其雙行夾註之處，亦屬相符。有與《會要》相同，《官品志》後制舉科逸文數十條，與《會要》七十六制舉科各條字句皆同，行欵亦合。疑是《通典》、《會要》之文，而《御覽》誤引。然既標《唐書》之目，無以證其必非《唐書》。與其過而廢之，不如過而存之。疑以傳疑，姑留之以備考云爾。《官品志》與《職官志》顯然不同。《御覽》所引各條，疑是韋述所撰《唐書》，今列於諸《志》之中，別自爲卷，以俟考。至於或似逸文而已載於《紀》，《御覽》八百八十七引《唐書》戴少平死十六日復生事。今考此事見《德宗紀》下貞元十七年。或似逸文而已載於《志》，《御覽》九百六十一引《唐書》嵩山櫸樹杪置金雞事。今考此書見《禮儀志三》。或似逸文而已載於《傳》，《御覽》三十二引《唐書》七月望日盂蘭盆事，又八百十三引《唐書》五臺山金閣寺事。今考此二事皆見《王縉傳》。或因姓誤疑爲逸文而已附載其先人傳內，《御覽》二百十八引《唐書》，曰：「沈扶，字雲翔，太和初爲屯田郎中」云云。今考《文苑下·唐次傳》云：「次子扶、持。扶字雲翔，太和初入朝爲屯田郎中」云云，則沈扶必唐扶之誤。又二百六十九引《唐書》曰：「包佶授藍田尉。時有詔」云云。今考《裴耀卿傳》云：「子綜。綜子佶，授藍田尉。時有詔」云云，則包佶必裴佶之誤。《舊書》無包佶傳，《新書》敍此事在裴佶傳，不在包佶傳。《冊府》八百四敍此事亦作裴佶。或因名誤疑爲逸文而已附載於他人傳中，《御覽》九百七十六引《唐書》曰：「王升爲刑部尚書，性貪悋」云云。今考《元載傳》云：「王昂者，檢校刑部尚書，性貪悋」云云，則王升必王昂之誤。《冊府》八百四十二敍此事亦作王昂。倘列於此編，則是指本文爲逸文，必以濫收貽誚。今則概行刪削，不使混淆於其間也。他如或引《唐史》，《御覽》八百六十七茗類、九百三十二鼈類、九百四十五蛟類、九百四十七蠍類、九百七十五藕類；《寰宇記》一百八十二罽賓國、一百九十八鐵勒國；皆引《唐史》。蓋即吳兢諸人所著；或引《唐

書新語》，《御覽》五百六十引《唐書新語》開元云云。今考《大唐新語》卷十三所載，與此條正同。其「書」字乃係衍文。皆無涉於《唐書》，即不必更加牽引，以免枝蔓之弊焉。是故知其必有逸文，而已見他書者，則據以纂入。《李吉甫傳》云：「父棲筠，國史有傳。」《李德裕傳》云：「祖棲筠，父吉甫。祖、父自有傳。」而今本無《棲筠傳》。據《通鑑》二百二十四，《注》述《考異》所引棲筠事，則原有《棲筠傳》矣。《鄭覃傳》云：「故相珣瑜之子。」而今本無《珣瑜傳》。據《御覽》二百五十二及八百四十八所引珣瑜事，則原有《珣瑜傳》矣。疑其當有逸文，而未見他書所引者，則聽其闕如。《楊炎傳》云：「父播名，在《逸人傳》。」《武元衡傳》云：「祖平一，事在《逸人傳》。」今本無播及平一事，亦無《逸人傳》名目。疑韋述之《唐書》有《逸人傳》，即《隱逸傳》耳。蓋深戒鑿空之談，自勉爲實事求是而已。惟念載籍極博，而聞見未周，縱竭力搜羅，仍虞掛漏。況《舊唐書》本文二百卷，事蹟浩繁，雖繙閱至再至三，而逸文中重複疏舛之失，終覺不敢自保。所望深於史學之君子，爲之匡謬補遺，俾舊史復爲完書，則建功區區重刻之苦心，亦可以少慰也已〔註20〕。

書廣陵通典後

《廣陵通典》十卷，江都江容甫先生所著。其名與杜氏《通典》相同，其體與司馬氏《通鑑》相近，蓋雖一郡編年之史，而實千秋資治之書也。〔註21〕

〔註20〕 《續修四庫全書》本《舊唐書逸文》卷首所載此序（第 3～4 頁），文末尚有「道光戊申正甘泉岑建功識」，可知寫於道光二十八年（1848）。
〔註21〕 顧廣圻《思適齋集》卷十一有《廣陵通典序》（中華書局 2007 年版，第 182～183 頁），稱：
郡邑志乘，濫觴晉、宋。賀循《會稽》，劉損《京口》，陸、任所合，內多斯例。後此繼之，盈乎著錄。其爲書也，能使生是邦者曉前古事蹟，至其地者驗方今物土，洵爲善矣。降及明葉，末流滋弊。事旣歸官，成由借手。府縣等諸具文，撰修類皆不學。雖云但縻餐錢，虛陪禮帊，猶復俗語丹青，後生疑誤。正失復貫，必也其人。此江都汪容甫先生《廣陵通典》所以有作也。蓋其天才踔越，雅識淵深，目洞千秋，胸羅《七略》。出擒朱育之對，撟舌名公；入著虞卿之書，關心鄉邑。爰於撢經之餘，悉取城邗以下，用編年之體，作釋地之篇。會萃條流，差次月日。吳濞開國，孫韶領鎮，據割重形勝，治平饒轉輸。上下各代，排比列城。沿革道里，戶口貢賦，鉅靡不包，細亦無漏。故謂之「通」。進節義，退草竊；貴賢能，賤奢逾。刊棄神怪，擯落嘲詠。唯錄有用之事，弗爲無益之談。字求其實，言歸於正。故謂之「典」。構造僅半，奄忽輟簡。後三十載，嗣子喜孫字孟慈，始奉遺稿，以墨於板，道光三年癸未之歲也。
夫觀其貫穿正史，紛綸乙部，裴松之之引《江表傳》，司馬公之採《驚聽錄》，

　　考溫公《進〈通鑑〉表》云：「專取關國家盛衰，繫生民休戚，善可爲法，惡可爲戒者。」此四語乃作《通鑑》之大凡，而是書悉仿其義例。今就其最著者言之：立楚帝由於召平，創吳邦由於行密，亂淮封由於劉濞，喪隋室由於世基，此關國家盛衰者也。愛敬陂始於陳登，伊婁埭始於齊澣，獻異味始於元楷，增稅錢始於少游，此繫生民休戚者也。張綱之弭盜，臧洪之誓師，郗鑒之勤王，祖皓之討賊，此善可爲法者也。陳敏之悍戾，郭衍之姦邪，高駢之昏愚，孫儒之殘酷，此惡可爲戒者也。其餘旁採諸家，廣收雜說，亦擇其有資勸懲者然後記之，而鄙事瑣言悉屛而不載，揆其撰述之旨，信乎涑水之替人矣。

　　若夫諫爭之事，《通鑑》多節其詞，而是書於鄒陽之進規，枚乘之託諷，盡錄而不削焉。華藻之文，《通鑑》罕存其目，而是書於潘徽之序禮，魏文之賦詩，備列而不刪焉。此則郡縣之志，究與國史有殊，正不妨稍示示〔註22〕變通，量爲推廣。蓋小異者，固不失其大同也。

　　雖然，是書之於《通鑑》固稱具體，而其未備者尙有數端。《通鑑》本末完具，而是書中止於朱全忠遣使，而此後未竟其詞。《通鑑》論斷詳明，而是

羅昭諫之志，魏鄭公之文，放軼兼網，幽隱曲登，可以知其取材之鴻也。孫吳所不居，江左所僑置，此隸彼割，朝回夕改。國在典午較狹，郡於大業特雄。以至太守、刺史、長史、節度，廢建不恒，遷蒩相互，罔弗秩然，備於開卷，可以知其立例之當也。匡琦之戰時，濱江之徙年。王舒代鎮，袁豈宜冠諸；桓宏中兵，劉未可著毅。勘「宣蘭」是「簡」，則宋諡獲通；訂蕭寗非「景」，而唐諱遂悟。決史文之宿疑，破相傳之積謬。若斯之倫不勝指數，可以知其考核之精也。上焉解剝馬、班，下焉合和昫、祁。三國參范蔚宗書，八朝連李延壽史，凡此成文，胥同己出。全收隱括之功，悉泯彌縫之跡，可以知其鎔裁之妙也。況乎規模嚴整，氣局開張，人物於焉如生，江山爲之增壯，天下後世有善讀者，庶幾展拓心胸，奚止研練故實！以視其他圖經、地記，縱使淳熙《吳陵》、紹熙《廣陵》故書具存，皆將避席。起成化之廢疾，箴嘉靖之膏肓，所勿論也。楊吳而下，雖曰闕如，一門世業，前後續成，昔繁其比，今亦謂然，是於孟慈有厚望焉。元和顧千里撰。

《冶麓山房藏書跋尾》有《廣陵通典跋》（陳作霖輯《冶麓山房叢書》第7冊，屈萬里、劉兆祐編《明清未刊稿彙編》，聯經出版事業公司1976年版，第2380～2381頁），稱：

同治中，淮南書局刊刻汪容甫中所著《廣陵通典》，凡二冊。劉恭甫壽曾爲予言其善，因購而閱之。蓋刺取史事有關揚郡者，鎔鑄成篇。不見剪裁痕跡，較諸《通鑑》諸書，節分件繁，有過之無不及也。惜事止楊吳，爲未卒業之書。恭甫嘗欲起而續之，卒卒未果，今墓已宿草矣。嗚呼！己丑春日。

〔註22〕按：此處疑衍一「示」字。

書惟見於徐敬業起兵，而此外未聞其說。《通鑑》有考異，以示折中，而是書
所去取者，未標其故。《通鑑》有目錄以爲提要，而是書所編次者，未挈其綱。
此皆先生所亟欲爲之，而未及卒業者也，賢子孫有志於繼述者，能如司馬康
之作《通鑑釋文》、司馬伋之輯《通鑑釋例》，以成先生未竟之緒，俾讀者獲
睹其全，斯爲盡善也已。

永曆實錄跋

右《永曆實錄》二十六卷〔註23〕，紀明末桂王之事，爲王船山先生夫之

〔註23〕 謝國楨《增訂晚明史籍考》卷十一《南明三朝下·記永曆朝諸書》著錄此書，
錄傅以禮、李慈銘、劉毓崧、柳亞子之說，並附按語（北京出版社 2014 年版，
第～571582 頁），迻錄如下：
傅以禮《華延年室題跋》云：
夫之，字而農，號薑齋，衡陽人。崇禎十五年舉於鄉，桂王時以大學士瞿式
耜薦授行人司行人。嘗三疏劾大學士王化澄，幾爲所陷害。會聞母病，間道
歸里，丁憂後遂不復出，學者稱爲船山先生。所著有《船山遺書》七十餘種，
事蹟具國史儒林傳。是書卷一爲本紀，卷二以下爲列傳，於桂王一朝人物事
蹟，臚列頗備，其死節、佞倖、宦者等傳，尤他書所未詳，足補史乘之闕。
惟其中進退予奪，則與舊說有大相逕庭者。姑以內閣諸臣言之，其所推重者，
瞿式耜外，惟嚴起恒，故以二人同傳。若何騰蛟即屢著微詞，吳炳、朱天麟、
吳貞毓、郭之奇輩，尤詆諆不遺餘力。王氏乃砥行之士，所言當不妄，諒不
至如鄒漪游漪明季遺聞，逞一己恩怨以顛倒是非，或諸臣在當日固不免有遺行
歟？至謂吳炳偕、劉承胤降後始卒，雖與《明史》本傳不合，而其說尚雜見
《粵遊見聞》、《五藩實錄》。獨所載貞毓死於亂軍、之奇當兩廣陷後遁去復降，
則各家紀述，從無此說。貞毓爲十八先生領袖，死於密敕之獄，所作絕命辭，
今尚流傳，並非歿於戰陣。之奇至桂王亡後始被執，至桂林遇害，諸書所載，
惟時日或有先後，於大節絕無異詞，今乃置諸降附之列，則郋書所以淆信史
者，其誣不少。他如馬吉翔，人雖貪壬，顧緬甸從亡，實死咒水之禍，今傳
中以爲挾貲降北，亦爲失考。總之，是書惟楚粵軍事最爲賅悉，蓋是時王氏
方在朝列，又嘗居瞿式耜幕府，非據見聞所及，即本諸奏牘公移，故十得八
九。泊桂王由粵而黔、而滇而緬甸，則王氏已屏跡窮鄉，謝絕世務，所據者
僅一二傳聞，遂不免眞訛雜出，甚至密敕之獄、咒水之禍諸大端，並無一語
及之，則其他舛訛疏漏，更可概見。讀者知其得失所在，分別觀之，庶不失
知人論世之指焉。至書中以「常」作「嘗」，以「由」作「緜」，以「校」作
「校」，以「檢」作「簡」，乃避光宗以下廟諱，即此亦足覘其不忘故國矣。
二百年寫本僅存，爲世罕覯，不特《南疆逸史》、《勘本摭遺》、《小腆紀年》
各種從未引及，即楊風苞《南疆佚史十二跋》，臚列明季稗野書目至數百種之
多，亦遺此書。此書自曾中丞國荃刻入《船山遺書》，始見傳本，惟各卷每多
空闕，或一二字，或十餘字不等，則因語涉嫌諱，不得不爲刊落云。
李慈銘《受禮廬日記》云：

《永曆實錄》凡二十六卷，紀一卷，題曰大行皇帝。〔鄭成功在臺灣上諡號曰昭宗匡皇帝，王氏遠隔楚南，故未知也。〕傳二十五卷，首以程、嚴兩公，終以叛臣。列傳爲劉承胤、陳邦傳兩人。〔其云「邦傳字霖寰，浙江紹興人」，爲他書所未見。王氏所極推重者，瞿忠宣與嚴忠節。忠節爲山陰人，是錄乃以越人爲終始，亦足刷鄉邦之恥矣。〕其第二十四卷爲佞倖，則馬吉翔、嚴雲從、〔江西分宜人，嚴世蕃之曾孫。〕侯性〔河南歸德人，侯恂之弟。〕三人。二十五卷爲宦者，則李國輔、王坤、龐天壽、夏國祥四人。而農當永曆時，以忠宣薦官行人，嘗請忠節力救五虎之獄，及忠節被彈，而農亦三上疏糾閣臣王化澄，因此遂歸，故於永曆入滇以後事，多不詳。如極貶吳貞毓，而不知其後有十八先生之獄；馬吉期實死於緬甸祝〔俗作咒。〕水之禍，而以爲降我朝見殺。其餘舛繆亦多不免。又甚不滿於何中湘，而極稱金堡，尤是明季門戶習氣，失是非之公。至丁魁楚因降李成棟見殺，而謂其據岑溪與我兵戰，不勝而死。郭之奇、吳炳皆死節，而以爲皆降而死。楊畏知始以兵拒孫可望被執，後終大罵而死，而以爲被脅爲用。郭之奇及魯可藻雖心地未純，皆可節取，而極貶之，儕於程源、萬翺之列。此皆舛戾，不足爲定評。又謂朱天麟欲逐嚴起恒，殺金堡，乃與陳邦傳謀通款於孫可望，吳貞毓亦密啓稱臣，皆疑非實。惟自永曆居梧以前，而農身仕其朝，見聞較著，固有他書所不詳者。如謂桂端王薨後，安仁王由櫻承國事，未幾暴薨，永曆即位，追尊爲桂恭王可訂諸書，或稱端王爲恭王者之訛。〔《丁魁楚傳》謂：「魁楚故怨恭王，又受思文密旨，偵桂邸動靜，遂欲因事中王。一日，就王飲，刺其言以奏，未浹月，王暴薨，或曰魁楚奉密旨爲之。」此事疑近誣。〕謂永曆初立，即上嫡母王氏爲慈聖皇太后，生母馬氏爲慈寧皇太后，可訂諸書或言王太后崩後，始尊馬太后者之誤。〔慈聖爲神宗生母李太后微號，不應相襲，當從《瞿忠宣集》作寧聖昭聖。〕何騰蛟子文瑞，以蔭至兵部侍郎，居桂林，廣西陷，遇害。張同傳言：「何文瑞以故督子，仍督滇軍。」諸書言文瑞官止金都御史，且不詳其所終。劉湘客擢翰林侍讀學士，朱天麟、王化澄言其非科目，不當入內制，湘客不自安，請外除，遂改僉都御史，協理院事，旋遘梧州之獄。諸書稱湘客官，或曰侍讀，或曰少詹事，或曰禮部侍郎，或曰副都御史者，皆非。侯偉時於崇禎末已官吏部驗封司郎中，永曆時，超拜吏部右侍郎代尚書。李若星筦部事，殉難後贈禮部尚書，《明史》諸書言偉時官吏部主事者大誤。何中湘諡文忠，諸書或作忠烈，或作文烈，或作文節，〔見《忠宣集》。〕以中湘資望論之，當以文忠爲是。其他所載，若姜曰廣〔江西反正時，先加太子太師武英殿大學士、吏兵二部尚書，再晉少師、建極殿大學士，亦他書所未詳。〕贈進賢伯，諡文忠；〔紀作文愍，疑當從傳。〕章曠贈華亭伯，諡文毅；曠兄簡，隆武中贈郎中，諡節愍；侯偉時諡忠靖；王得仁諡忠壯，〔傳作武烈。〕亦諸書所未見。晏清字元洲，劉遠生本名廣允，以字行；〔湘客之兄。〕劉季礦字安世，〔同升之子。〕袁彭年字介眉，〔他書皆言彭年爲宏道之子，此獨云中道之子，中道字小修，中郎之弟也。〕郭之奇字菽子，萬翺字九皋，程源字金一，王化澄字登水，丁時魁字斗生，曹志建字光宇，楊國棟字端宇，馬進忠字葵宇，皮熊字玉山，李成棟字廷玉，子元允字元伯，皆足補霸史之闕。李定國，他書稱其字鴻遠，此書作寧宇，因名推義，疑此可得。至焦璉之字，他書作國器，此作瑞庭；金聲桓之字，他書作虎臣，

此作虎符：則未知孰是矣。

柳亞子《南明史料書目提要》云：

王氏字而農，號薑齋，爲南明三大儒之一，與顧亭林、黃梨洲齊名。遺書七十餘種，滿清同光間，曾國荃始爲刊行。此書共二十六卷，第一卷爲大行皇帝本紀，即昭宗匡皇帝也。餘爲諸臣列傳二十五卷。今缺其一，實存二十四卷。王氏親仕昭宗朝，著書應爲直接史料，惟與金堡、蒙正發、劉湘客友善，不免門户之見。又其在朝日短，後事都不及詳，或得之於傳聞。故紀昭宗幸安龍、幸滇都、入細甸之年月均與他書不符，不足徵信。尤奇者，昭宗御諱由榔，見於清代所修《明史》。自黃宗羲《永曆紀年》、錢澄之《所知錄》、無名氏《行在陽秋》、溫睿臨《南疆逸史》、李瑤《南疆繹史》，以至徐鼐《小腆紀傳》，均無異詞。本書獨作由根，與珠江寓舫《劫灰錄》同，未知何故。又，昭宗爲端皇帝第四子，各書所記亦大概從同。本書大行皇帝本紀所載，反不甚明晰，亦可疑也。

按：永曆帝名由榔，神宗孫。是書作由根。丙戌九月福州不守，隆武帝在汀州遇難後，十月大學士瞿式耜等奉桂王由榔監國於肇慶，旋即帝位，改元永曆。同時隆武帝之弟聿鐭爲蘇觀生等擁立於廣州，改元紹武，與之相抗。未幾，聿鐭爲清總兵李成棟所敗，廣州破，被執死。永曆帝由肇慶退守桂林，爲武臣劉承胤所劫，北駐武岡。清兵破武岡，承胤欲劫帝降清，事覺得脫，逃還桂林。是時贛、粵各地義師紛起，金聲桓、王得仁在江西反正，李成棟在廣州懾於人民群眾抗清勢力之強大，亦背清事明，同時瞿式耜、焦璉等輯睦後方戰士，抗拒清兵，在桂林有文昌門之捷，永曆乃能由桂林還都肇慶。成棟失敗後，永曆帝由梧州逃奔瀨湍，已瀕於覆亡，賴有農民軍李定國起兵抗清，扶翼明室，大敗清軍，收復西南八省之地，極有匡復之機會。乃由於永曆腐朽之政權，外被武臣孫可望、劉承胤等所制，內受權奸內監馬吉翔、龐天壽等之扼，朝臣不和，黨見日深，卒至幅員日促，雲南不守，逃竄緬甸，爲吳三桂所執，遇害於昆明。永曆在位凡十有五年，明社遂屋。是書爲紀傳體，所記雖不免有門户之見，然敍次則極有法度。且對於農民軍領袖高必正、劉體純、李赤心、李來亨等，皆爲立傳，記其戰功，存其事蹟。雖有偏倚歪曲之辭然賴有此書，農民軍英勇不屈之精神，得以大顯於世。雖是書於入滇後所記實較疏，則以船山未與行間，得諸傳聞故也。記農民軍之行事，及永曆帝所以能立國西南，當以是書爲據。

劉人熙《蔚廬劉子文集》卷三有「書後」類，關於《永曆實錄》共十篇（周寅賓編《劉人熙集》，湖南人民出版社 2009 年版，第 289～292 頁），錄如下：

書《永曆實錄·李文方列傳》後

他書多言方密之降李自成，觀其力避時事，守正不阿，後不屈於蛟麟，前豈降於自成乎？傳稱大鋮黨欲以從逆陷殺之，斯爲南董之筆。

書《陳姜列傳》後

金聲桓之徒，始終一賊而已。蛇化爲龍，不變其角，信然。姜文忠欲藉手有爲，何可得耶？

書《金王李陳列傳》後

諸將雖起群盜，然反正效忠，善馭之皆萬人敵。乃馬吉翔以邪佞居君側，何騰蛟以私意壞封疆，雖尚平時已足階亂，況土崩魚爛之秋乎？元伯以儒家子，

所編。先生以崇禎壬午舉於鄉，桂王時曾為行人，抗疏去官，隱居著述。此
書稿本自署「孤臣」，惓惓之心，不忘故國。而前無自序，未審成於何代。今

居間納土，委曲輸忱，奉密敕誅三叛將，如孤豚圉豕，豈非偉丈夫哉！厄於
群小，橫被誣蠟，彤墀叩首之對，足泣鬼神。屓主降帥，能無墮淚耶？
書《李定國列傳》後
嗚呼！亡國之大夫不足與圖存，豈篤論哉！李將軍幼陷群盜，遇之否也。卒
能出谷遷喬，激昂大義，雖厄於孫可望，功竟無成，而志則昭然揭日月以行
矣。當其自黔出師，七月之間，斬二名王，闢地三千里，抑何偉哉！令事高、
光之主，則功比韓信、忠侔鄧禹矣。劉文秀忠未可知，然識順逆，知成敗飲
藥而死，君子哀之。
書《李來亨列傳》後
永曆滇南之日，祥興海上之年也，國非其國矣。然攬其成敗之跡，雖小腆萬
難紀敍，未嘗無千金一壺之幾。瞿、嚴入閣，非無相也；二李來歸，非無將
也。義民團結以待王師，非民心之盡失也。而相相將將，安民者誰也？衡陽
王子，亡國孤臣，紀治亂得失之由，寓華袞斧鉞之志。雖臣子一家之私言，
實帝王千秋之金鑒。郝永忠梟獍之徒，死何足惜。附見之者，所以惡何騰蛟
也。來亨倔強西蜀，螳臂當車，其於聖清，疾猶疥癬。然而主將自焚，部曲
三萬人或死或逸，視田橫之壯士，為何如哉！
書《二張列傳》後〔傳附周鼎瀚〕
周浩若豈能有為者乎？但其大節不專職，君子矜之。此取善之量，而王道之
權衡也。
書《死節列傳》後
余讀死事傳而歎勝國之多才也。或從容就義，或慷慨捐軀，令遇興王，皆周
之干城腹心也。朱宗臣毀家紓難，扼於悍帥以死，脫天子侍臣，存大義於天
下。至於散兵待罪，卒不染虎狼之吻，所謂信及豚魚者耶！是宜上媲汾陽，
掩跡關張矣。惠將軍之脫堵牧遊也，亦然守偏將之分，以頸血報明。嗚呼仁
哉！
書《佞倖列傳》後
小人，陰也。陰與陰易合，加之以小廉曲謹，則益惑之矣。至於內交宮掖，
外結強臣，人主雖知之而不能去，未有不亡者也。傳佞倖示戒也！
書《宦者列傳》後
有明之亡，廷杖、宦官，其尤也。至於國破家亡，間關繼號，呼天引咎，追
念社稷之何以忽諸宜其變。已乃五虎之獄，翻廠衛之委波：王坤之徒，張忠
賢之餘焰。君以此始，亦以此終，豈有爽哉！李國輔私奠孝陵，慟哭覆命，
黍離麥秀之哀，何以加此。而君子不殊，列於傳首。誠以此輩刑人，但主涓
潔，雖有尤者，斷不可與聞國政。為萬世法，不可殊也。
書《叛臣列傳》後
國策借叢之喻，豈不信哉！方是時，王綱解紐，嚴、瞿諸君子奉空名以號召。
豈不知兵強馬壯者則為之哉？而陳邦傅必求世守，孫可望必要王封，蓋借叢
以自神也。神不借、叢不枯也。惜名器，操威福，制治以此，戡亂以此，世
之君子，好言權，不知經不正，未有能權者也。

考方以智沒於康熙壬子，先生《自定六十稿》，壬子年有《聞極丸翁凶問輒吟》七律二首，又有《哭李雨蒼》詩，自注言：「密之閣老以是年棄世」。極丸翁即密之別號也。蒙正發沒於康熙己未，說詳下文。書中有以智傳，無正發傳，蓋以智已卒，正發猶存，則成書當在癸丑以後，戊午以前。吳三桂以癸丑冬叛我大清，戊午秋死於衡州。此數年中，先生避亂泛宅。戊午春，不肯爲逆黨草勸進表，逃之深山。此書記三桂之害桂王，追敘其明時初封之爵及晉封之爵，以斥其甘心故主之非。《桂王紀》云：「前平西伯晉封薊國公吳三桂弒上於雲南。」筆挾風霜，詞嚴斧鉞，其不畏彊禦，可謂南董替人。

惟是先生筮仕於肇慶，在己丑之夏，辭官於梧州，在庚寅之秋，首尾僅踰一載。其後高蹈遠引，罕接時流，耳目見聞，限於方域，裒輯容有未周。故或應立傳而無其目，陳邦彥與陳子壯、張家玉同舉義於廣東，而邦彥無傳。呂大器、李乾德與文安之同盡瘁於四川，而大器、乾德無傳。至於授命滇、黔，如王錫袞、曾異撰等；扈從緬甸，如高勣、任國璽等，未立傳者尤多。或但有目而無其傳，卷十六《諸鄭列傳》有目無書，當是鄭芝龍、鄭鴻逵、鄭芝豹、鄭成功、鄭聯、鄭彩等人。自癸丑至戊午，皆鄭經據臺灣之時，猶稱永曆年號。或僅舉其字而闕其名，卷二十二《死節傳上·朱維四傳》闕其名，但云「字維四」。或附見其人而闕其事，《桂王紀》言命都御史范鑛、朱容藩聯絡策應，而鑛及容藩皆無傳。或特書其事而未得其情，《桂王紀》言沐天波、楊畏知降孫可望，又言蕭尹齎血詔付李定國。今按：畏知力勸可望協助天波，平沙定洲之亂，未嘗降可望也。尹歷陳往古廢後事，請桂王廢妃，乃可望惡黨，未嘗齎血詔付定國也。或不沒其名而未覈其實。《桂王紀》言孫可望取給事中雷德復十七人，殺之於貴州。今按：此即安隆十八先生之事，然德復不在十八人之中。《楚寶》「遷寓」門《德復傳》云：「江西人。官給諫，明季避亂武岡洞口，後爲孫可望困辱，賦詩三章，冠帶自縊，有『微臣血化三年碧，濺向君前作佩魚』之句。」蓋德復雖見殺於可望，然非死於貴州也。加以本紀、列傳，各據所聞，間亦參差，未能畫一，有書時之異，《桂王紀》言三年春二月進封馬進忠鄂國公、曹志建永國公，《馬進忠傳》言進封在是年秋。《桂王紀》言四年夏鎮峽關陷，《曹志建傳》言關陷在是年秋。有書地之異，《桂王紀》言李元允死於肇慶，《元允傳》言死於鬱林。有書爵之異，李元允之爵，《桂王紀》先稱南陽伯，後稱南陽侯；《元允傳》但言南陽伯，未言晉侯。有書官之異，《桂王紀》書楊國威之官爲征蠻將軍，瞿式耜、焦璉等《傳》，「征」作「平」。《桂王紀》書姜曰廣之官爲太子太師武英殿大學士，《曰廣傳》「太」上有「少師兼」三字，「武英」作「建極」。《桂王紀》書揭重熙之官爲兵部尚書兼副都御史，《重熙傳》「尚書」作「侍郎」。《桂王紀》書王化澄兼僉都御史，《化澄傳》言驟擢副都御史。《陳世傑傳》言其改官編修，《黃奇遇傳》「編修」

作「簡討」。有書諡之異。《桂王紀》書金聲桓諡忠毅，王得仁諡忠壯，姜曰廣諡文敏，《聲桓傳》言諡忠武，《得仁傳》言諡武烈，《曰廣傳》言諡文忠。蓋初稿既成，未經覆核，故傳聞雜出，未暇折衷。然紀、傳本可互相補苴，《桂王紀》言陳子壯拜表請封唐王聿鐭，《子壯傳》但言貽書於瞿式耜請西師疾下。蓋拜表、貽書皆子壯之事，《紀》、《傳》各舉其一耳。《桂王紀》言武岡、靖州陷於四年五月，《馬進忠傳》言武岡陷於三年秋。今考《南疆繹史》言三年十月進忠克武岡、靖州，四年二月武岡破，進忠退守靖州。是三年秋，失武、靖，冬復得之。四年二月，武岡復失，五月靖州又失。《紀》、《傳》當互相補苴。即時地小殊，亦因奏報，《桂王紀》言劉季鑛舉義兵於永寧，復茶陵、酃縣、安仁、常寧。《季鑛傳》言至酃縣遂糾眾起，復酃縣、興寧、永興、常寧諸縣。今考季鑛為吉水人，奉命聯絡江、楚，此永寧屬江西吉安府，蓋酃縣為初起時糾眾之地，永寧為奏報時駐軍之地也。《桂王紀》言六年八月李定國復平樂、梧州、柳州，《定國傳》敘諸郡之復，在八月之前。今按：史書紀傳月分互異者，紀多較傳為遲，蓋據奏到之月日也。不必概指為編次之疏。就中人名與他書異者，有傳說之訛，《桂王紀》、《李定國傳》之沙定周，當從他書改「周」為「洲」。《程源傳》之孫傳庭，當從他書改「傳」為「傳」。有見聞之確，陳邦傅，他書「傅」多作「傳」，然其字為霖寰，似用傅說霖雨，則「傅」字較合。張先壁，他書「壁」多作「璧」，然其弟名先軫，似用星宿排，行則「壁」字較合。亦有紀錄之別，王光興之兄光昌，他書「昌」作「恩」。在乎擇善而從。

　　至若此書之大概可寶者，非止一端。有他書罕見之人，如嗣韓王、《皮熊傳》言女為韓王妃，熊與諸臣謀立王監國，王稍習戎伍，挾健兒自隨，薨於水西安氏。嗣通山王，《劉承允傳》言嗣通山王蘊鈃急請對，言敵至三十里外，上猶不知，猝至，當如車駕何？上懼，召問之，承允遂洶洶出，遇蘊鈃於宮門，奮拳擊之，墮齒，蘊鈃遯去。皆宗室之良。黃奇遇、《傳》言馬吉翔與諸戚弁，日酣歌縱飲，奇遇進講《孟子》「禹惡旨酒」義。上知奇遇意，屢為稱善。黃公輔、《傳》言長、寶人感其德政，至今不衰。陳世傑、《傳》言以抗節召見，改翰林編修。管嗣裘、《傳》言李定國復桂林日，從臾定國遣使興隆候駕，定國猶豫未遣，嗣裘大憤，棄定國軍去。朱昌時，《傳》言桂林陷，昌時深匿不出。皆朝臣之選。熊興麟、聞大成、朱維四、周師文、鄒見、陳有功、《死節傳上》文臣九人，除侯偉時、傅作霖、李與瑋外，餘六人他書罕見。滿大壯、楊進喜、惠延年、吳學，《死節傳下》武臣六人，除蕭鑛、朱旻如外，餘四人他書罕見。皆忠義之徒。以及劉季鑛等皆志節之士，《季鑛傳》云：「劉同升之子。兄伯欽、仲鐏，亢節不仕。吉安人士。慕文山遺烈，不肯屈節者，比肩相屬。廬陵甘永、安福周玒、歐陽霖、陳覲、周鼎瀚之弟鼎泗，皆鄉舉也。」晏霱明等皆彬雅之儒，《霱明傳》云：「瞿式耜延恤人士，一當品藻，即予奏薦。」今按：

下文所舉人士，自安慶錢秉鐙、吳縣吳其畾、休寧吳霖、仁和姚端四人外，有宜興李來、蘇州汪郊、三原溫溥知、孝感彭焱、安福王華玉，此五人罕見他書。於文獻均有裨益。若夫他書罕載之事，如瞿式耜、《傳》言通山王請上馬，不行。何騰蛟、《傳》言其子文瑞殉難。焦璉、《傳》言謙讓不競，遇文吏不失舊制；又言移書諸將，沮孫可望王封。皮熊、《傳》言熊謀與水西相機收黔，水西滅，熊被執至雲南，粒米滴水不入口，八日而絕。張同敞、《傳》言同敞疏言不宜用北寺獄，考掠言官。王化澄怒，擬旨答云：詔獄廷杖，祖宗舊制，爾獨不念爾祖居正之杖鄒元標乎？同敞大恚，以辱詆其祖，抗疏申理，尤爲化澄所恨。嚴雲從、《傳》言封清江伯，自以一品覃恩，乞封其高祖嵩、曾祖世蕃。部議：嚴嵩父子爲昭代姦臣稱首，百年公論不容，世蕃身伏誅譴，國法昭垂。雲從即功侔李、郭，亦不能翻七朝之國憲，而以恩綸被戎首，況其鞱絏之勞，承恩受爵者乎？乃但封其父祖而不及世蕃。李國輔，《傳》言爲司禮太監韓贊周養子。贊周於宏光中引疾乞休沐。國輔居宮中，常侍左右，馬士英導上爲淫樂，國輔每從容泣諫。各傳所言，並足以資考證，固有關掌故之書也。

　　所惜者，己丑、庚寅在肇慶、梧州時，疑五虎爲正人，引爲同志，過信其言。《桂王紀》云：「吳貞毓、萬翱、程源、張孝起等疏攻金堡，丁時魁、劉湘客、蒙正發、袁彭年。詔貸置彭年勿問，逮堡等下錦衣衛獄拷之。」《嚴起恒傳》云：「起恒匍伏舟次，泣奏諫臣非今所宜譴，嚴刑非今所宜用，請貸堡等。上不聽。」潘氏宗洛《船山先生傳》云：「是時粵中國命所繫，則瞿式耜與其少傅嚴起恒。先生約中舍管嗣裘與俱，告嚴起恒曰：『諸君棄墳墓，捐妻子，從王於刀劍之中，而黨人殺之，則志士解體。雖欲效趙氏之亡，明白慷慨，誰與共之者？』起恒感其言，爲力請於廷。」今按：堡等所彈劾者，自陳邦傅、馬吉翔、龐天壽外，惟王化澄貪鄙無物望。至於朱天麟、吳貞毓諸人，特與堡等意見不合，妄加詆毀，即起恒亦曾爲所誣。先生此書及文集《章靈賦》自注，並推重式耜、起恒，允孚公論。而於天麟、貞毓等深爲不滿，未免意見之偏。故起恒之救五虎，先生之勸起恒，皆不失爲君子。而五虎終不得竊附於君子之林，則天下後世固有公論也。既而袁彭年復叛，丁時魁亦降，先生深以爲悔。先生《家世節錄》云：「先君之訓，如日在天。使夫之能率若不忘，當不致與匪人力爭，拂衣以遯，或得披草凌危，以頸血濺御衣效嵇侍中。何至棲遲岐路，至於今日，求一片乾淨土以死而不得哉！誨爾諄諄，聽我藐藐，小子之弗克靖也。人也非天只矣。」今考《節錄自序》，署永曆十二年戊戌，其上文述尊人武夷先生之訓，謂以身殉他人之道，何似以身殉己之道。蓋先生亦自悔其偏信五虎矣。然瞿忠宣亦上七疏救五虎，觀過知仁，要不失爲君子之黨也。然與金堡猶相酬和，先生《夕堂戲墨·讀甘蔗生遣興詩次韻而和之》，《序》云：「借山在靈谿所作，想者跛漢白椎又換。」按：詩中用「衛公」二字，自注云：「甘蔗生故字。」今考衛公係金堡之字，堡又號借山，亦稱甘蔗生。序中稱爲跛漢，因其受杖後左足跛也。堡爲僧後，

品行益卑，故黃晦木斥其墮落於沿門托鉢之堂頭，檀默齋目爲勢利和尚，而先生當日因道途隔絕，未之知也。否則唾棄之不暇，尚肯和其詩哉？與蒙正發亦相往來，先生《六十自定稿》甲寅年有《送蒙聖功暫還故山》七律一首，乙卯年有《萍鄉中秋同聖功對月》七律一首。聖功即正發之字。二人歿後，仍作哀挽詩詞。《六十自定稿》己未年有《聞聖功訃遽賦》五律一首，《鼓棹初集·尉遲杯》一闋題，係「聞丹霞謝世遙爲一哭」。丹霞爲堡出家時所居之地。堡與正發均爲清議所非，而先生篤志舊交，哀憫其死，所謂「故者無失其爲故也」。又曾爲劉湘客作生日詩，《先生五十自定稿》庚寅年有《劉端星學士初度》詩，端星即湘客之字。故纂輯此書，未免以先入之言爲主，凡堡等所深怒積怨者，如朱天麟、《傳》言說陳邦傅通孫可望，爲殺嚴起恒、金堡地。今按：邦傅請世守廣西如黔國公故事，天麟執不許，斷無交通邦傅之事。堡特憾其擬論譏之耳。吳貞毓、《傳》言胡欽華爲孫可望請封，貞毓乃密具啓稱臣於可望。梧州亂，上奔潯南，貞毓走死於亂軍。今按：貞毓與嚴起恒共阻可望王封，起恒被殺，貞毓以奉使獲免。後在安隆謀除可望遇害，名列十八先生之首，爲有稱臣可望之事？堡特憾其倡眾糾之耳。郭之奇、張孝起、《之奇傳》言之奇「就李成棟乞降」，又言「之奇遁，復降，死」。《孝起傳》言：「孝起逃去，不知所終。」今按：之奇團聚鄉勇，守樂民所，爲陳奇策等聲援。後被執，至廣西省城，不屈死。孝起巡撫高、雷、廉、瓊四府，龍門島破，被執，不食七日死。我朝並予諡忠節，並無逃降之事。堡特憾其聯名彈劾耳。魯可藻、《傳》言乾沒狼藉，粵陷不知所終。今按：全紹衣謂可藻仕桂王，蓋章曠之亞，出堵允錫上，事去不辱，亦難能者也，諒不至有乾沒狼藉之事。堡特憾其曾相攻擊耳。吳炳、《傳》言與劉承允同降，強餐熱酥茶、燒豚、炙牛而死。今按：炳由城步械送衡州湘山寺，不食死。我朝予諡忠節。並非降後強餐而死。堡特以其爲貞毓之叔，從而詆之耳。傳中率加貶詞，與堡稍有嫌隙者，如黃端伯、《姜曰廣傳》言黃端伯挾左道惑眾，呈身馬士英，訐奏曰廣。今按：南都不守，端伯從容就義，我朝予諡烈愍。其官禮部主事，即曰廣所薦，何嘗「呈身士英，訐奏曰廣」？特因曾官杭州推官，堡乃其部民，必與之有夙嫌耳。姚奇允、姚端、《金堡傳》言堡里居亦以抗直折勢要，仁和令劉堯佐與在籍主事姚奇允因緣爲奸利，堡對巡按御史廷摘之。《朱昌時傳》言桂林陷，待詔姚端降。今按：奇允，錢塘人，由進士授南海知縣，力絕苞苴，政聲大起。遷兵部主事，改御史，巡按廣東。與郭維經同援贛州，城破，肅衣冠，入文廟，自縊死。我朝予諡節愍。其子端亦於柳州殉難。何嘗如堡所言？特因同鄉有隙，藉修舊怨耳。王興、《陳子壯傳》言王興徒爲暴於鄉里。今按：興係漳州人，官虎賁將軍，封廣寧伯。桂王奔緬，兩粵既定，興猶堅守文村，踰十一年。散遣所部，然後闔室自焚。我朝予諡烈愍。諸書皆言其死志光明，無爲暴鄉里之事。疑亦堡在閩、粵時，與堡不協，被以此名耳。亦多不滿；雖復忠烈如何騰蛟，而與堡不合，則詞有抑揚；甚至反覆如陳友龍，而爲堡所私，則

語多迴護。《陳友龍傳》言劉承允降孔有德，友龍舉軍大慟，承允勸有德脅友龍，捕送何氏，騰蛟稱其妻已殉難，詔賜祭，加恤贈。《郝永忠傳》言騰蛟以私憾，嗾永忠攻陳友龍，金堡請下詔討之。朝廷憚騰蛟，護愛之，爲下詔切責堡。今按：騰蛟妻王氏，黎平人。友龍欲執氏以招其夫，氏泣曰：「吾可死，不可降。且夫爲忠臣，吾獨不能爲節婦乎？」遂自刎。見《一統志》「貴州黎平府列女」門。其殉難之烈，本屬昭然。況乎黎平守將蕭慮不從友龍之招，城破自刎，我朝予諡烈愍。而友龍之死不加齒錄，誠以其既降復叛，反覆無常，見殺於永忠，本由自取，無足惜也。堡之袒友龍而謗騰蛟，不一而足。大都怨望切責，而強詞迴護，不恤倒置是非耳。未免因採訪不實，至涉紛岐。然先生疾惡甚嚴，不愧古之遺直，其失秖由偏聽，而非逞一己之私。既知此類爲堡等舞文，置之不論，其全編仍足以傳信，而於史學有功。所謂史非一家之書，實千載之書，袪其疑乃能堅其信，指其瑕益以見其美也。故縷析言之，俾閱者知所擇焉。

海州文獻錄序　代

鄭康成《論語注》云：「獻猶賢也。我不以禮成之者，文章賢才不足故也。」後儒以詩文人物彙次成書，名之曰文獻者，蓋昉於此，而體裁亦各不同。有但述文者，若鄭虎臣《吳都文粹》是也；有但述獻者，若盛楓《嘉禾獻徵錄》是也；有名雖言獻而實則僅載文者，若李時漸《三臺文獻錄》是也；有名雖言文而實則止紀獻者，若黃潤玉《四明文獻錄》是也；有所重在文而以獻爲別帙者，若鄭岳《莆陽文獻列傳》是也；有所重在獻而以文爲附記者，若李濂《祥符文獻志》是也；有分述文獻而判爲二冊者，若王崇炳《金華文略》、《金華徵獻略》是也；有合舉文獻而勒爲一書者，若程敏政《新安文獻志》是也。綜而論之，其繁簡疏密互有參差，然所摭拾搜羅者，皆不外乎詩文人物，而地利土風之實跡、良法善政之大端，則語焉而弗詳，無以挈其要領。雖於文章賢才之古訓亦屬相符，而於文獻成禮之微言究難盡合。蓋秖就詩文人物以求文獻，而不復援文獻以爲禮徵，斯掌故未能悉具耳。

余同年友海州許君石華，績學好古，撰著等身。少時佐唐陶山先生分纂州志，識者服其精審，數十年無異詞。茲復就修志以還，采輯於簡策、閱歷於見聞者，萃爲巨編，題曰《海州文獻錄》。〔註24〕凡事在《唐志》以前者，

〔註24〕清道光二十五年（1845）刻本《海州文獻錄》卷首僅有麟慶敍，云：
　　余官江南，得交許君石華，蓋知名者四十年老名士也。其少時，受知唐陶山
　　先生，先生奇其才。時以海州舊乘缺略，開志館於州廨之肆雅齋，延石華與

則補其偶遺；事在《唐志》以後者，則補所未及。蓋雖不肯以續志自居，而綱舉目張，已得續志之體。不特詩文人物溯厥淵源，抑且經畫謨猷析其本末。自來敘一方文獻者，未有如是之完備也。

　　余考鄭氏《大傳注》云「文章，禮法也」；《內則注》云「獻猶言也」；與《論語注》正相表裏。證以韋氏《國語注》云「文，典法也」；楊子《荀子注》云「文謂法度也」，是典禮之可法者，無非文矣。向氏《莊子注》云「獻，善也」；王氏《莊子注》云「獻，章也」；是善言之有章者，無非獻矣。馬氏《文獻通考自序》云：「凡敘事則本之經史，而參之以歷代會要，以及百家傳記之書。信而有徵者從之，乖異傳疑者不錄。所謂文也。凡論事則先取當時臣僚之奏疏，次及近代諸儒之評論，以至名流之燕談稗官之紀錄。凡一話一言，可以訂典故之得失，證史傳之是非者，則採而錄之。所謂獻也。」其闡發文獻之義，可謂確切著明矣。今觀許君此書，分卷十六，每卷一門，其中顯然為文者，有「藝文」、「金石」兩門；顯然為獻者，有「宦績」、「人物」、「列女」三門。其餘之十一門，如「方域」、「群山」、「水利」、「勝蹟」，則輿圖之沿革也；如「票鹽」、「倉儲」、「學校」、「祀典」、「寺觀」，則制度之損益也；如「雜綴」、「考證」，則事蹟之異同也。雖似由文獻以推廣之，而仍據文獻以核定之，近則守馬氏之言，遠則契鄭氏之旨，信乎其深於禮教，而能博徵文獻以成州乘之全書矣。它郡之錄文獻者，尚其奉此為準哉！

其弟月南分任纂修，成巨製三十二卷，號為《唐志》，體例一新。志成二年，石華舉於鄉，既而出宰岱，下民愛之，呼為許青天。歸田後，主海州講席，江淮學者爭趨其門。值海疆不靖，君集眾據險，遙為控制。時余奉命防堵，宴然無東顧之憂者，資其保障也，疏聞敘加京秩。君宦情久淡，仍退而講名山事業焉，著有《東平州志》、《雲臺新志》、《球陽瑣語》、《票鹽志略》諸書。文章經濟，卓然足傳。念《唐志》既成以後，迄今又四十年。期間疆域沿革，陵谷異名，人事改觀，風俗變異，拾遺補缺，引為己任。乃舉平時所輯志料，編次成帙，以補前志之遺，顏曰《海州文獻錄》。其纂述凡例，見於各卷案語，及末卷「考證」一門。經心史識，擇精語詳，讀者有望洋之歎。然其《自敘》曰：「志以經世，非以博物。」今觀所錄十六卷，於「水利」則詳載名臣奏議，及童石塘太守二千餘言；而尤於「票鹽」一卷，盛稱陶文毅公之成績，謂近來義倉儲穀，構舍橫經，河渠深通，關梁整飭，設防肆干城之選，崇文裕公車之費，皆由礮綱再造，成太平之宇，而彰志乘之光。此固今日海州之大勢也。其「勝蹟錄」首稱物阜人熙，「金石錄」冠以印心石屋。作者與毅公相知最深，可以喻其微旨。然則讀是編者，勿徒訝其沉博絕麗之才，而能得其輔世長民之意，是則石華之知己也。顧文軒司馬來京師，君寓書徵敘。文軒歸程甚速，走筆應之。其以余為能知其深否？道光乙巳孟冬長白麟慶撰於京邸之玲瓏山館。

揚州恤嫠局新建總坊記　代〔註25〕

昔劉子政著《列女傳》，紀魯之母師、宋之女宗，其號乃當時人君所賜，

〔註25〕　文中言及「前守李公璋煜甫釐定恤嫠章程，未遑詳請建坊。嗣是溫公予巽、
樊公師仲先後涖揚，經理雖有端倪，而皆以遷轉他官，不克蒇事。余以庚子
春，來守此郡。」檢《同治續纂揚州府志》卷六《秩官》，「揚州府知府」依
次載李璋煜、文俊、溫予巽、樊師仲、汪於泗。檢許正綬代作的《揚州恤嫠
局新建總坊記》，文末稱「汪師命作是記」，可知此文乃代汪於泗而作。《同治
續纂揚州府志》稱「灤州人。進士。二十一年任」（《中國地方志集成·江蘇
府縣志輯》42，江蘇古籍出版社 1991 年版，第 710 頁），而此文稱「余以庚
子春，來守此郡」，許正綬稱「庚子春，予來守是邦」，庚子乃道光二十年，
稍有不合。另外，檢江慶柏編著《清朝進士題名錄》（中華書局 2007 年版，
第 818 頁），知汪於泗爲道光二年壬午恩科（1822）進士，二甲三十三名，直
隸永平府灤州人。
附許正綬《揚州恤嫠局新建總坊記〔代〕》（許正綬《重桂堂集》卷九，《清代
詩文集彙編》第 592 冊，第 368～369 頁）於下：
昔劉子政著《列女傳》，稱魯母師，宋女宗，其號蓋出君賜，旌表實昉此。嗣
是，沛郡義嫠、淮陽孝婦，代止數人，係曠典非定例也。隋始以旌表著爲令，
歷代承之，列女之載史冊遂多。第民間請旌，由州縣達憲司至部。其事委曲
繁重，殷實者猶可黽勉，寒素之家無力陳請，大率湮沒不彰，法未盡善。
國家褒獎之典，超越往代，凡從前貞烈婦女之未經闡揚者，例予補請旌表，
並許地方官總建一坊。事歸簡易，毫無遺漏。國帑不至虛縻，皇仁更爲廣被，
法善而勸善之意愈善矣。揚郡夙號名邦，風俗淳美，砥行礪節，婦女代不乏
人，而阨窮無告者實居大半。
嘉慶乙丑，前甘泉訓導鄭君環，請於前制軍陳公大文、都轉曾公燠，創恤嫠
局。時儀徵阮公方，讀禮家居，與前守伊君秉綬，採訪郡中合例而未請旌者，
皆題名節孝祠，並載郡邑志，擬在局建坊。會伊君奉諱歸，文達亦服闋補官，
事遂中輟。道光丁亥，揚人士欲彙冊請旌，時李君璋煜權揚篆，先爲釐定恤
嫠章程。方議建坊，旋受代去。嗣是溫君予巽、樊公師仲先後涖揚，經理稍
有端倪，而皆以遷轉他官，不克蒇事。庚子春，予來守是邦，延紳士魏大令
廷瑜、程指揮光治、吳孝廉文鏄、劉明經文淇，僉同商榷，在局總建一坊。
凡婦女家世及守節年歲，別立石鑲置堂壁，並申明每屆三年，局中裒其應請
舉旌者，無論存歿，一體開報。俟部覆到日，將各姓氏續刊入題名石中，不
必格外請帑建坊。其各家子孫願自行建坊者，悉聽其便。議既定，詳請裕撫
軍於庚子七月特疏具題，經禮部議上，得旨允行。爰屬甘泉令盧君元良詳細
勘核，諏吉興工，於公局大門外，營建總坊。即屬魏、程、吳、劉諸君董正
之，凡用錢八百緡，皆節省局中經費而出。落成後，諸君乞作文以記實。予
謂婦女飲冰茹蘗，矢志終身矢艱貞，豈計名譽？而官斯土者，若不代爲表揚，
一任烈魄貞魂與草木同腐，清夜思之，安乎？否乎？今予與諸君續成此舉，
用以發潛德之幽光，而信今以傳後，聞風者知所感觀，薰德者從而善良，人
心日以正，風俗日以醇，可不謂厚幸歟！繼自今，恪守舊章，俾此局得與此
坊並永，我揚郡秉義守禮之風，庶幾爭自濯磨，相承勿替也已。爰述興建之

說者謂旌表之事，昉於此焉。顧自兩漢以來，如沛郡義嫠、淮陽孝婦，爲朝廷所獎勵者，每代不過數人，以其本特恩而非定例也。隋時以旌表貞節著於令甲，唐代因之。沿及元明，相承不替。故列女之著於史冊者，較前世爲多。豈非勸善之道既廣，斯紀載爲尤詳哉。然民間請旌，必由州縣，以達禮部。其間文移往復，委曲繁重，在殷實者猶可黽勉從事，而寒素之家無力陳請，因而泯沒不彰者，蓋不少矣。

欽惟我朝褒揚之典，超越前代，凡貞烈之世遠年湮者，例許其補請旌表，而遭寇遇害之婦女，亦許其總建一坊。蓋就撙節之中，即寓表章之意。故國帑不至虛糜，而皇仁復可均被，誠法之最善者也。揚州爲東南大郡，風俗素稱淳美，砥行立節之婦女恒不乏人，而阨窮無告者實居大半。

嘉慶乙丑，甘泉訓導鄭君環，請於制軍陳公大文、都轉曾公燠，立恤嫠會，以助養贍之資。其時儀徵相國阮公方讀禮家居，與前守伊公秉綬採訪郡城貞節合例而未請旌者，凡若干人，皆題名於節孝祠，並列姓氏於郡邑志，意欲爲請總坊。會伊公奉諱返里，相國服闋補官，茲事遂輟。道光丁亥，武進陽湖舉貞節三千餘人，請建總坊，得邀俞旨。於是揚人欲彙冊請旌者，益復踊躍從事。前守李公璋煜甫釐定恤嫠章程，未遑詳請建坊。嗣是溫公予巽、樊公師仲先後涖揚，經理雖有端倪，而皆以遷轉他官，不克蕆事。余以庚子春，來守此郡。甫下車，即延董局紳士魏大令廷瑜、程指揮光治、吳孝廉文鑄、劉明經文淇等，在局公同商榷，建一總坊。其婦女家世及守節年歲，則別勒石於堂壁，並申明嗣後每屆三年，局中覈其應請旌者，無論存歿，一體舉報。俟部覆到日，將旌表姓氏附刻題名之石，不必請帑立坊。至於各家子孫昌熾，願自行建坊者，悉聽其便。議既定，即上諸行省。今欽差大臣兩江總督裕公時官江蘇巡撫，於七月間特疏具題，經禮部議上，奉旨允行。爰屬甘泉令盧君元良詳細勘核，遂以今歲六月諏吉興工。既立貞珉，復修公局。即屬魏、程諸君稽其工料，董其興作，凡用錢八百緡，皆就省局中經費，爲之閱月而落成，諸君乞余作文以記。余謂表微闡幽，令閭閻有所觀感，不獨有司職所當爲，即鄉之士大夫，亦與有責焉。方今值國家重熙累洽之時，封疆大吏咸以維持風教爲心，故余與諸君得藉手以成此舉，而下次彙報之歲，

由，俾後之守郡及司局者有所考焉。

汪師命作是記，鄙意欲就簡當，師謂前後原委題宜詳敍，不以辭煩爲嫌，爲親增訂之如此。〔並記。〕

則題名於節孝祠及載於郡邑志者，亦得援例請旌。用遂前此者未竟之業，可不謂厚幸歟！繼今以往，恪守舊章，使良法美意不至視為具文，而此局得與此坊並永，是則余之所當自勉，而亦諸君所當共勉者也。故詳述興建之由，俾後之守郡及司爲者有所考焉。

蘄水郭氏七修譜序　代

譜牒之學，與史傳相爲表裏，而其義則本於禮經。故太史公《三代世表》旁行斜上，並效周譜；班氏《漢志》列《世本》於「春秋家」。後之史官志經籍藝文者，以譜牒入史部，實昉於此。蓋《春秋》固古史之名，其起例發凡，莫不以《周禮》爲主。「小史」所謂「奠系世，辨昭穆」〔註26〕，《大傳》所謂「尊祖」、「敬宗」、「收族」〔註27〕，皆恃有譜牒以考其支分派別，而溯其木本水源，俾族屬觀譜者，油然生孝友之心，則經義之有功於世教也大矣。由漢至唐，百家之譜著錄於史志者，自《元和姓纂》之外，均已散佚不存。宋時士大夫之譜系，流傳至今者，以廬陵歐陽氏、眉山蘇氏爲最顯。其體裁簡覈，可爲修譜法程。近代崑山顧氏、鄞縣萬氏又從而推廣變通，義例愈加完密。蓋其撰著之善，由於經術之深。昔人謂「譜牒雖史之緒餘，然非讀全史者不能作」〔註28〕。廷槐則謂宗法乃禮之綱領，亦非習《三禮》者不能明。自慚學業未精，不足以誦芬述德，猥承族眾推許，舉充宗譜督修。

敬惟我郭氏之先，出自周之虢叔，而盛於唐之汾陽忠武王。宋初，承事公由東平遷居蘄水，十傳以後，蕃衍熾昌。前此譜凡六修，自嘉慶甲戌迄今四十餘載，生齒滋茂，亟宜續修。謹按：四修以上，皆合族之譜，而五修、六修則分支之譜。蓋自十一世定著四房，猶昔之聞喜裴氏分東眷、中眷、西眷，范陽盧氏分大房、二房、三房，源遠而流益分，則彙纂合修殊爲不易。故斷自奉政公以下，仿唐人趙郡東祖李氏家譜之例，標以蘄水郭氏，善分宗譜，專紀大宗一支，欲其易於纂修，且易於尋檢也。今亦率由舊章，循世增輯，其傳系體例一遵前譜，規模編次既全，爰仿六修成法，用聚珍板式排比印行，工省價廉，蕆事迅速。族眾復屬廷槐序其緣起〔註29〕。

〔註26〕見《周禮·春官·宗伯第三》。

〔註27〕見《禮記·大傳》。

〔註28〕語出錢大昕《潛研堂文集》卷二十六《鉅野姚氏族譜序》。

〔註29〕上文稱「廷槐則謂宗法乃禮之綱領」，此又稱「族眾復屬廷槐序其緣起」，可知此文乃代郭廷槐而作。

竊謂譜牒之屢修，所望於宗人者，不僅在繫姓綴食，而尤在保世亢宗。嘗讀柳氏《家誡》云：「夫門第高者，可畏不可恃。門高則自驕，族盛則人之所嫉。名門右族，莫不由祖考忠孝勤儉以成立之，莫不由子孫頑率奢傲以覆墜之。」〔註30〕其垂訓之意，可謂深切著明矣。抑思今日為人子孫者，異日亦將為人祖父。唐人言「蘇瓌有子，李嶠無兒」〔註31〕，宋人言「蔡襄有後，蔡京無後」。為人子孫而使祖父不欲有此子孫，則無以亢其宗矣。為人祖父而使子孫不敢稱為祖父，則無以保其世矣。念及於此，則凡為卑幼者固當自警，即凡為尊長者亦焉可不自省哉！吾宗世澤綿長，培基深厚，士食舊德，農服先疇，數百年來，弓冶相承，簪纓日盛。惟願繼今以往，父詔其子，兄勉其弟，以忠孝為吾家之寶，經史為吾家之田。庶幾先緒續延，後昆垂裕，門閥益大，譜牒益繁，以昭來許而傳無窮。此則凡我族人所當共勗也夫。

宋本百家姓考

《百家姓》以趙姓居首，其書必作於宋代。陸放翁《村居》詩云：「兒童多學鬧比鄰，據案愚儒卻自珍。授罷村書閉門睡，終年不著面看人。」自注云：「農家十月乃遣子入學，謂之多學，所讀《雜字》、《百家姓》之類，謂之村書。」《十駕齋養新錄》云：「今鄉村小兒所習《百家姓》一書，蓋猶宋人所習。以趙為首，尊國姓也。」〔註32〕次以錢、孫、李三姓，論者謂錢為吳越王之姓，孫為吳越王妃之姓，李為南唐國姓。今考宋太祖興於建隆元年正月，歲在庚申，南唐後主亡於開寶八年十二月，歲在乙亥，首尾凡十六年。而開寶七年九月，太祖已命吳越出師，夾攻南唐，是歲在甲戌。吳越即奉宋命與南唐構兵，其境內之人編《百家姓》者斷不列李姓於首句。然則此書之成必在庚申正月以後，甲戌八月以前，其為宋初之人所輯無可疑矣。

至於宋本與今本有無異同，則自來未見言及之者。頃閱南宋謝氏維新《古今合璧事類備要》，其自序作於理宗寶祐六年，歲在丁巳。書分前、後、續、別、外五集，就中《續集》自卷七至卷二十八共二十三卷，皆謂之「類姓門」，即係依《百家姓》次第編錄，可以考見宋本原文。蓋卷七至卷十皆載四姓，趙、錢、孫、李、周、吳、鄭、王、馮、陳、褚、衛、蔣、沈、韓、楊。卷十一至卷十三皆載

〔註30〕　語見《新唐書》卷一百六十三《柳玭傳》。
〔註31〕　語見唐代李濬《松窗雜錄》。
〔註32〕　《十駕齋養新錄》卷十六「《百家姓》」條。

八姓，朱、秦、尤、許、何、呂、施、張、孔、曹、嚴、華、金、魏、陶、姜、戚、謝、鄒、喻、柏、劉、竇、章。卷十四載十六姓，雲、蘇、潘、葛、奚、范、彭、郎、魯、韋、昌、馬、苗、鳳、花、方。卷十五載二十四姓，俞、任、袁、柳、酆、鮑、史、唐、費、廉、岑、薛、雷、賀、倪、湯、滕、殷、羅、畢、郝、鄔、安、常。卷十六、卷十七各載二十姓，樂、於、時、傅、皮、卞、齊、康、伍、余、元、卜、顧、孟、平、黃、和、穆、蕭、尹、姚、邵、湛、汪、祁、毛、禹、狄、米、貝、明、臧、詰、伏、成、戴、談、宋、茅、龐。卷十八至卷二十皆載十六姓，熊、紀、舒、屈、項、祝、董、梁、杜、阮、藍、閔、席、季、麻、強、賈、路、婁、佘、江、童、顏、郭、梅、盛、林、刁、鍾、徐、邱、駱、高、夏、蔡、田、樊、胡、凌、霍、虞、萬、支、柯、昝、管、盧、莫。卷二十一、卷二十二各載二十四姓，經、房、裘、繆、千、解、應、宗、丁、宣、賁、鄧、郁、單、抗、洪、諸、包、左、石、崔、吉、鈕、龔、程、嵇、邢、滑、裴、陸、榮、翁、荀、羊、於、惠、甄、曲、家、封、芮、羿、儲、靳、汲、邴、糜、松。卷二十三載二十八姓，井、段、富、巫、烏、焦、巴、弓、牧、隗、山、谷、車、侯、宓、逄、全、郗、班、印、秋、仲、伊、宮、寧、仇、欒、暴。卷二十四載三十六姓，甘、斛、厲、戎、祖、武、符、玉、景、詹、束、龍、葉、幸、司、昭、郜、黎、薊、薄、印、宿、白、懷、蒲、邰、從、鄂、索、咸、籍、賴、卓、藺、屠、蒙。卷二十五載三十二姓，池、喬、陰、尉、胥、能、蒼、雙、聞、莘、黨、翟、設、貢、勞、蓬、姬、申、扶、堵、冉、宰、酈、雍、卻、璩、桑、桂、濮、牛、壽、通。卷二十六載四十姓，邊、扈、燕、冀、郟、浦、尚、農、溫、別、莊、晏、柴、瞿、閻、充、幕、連、茹、習、宦、艾、魚、容、向、古、易、慎、戈、廖、庾、終、暨、居、衡、步、都、耿、滿、宏。卷二十七載三十二姓，匡、國、文、寇、廣、祿、闕、東、歐、殳、沃、利、蔚、越、夔、隆、師、鞏、庫、聶、晁、勾、敖、融、冷、訾、辛、闞、那、簡、饒、空。卷二十八載二十四姓，曾、毋、沙、乜、養、鞠、須、豐、巢、關、蒯、相、查、侯、荊、紅、游、竺、權、逯、蓋、益、桓、公。共四百有八姓。自「趙錢孫李」至「蓋益桓公」，此四百有八字，係宋初人所編《百家姓》原文。卷二十八「公」姓之後有案語云：「以上四百單八姓，並依目今書市〔註33〕俗本《百家姓》銓次。不依韻略次序，蓋欲便世俗上下之通用也。」可以考見宋本之舊。至於卷二十九亦謂之「類姓門」，所載凡十四姓，危、遲、商、歸、鹿、晉、續、隨、敬、祭、員、扁、木、京。係摘錄《續編百家姓》。「京」姓之後有案語云：「右一十四姓並依見今書市《百家姓續添》者，摘其顯姓，依次第編入。若《百家姓〔註34〕》所載不及者，則是隱僻之姓，不復通上下之用也。」卷三十謂之

〔註33〕 按：市，《古今合璧事類備要續集》原作「字」。（文淵閣四庫全書第940冊，第582頁）

〔註34〕 按：姓，《古今合璧事類備要續集》原無。（文淵閣四庫全書第940冊，第585頁）

「複〔註35〕姓門」，所載凡十七姓，公孫、東方、閭邱、第五、水邱、歐陽、諸葛、西門、獨孤、司空、司馬、上官、令狐、公羊、鮮于、万俟、聞人。亦係摘錄《續編百家姓》。「聞人」之後有案語云：「以上複〔註36〕姓一十七〔註37〕姓，皆目今之顯姓，並依俗本書市《百家姓》類次編葺，其餘僻姓姑且略去。」所謂《續編百家姓》，諒亦用韻之文，衹因謝氏未載其全，今則久無傳本。然當日編次之例，但有刪節而無改移，卷二十八案語云：「外有《百家姓內、續添》，類姓及複〔註38〕姓，今就內再摘其顯姓，並用一二次第編葺。」卷二十九案語云：「《續添百家姓》，今依書市俗本依次編仍，只類出顯姓。」卷三十案語云：「今依書市俗本《百家姓》內摘顯姓，次第編入。」尙得想像其原書梗概。既能使後人知有《續編》之名，並可據此而知今本。自万俟、司馬至司徒、司空，所列複〔註39〕姓三十，不但爲初本所無，亦復與《續編》迥異。今本有而此書亦有者，万俟、司馬、上官、歐陽、諸葛、聞人、東方、公羊、公孫、令狐、司空，凡十一姓。今本有而此書無者，夏侯、赫連、皇甫、尉遲、澹臺、公冶、宗正、濮陽、淳于、單于、太叔、申屠、仲孫、軒轅、鍾離、宇文、長孫、慕容、司徒，凡十九姓。今本無而此書有者，閭邱、第五、水邱、西門、獨孤、單于，凡六姓。至於次第先後，更屬迥不相同。其有裨於考證也大矣。

　　若夫類姓之異同去取，則更有可得而言者。「計伏成戴」之「計」，宋本作「詁」。謝氏注云：「京兆。宮音。詁姓。古今無傳，恐即古字。今從《古姓考》。按：《風俗通》：『古公亶父之後，因氏焉。晉平公時有舟』人古乘。」「向古易慎」之「古」，謝氏注云：「新安。羽音。與前詁音通。」今按：《廣韻》十姥古字下云：「又姓。周太王去邠適岐，稱古公，其后氏焉。《蜀志》有廣漢功曹古牧。」詁字下但言詁訓而不言姓。王氏應麟《姓氏急就篇》以訓故連言而無詁字。謝氏謂詁姓「古今無傳，恐即古字」，其說是矣。《廣韻》「計」字下云：「又姓。後漢有計子勳。」是計姓本古來所有，宋本《百家姓》當在續編。「賈路婁危」之「危」，宋本作「佘」。謝氏注云：「音蛇，始奢切，雁門。商音。南昌洪州有佘氏，開元有太學博士佘欽。」「伍余元卜」之「余」，謝氏注云：「下邳。商音。《風俗通》云：『由余之後，代居歙州。』《姓氏急就篇》自注云：「佘氏，《姓苑》出南昌，今新安有之。唐佘欽改爲余。」又云：「余氏。《風俗通》：『秦由余之後。』《姓苑》：「新安人。」梁有餘孝頃、余知

〔註35〕　「複」，原刻作「覆」，誤，今改正。
〔註36〕　「複」，原刻作「覆」，誤，今改正。
〔註37〕　按：一十七，《古今合璧事類備要續集》原作「一十八」。公羊、鮮于之間，另有皇甫，據《續添》補。（文淵閣四庫全書第940冊，第591頁）
〔註38〕　「複」，原刻作「覆」，誤，今改正。
〔註39〕　「複」，原刻作「覆」，誤，今改正。

古，見《藝文志・四門直講》。余氏見儒學傳。」今按：《廣韻・九魚》「余」字，音以諸切，注云：「又姓，《風俗通》云：秦由余之後。《何氏姓苑》云：今新安人」；《九麻》「余」字，音視遮切。注云：「姓也，見《姓苑》。出南昌郡。」蓋古字有餘無余，故魚、麻兩韻所收皆繫於字。聲音雖有不同，而點畫未嘗少異。《十駕齋養新錄》云：「《廣韻》余姓有二。一以諸切，一視遮切。今人妄造『佘』字，讀爲視遮切，非也。予又考《漢書景十三王傳》『使男子茶恬上書』，蘇林音『食邪反』，則余姓讀如蛇者，即茶之省文爾。」〔註40〕此說固極精確，然佘欽仕於唐開元間，其時已分余、佘爲兩姓，故《集韻・九魚》作「余」，而《九麻》作「佘」。則百家姓並載余、佘，未爲不可矣。《姓氏急就篇》自注云：「危氏，南唐危全諷、吳越危仔倡、宋危整、危積。」謝氏摘錄《續添百家姓》，列危姓於首，注云：「汝南。商音。」「郁單杭洪」之「杭」，宋本作「抗」，謝氏注云：「去聲。餘杭。商音。後漢有抗徐，太山都尉。抗代居丹陽。」今按：《姓氏急就篇》自注云：「抗氏，後有抗徐，爲長沙太守。」《風俗通》：「衛大夫三抗之後。漢有抗喜，爲漢中太守。」又云：「杭氏，出《姓苑》。杭州有此姓。」是抗、杭二姓皆古來所有，宋本《百家姓》「杭」字當在《續編》。又按：《廣韻・四十二宕》「沆」字下云：「又姓，漢有抗喜，爲漢中大夫，出《風俗通》。」而「抗」字下不載抗姓。《姓氏急就篇》亦云：「沆氏，《風俗通》有沆喜，俟考。」「全都班仰」之「仰」，宋本作「印」；謝氏注云：「口雨。宮音。《漢公卿表》御史大夫印抵。」今按：《廣韻・十一唐》印字下云：「又姓，漢有御史大夫印祗。五剛切，又魚兩切。」《姓氏急就篇》自注云：「印氏，漢有御史大夫印祗。」兩書「抵」皆作「祗」。《漢書公卿表》云：「孝武建元元年，齊相牛抵爲御史大夫。」師古曰：「抵音丁禮切。」據此則當以「抵」字爲是。至於「印」誤作「牛」，則傳寫之訛也。又按：《姓氏急就篇》自注又云：「仰氏，見《姓苑》。《呂氏春秋》：『舜時仰延益瑟八弦爲二十三弦。』吳越有寧國節度使仰仁詮。宋仰忻以孝稱。」是仰姓本古來所有，宋本《百家姓》當在《續編》。「甘鈄厲戎」之「鈄」，宋本作「斟」；謝氏注云：「遼西。宮音。夏諸侯斟灌斟尋氏之後，以國爲氏焉。」今按：《廣韻・二十一侵》「斟」字下云：「又姓。《國語》云：『祝融之後。』」《四十五厚》「鈄」字下云：「姓，出《姓苑》。」《姓氏急就篇》自注云：「斟氏、斟灌、斟尋氏，夏同姓國名，後相所依。《史記》姒姓有斟氏，又祝融八姓有斟姓。」又云：「鈄氏，見《姓苑》。吳越鈄滔，見《十國紀年通鑒》。」是斟、鈄二姓皆古來所有，宋本《百家姓》「鈄」字當在《續編》。「葉幸司韶」之韶，宋本作「昭」；謝氏注云：「太原。宮音。《楚詞》云：『昭、屈、景，楚之三族也。』戰國時楚有昭奚恤，上柱國。」今按：《廣韻・四宵》「昭」字下云：「又姓。《楚詞》昭屈景三族，《戰國策》楚有昭奚恤。」《姓氏急就篇》自注云：「昭氏，楚同姓，與屈、景爲三族。有昭奚恤、昭陽。《莊子》『昭文鼓琴』。」又

〔註40〕 《十駕齋養新錄》卷四《佘》。

云：「韶氏，見《姓苑》。」是昭、韶二姓皆古來所有，宋本《百家姓》「韶」字當在《續編》。「池喬陰鬱」之「鬱」，宋本作「尉」；謝氏注云：「音鬱。太原。宮音。與鬱姓通。鄭有尉止、尉翩。古賢有尉繚，著書號《尉繚子》。」今按：《廣韻·八未》尉字下云：「又姓。《左傳》鄭大夫尉止。於胃切，又紆物切。」《八物》郁字、尉字皆音紆物切。「鬱」字下注云：「又姓。」尉字下注云：「亦姓。又於魏切。」《姓氏急就篇》自注云：「尉氏，以官爲氏。鄭大夫尉止、秦尉錯、尉繚。」又云：「郁氏，見《姓苑》。」是尉、鬱兩姓皆古來所有，音亦相近，宋本《百家姓》「鬱」字當在《續編》。又按：「蔚越夔隆」之「蔚」，謝氏注云：「琅邪。羽音。《左傳》鄭大夫尉翩之後。」今考《姓氏急就篇》自注云：「蔚氏，宋有蔚昭敏、五代蔚進。」是蔚氏雖源出尉氏，而宋以前久分爲兩姓，故《百家姓》不妨兼載之也。「譚貢勞逢」之「譚」，宋本作「設」；謝氏注云：「宏農。徵音。」今按：《廣韻·二十二覃》「譚」字下云：「又姓。漢有河南尹譚宏。」《姓氏急就篇》有譚無設，自注云：「譚氏國在齊國南，爲齊所滅，譚子奔莒，因爲氏。又周襄王時大夫譚伯字典。」設字下云：「又姓，見《姓苑》。」是譚、設兩姓皆古來所有，宋本《百家姓》「譚」字當在《續編》。又按：設氏得姓源流，謝氏闕而未載，俟考。「慕連茹習」之「慕」，宋本作「幕」；謝氏注云：「敦煌。宮音。《風俗通》：『舜祖幕，支孫以王父字爲氏，見《左傳》。』」今按：《姓氏急就篇》自注云：「有幕無慕。幕氏，《國語注》虞幕後。」幕姓見《廣韻》。檢《廣韻·十九鐸》「幕」字下云：「又姓」；《十一暮》「慕」字下但載慕容複姓，而不載慕姓。似古來止有幕姓，更無慕姓矣。《字典》〔註41〕「慕」字下云：「又姓。又慕容，複姓。」俟考。「宓艾魚容」之「宓」，宋本作「官」；謝氏注云：「東陽。商音。」今按：《廣韻·二十六桓》「官」字下但載開官、上官二複姓，而不載官姓；《三十諫》「宓」字下亦不載宓姓。《姓氏急就篇》官、宓兩姓皆不載。《字典》〔註42〕「官」字下云：「又姓。又複姓」；「宓」字下云：「又姓。」俟考。「師鞏庫晶」之「庫」，宋本作「庫」；謝氏注云：「內黃。商音。《風俗通》：『古守庫大夫，因官命氏。』《後漢·竇融傳》：『輔義侯庫鈞。』」今按：《廣韻·十一暮》「庫」字下云：「又姓。《風俗通》云：『古守庫大夫之後，以官爲氏。後漢輔義侯庫鈞。』」《四十禡》「厙」字音始夜切，又昌舍切，注云：「姓也，出《姓苑》。今臺括有之。」《姓氏急就篇》云：「庫氏。《風俗通》：『古守庫大夫後，以官爲氏。』漢王嘉曰：『孝文時，居官者長，子孫以官爲氏。倉氏、庫氏，倉庫吏之後也。』」「厙氏，後漢庫鈞。」注：「今羌中有姓厙者，曰承鈞之後，見《姓苑》。」《十駕齋養新錄》云：「《後漢書·竇融傳》有京城太守庫鈞，《注》引《前漢書音義》云：『庫姓即倉庫吏後也。今羌中有姓庫，音舍，云承鈞之後也。』據此是庫有舍音，《廣韻》別出厙字，云：

〔註41〕即《康熙字典》。
〔註42〕即《康熙字典》。

『姓也。』此亦流俗之〔註43〕傳無稽之字。」《癸巳類稿・百家姓書後》云：「《釋名・釋車》云：『今聲近舍。』《釋宮室》云：『庫，舍也物所在之舍也。齊魯謂庫爲舍。』故庫狄氏亦音舍，皆沿漢時齊魯語音。今去『廣』從『厰』，當由姓庫者不能與俗爭音，甘去上筆以識之。」據諸說推之，是庫姓爲古來所有，厙姓即由庫姓而改。宋本《百家姓》「厙」字當在《續編》。

「查後荊紅」之「後」，宋本作「候」。謝氏注云：「東海。羽音。《周禮》：『候人氏子孫，因官爲姓。』」今按：《廣韻・五十候》「候」字下云：「又姓。《周禮》有候人，其后氏焉。」《集韻・四十五厚》「後」字下云：「亦姓。」《姓氏急就篇》自注云：「候氏。《周禮》有候人，其后氏焉。」又云：「后氏，五代漢有後匡贊。」是候、後兩姓皆古來所有，宋本《百家姓》「後」字當在《續編》。大都今本或因形相似而訛，或因聲相近而誤，皆當據宋本以校訂者也。「包諸左石」之「包」，諸宋本作「諸包」，則上下稍有參差。「車侯宓蓬」之「蓬」，宋本作「逄」；謝氏注云：「長樂。宮音。夏殷諸侯有逄公伯陵封齊國，其後子孫氏焉。齊師陳於鞌，邴夏御齊侯，逄丑父爲右。後漢逄萌，光武連徵不起。」今按：《廣韻・四江》「逄」字下云：「姓也。出北海。《左傳》人有逄丑父。」《姓氏急就篇》自注云：「逄氏，陳有逄滑、秦有逄孫、齊有逄丑父、楚有逄伯、吳有逄同。《穆天子傳》逄固，《列子》秦人逄氏。」又云：「逄氏，古有逄蒙。又姜姓，逄公伯陵封齊地，漢逄萌、逄紀。《藝文志・逄門射法》，即逄蒙，《史記》蠭門。」《廣韻》：「逄，姓。出北海。齊有逄丑父，唐逄行珪。」《十駕齋養新錄》〔註44〕云：「古音逄如蓬。『鼉鼓逢逢』，《釋文》：『逢，薄紅反。徐仙民音豐』，亦讀『豐』重脣也。《爾雅》云：『歲在甲曰閼逢。』《淮南・天文訓》作『閼蓬』。《莊子・山木篇》『雖羿、蓬蒙不能眄睨』，即《孟子》之逄蒙也。後世妄生分別，以『鼓逢逢』讀重脣入東韻，『相逢』字讀輕脣入鍾韻，又別造一『逄』字，轉爲薄江切，訓人姓，改逄蒙、逄丑父之『逄』爲『逄』以實之，則眞大繆矣。洪氏《隸釋》引司馬相如云：『烏獲、逄蒙之巧。』王褒云：『逄門子，彎烏號。』《藝文志》亦作『逄門』，即逄蒙也。《古今人表》有逄於何數人，陽朔中有太僕逄信，《左傳》有逄伯陵、逄丑父矣，漢有逄萌，皆作逄迎之逄。石刻有《漢故博士趙傅逄府君神道逄童子碑》，其篆文皆從夆。《魏元丕碑》有逄牧，《孔宙碑》陰有逄祈，《逄盛碑》陰有逄信，亦不書作逄。又謂漢儒尚借『蠭』爲『逄』，則恐諸『逄』當讀爲『鼉鼓逢逢』之『逢』。洪說是也。漢魏以前未有『逄』字，其爲六朝人妄造無疑。」據錢說推之，則古人但有逄字而無逄字，但有逄姓而無逄姓，故《廣韻》尚有逄無逄，至《集韻》始改《三江》之「逄」字作「逄」，注云：「一曰姓也，出北海。」而逄、逄始分爲兩姓矣。《姓氏急就篇》除複姓以外，凡類姓例不重見，而「逄」

〔註43〕 之，《十駕齋養新錄》卷四「庫」條原作「所」。（陳文和主編《嘉定錢大昕全集》第七冊，江蘇古籍出版社1997年版，第106頁）

〔註44〕 《十駕齋養新錄》卷五「古無輕脣音」條。

字獨前後兩收，一以逢掖聯文，係用《禮記・儒行》，必非逢字之誤；一以斟鬲逢聯文，係用《左傳》魏絳述窮羿寒浞之語。未知厚齋仍用逢字，而兼收薄江切之音歟？抑或從俗作逢而刻本改之歟？俟考。「譚貢勞逢」之「逢」，宋本作「蓬」。則前後偶有互易，謝氏注云：「扶風切。譙國。宮音。」今按：《姓氏急就篇》自注云：「蓬氏。《酉陽雜俎》北海人蓬球。」是古來本有蓬姓，明人刻謝氏書者，據誤本「蓬」字作「逢」，遂增『逢姓見前』四字於下。蓋疑其有重複，而不思「蓬」字本在《百家姓》也。至於目錄又誤刻作「逢」，或疑正文「逢」字乃「逢」字之訛，不知「逢」字本後出之字，「逢」姓乃後起之姓。宋本《百家姓》內縱使收入，亦必列於《續編》。若謂當在此處，則「逢」字乃係薄江切與皮江切，非扶風切也，謝氏安得注以此音哉？亦當據宋本以移正者也。其最奇者則「柏水竇章」之「水」，宋本作「劉」；謝氏注云：「彭城。宮音。帝堯陶唐氏之後，受封於劉，裔孫為劉氏。又周大夫食采於劉，亦為劉氏。唐公、獻公其後也。」「祖武符劉」之「劉」，宋本作「玉」。謝氏注云：「彭城。徵音。黃帝時公玉帶造合宮明堂，見《尸子》。後改為玉氏。」自注云：「玉音肅。玉氏，後漢司徒玉況，京兆人。」又收公玉氏，自注云：「公玉氏，漢有公玉帶，濟南人。《呂氏春秋》齊有公玉丹，蓋其舊族。」《史記・孝武本紀・索隱》云：「公玉帶，玉或作肅。公玉，姓。帶，名。姚氏按：《風俗通》：『齊愍王臣有公玉冉，其後也。』音語錄反。《三輔決錄》云：『杜陵有玉氏，音肅。』《說文》以為從玉，今讀公玉，與決錄音同。然二姓單復有異，單姓者肅，後漢司徒玉況是其後也。」段本《說文》玉字下云：「朽玉也，從王有點，讀若畜牧之畜。」注云：「各本篆文作玙。解云：從王有聲，今訂正。《史記》『公玉帶』《索隱》，此可證唐本但作玉，不作玙。《廣韻・一屋》云：『玉音肅，朽玉。』此《說文》本字。《四十九宥》云：『玙，音觀。』此從俗字。《玉篇》：『玉，欣救，思六二切。』此《說文》本字。『玙，許救切。』引《說文》『朽玉也』，此後人據俗本《說文》所增。《佩觿》曰：『玉有欣救、魚錄、息足、相逐四翻，俗別為玉者。』謂玉石字點在三畫之側，欣救、息足、相逐三切，點在二畫之側也。蓋後人以朽玉字為玉石字，以別於帝王字，復高其點為王姓之王字，以別於玉石字。又或改《說文》從王加點為從王有聲作『玙』，亦以別於玉石字也。朽玉者謂玉有瑕，故從玉加點以象形。《淮南書》云：『夏后之璜，不能無考。』考、朽古音同。《史記》藺相如曰『璧有瑕，請指示』玉從王加點，謂可指示也。」合諸說考之，則王氏、公玉氏，皆古來所有。王字音肅，與公王之玉音語錄切者不同。王氏分而為二，是也；謝氏合而為一，非也。然據謝氏所言核之，則宋本《百家姓》固有玉姓，而公玉為複〔註45〕姓，亦附在《續編》矣。「劉」字與「玉」字論形則大不相同，論音則尚不相遠。「玉」字音肅，或音觀，係一聲之轉，與劉氏古音相近。「水」字與「劉」字、「玉」字，點畫既已懸殊，聲音又復迴別，乃以今本較之宋本，不獨上下參

〔註45〕　「複」，原刻作「覆」，誤，今改正。

差，前後互易，抑且各分取去，大有異同。蓋宋本《百家姓》「水」字當在《續編》，《姓氏急就篇》自注云：「水氏見《姓苑》。水邱氏，後漢水邱岑、吳越水邱昭券。」謝氏於複〔註46〕姓門內載水邱氏，注云：「吳興。宮音。」而得姓之源流闕而未注。至於顯姓門內不載水氏。蓋《續編》有此姓而未曾摘錄也。後人刻《百家姓》者，欲將「水」姓移入正編，以代「劉」姓之位，又因「劉」為顯姓，不可刪除，遂移置於後以代「玉」姓之位。綜計宋本《百家姓》內，以彭城為郡望者，除「劉」姓之外，僅有「錢」、「金」、「玉」三姓。「錢」為吳越之姓，列於首句，固人所共知。吳越有國時，劉姓顯達者避武肅王嫌名，改為金姓。《十駕齋養新錄》〔註47〕云：「今人姓金者多稱其望曰彭城，此承吳越避諱改劉為金，姓改而族望未改。如仁山之後稱彭城，是為當矣。日碑本匈奴渾邪王子，厥後封侯累世，久居三輔，不應冒彭城之望也。」與本係「金」姓者均為顯姓，斷不容刪。惟「玉」姓較稀，閱者不甚留意，故以「劉」易「玉」，去其姓而仍其郡望，所以泯點竄之跡也。使非有謝氏之書，則後人但知為「柏水寶章」，而不知當作「柏劉寶章」；但知為「祖武符劉」，而不知當作「祖武符玉」。又何由證其誤哉？謝氏熟於古人姓氏之書，且知通用假借之例，故於某姓即係某姓，言之甚詳。「袁」姓注云：「或作爰、轅，其實一也。」「邵」姓注云：「與呂通用。」「祁」姓注云：「與祈通用。」「禹」姓注云：「至漢世有從草從禹而曰萬章，疑此萬與禹姓同也。又鄅子其後以國為氏，恐此鄅即禹也。」「貝」姓注云：「古郥國在今衛州。作背，以國為姓。今郥姓少，恐貝姓因衛州背姓而更之為貝也。今河北貝州人多貝姓，恐州名因姓而傳。」「裘」姓注云：「與求通。」「繆」姓注云：「穆姓通用。」邴姓注云：「與丙通。」「宓」姓注云：「與前伏姓通。」「鍼」字注云：「針姓同。」「蒲」姓注云：「與符通。」「邱」姓注云：「與臺姓通。」「喬」姓注云：「與橋通。」「蒼」姓注云：「與倉姓通。」「黨」姓注云：「與黨通。」「慎」姓注云：「即真姓。」「隨」姓注云：「與隋姓同。」「閭邱」姓注云：「即吾邱氏也。」其附「樓」姓於「婁」姓之後，蓋以兩譜雖各有源流，而兩字實相通假，疑其本是一姓而未見明文，故彙記之以俟考。「婁」姓注云：「譙國。徵音。」附「樓」姓，又云：「《風俗通》：『邾婁國之後，子孫以婁為姓。《左傳》齊大夫婁湮。』漢婁敬。」「樓」姓注云：「夏少康之後，周封杞東樓公，支孫以樓為氏。秦有相樓緩。」其裁酌亦頗合宜，可謂深明編輯之體例者矣。所未滿人意者，北宋時有《千姓編》，成於嘉祐八年，南宋末年陳氏振孫亦曾著錄。《直齋書錄解題》云：「《千姓編》一卷，不著名氏。末云：『嘉祐八年採真子記。』以《姓苑》、《姓源》等書撮取千姓，以四字為句，每字為一姓，題曰《千姓編》，三字亦三姓也。逐句

〔註46〕 「複」，原刻作「覆」，誤，今改正。
〔註47〕 《十駕齋養新錄》卷十二「郡望」條。

文義亦頗相屬，殆《千字文》之比云。」則謝氏編《事類合璧》時，其書尚存，惜乎未經採錄，今遂無可考耳。

欽差大臣太子太保協辦大學士兼兩江總督世襲一等毅勇侯曾公克復金陵勳德記　集唐文〔註48〕

　　蓋聞主聖於上，臣忠於下，王綝《魏鄭公諫錄序》。自古王者期建非常之業，則必有非常之人以佐之。舒元褒《直言極諫策》。遡覽前聞，沈傳師《元和辨謗略序》。討論經義。張昭《請講論經義疏》。吉甫德全於文武，崔璵《授崔龜從平章事制》。興六月之師，陶毅《紫芝白兔頌》。奮雷霆之威，孫樵《武皇劍錄》。成中興之業。李巽《駮鄭珣瑜諡議》。斯乃非常之人能立非常之事，陳子良《爲王季卿與王仁壽書》。建非常之功，彭殷賢《文辭雅麗策》。故能聲出區宇，名流四海，蔣儻《責田遊巖書》。傳之於後，永永無窮。韋萬石《請奏破陣樂奏》。況我國家，李澥《罔兩賦》。景祚延洪，韋昭度《賀瑞石表》。皇天眷命，盧文進《上唐明宗表》。主上重光纘曜，紹開中興。馮萬石《求賢策》。主聖臣忠，崔宏慶《解詰論》。於斯爲盛。李适之《請宣付太子諸王詞翰表》。天道助順，裴鉶《天威徑新鑿海派碑》。卷氛祲以闢山河。李靖《上西嶽書》。殲厥渠魁，孫伏伽《諫遷配王世充竇建德黨與表》。乃江表之無事。陳喬張《天師廟碑》。康濟南服，李徵古《廬江宴集記》。當振宇宙大名。陸羽《懷素傳》。異代齊名，鄭少微《文可經邦策》。功其一揆。呂延禎《練湖碑》。則非命世大才，王福時《錄論禮樂事》。一代偉人，於敬之《王先生碑》。出爲方召，入爲申甫，德宗《段太尉碑》。何以臻於此乎？沈封《指佞草賦》。靜思今者，王元貞《祭祀判》。魯國公昭宗《孔緯荊南節度使判》。其人也，李翰《王侍郎贊》。惟公之先，戴少平《王將軍碑》。洪源茂根，成表微《崔府君誌》。其來久矣。鄭還古《博異記序》。吾聞曾子，李甘《寓衛人說》。古稱大賢，關播《請刪武成王廟十哲奏》。洙泗之間，陳仲思《土風賦》。道德相承。賈防《文宣王廟記》。世濟不墜，鄭仁表《孔府君誌》。光乎篇籍，陸元朗《經典釋文序》。垂裕後昆，李大亮《王璠清德頌》。列派分枝。和凝《吳越王碑》。往江南西道，元宗《分遣十道宣慰制》。時臻太和。羊士諤《南鎮碑》。泝洄千里，顧況《儲公集序》。至於衡山。李渤《侯司空廟記》。以居住沅湘，李群玉《進詩表》。湖南憲宗《賑貸詔》。地勝氣清，爲公故里。扈載《景公碑》。天文長沙一星，張謂《長沙土風碑》。南國之紀。裴導《陳

〔註48〕　李詳《媿生叢錄》卷二（《李審言文集》，第451頁）：
　　　　劉伯山先生《通義堂集・曾公克復金陵勳德記〔集全唐文〕》與俞理初《癸巳存稿・阮宮保六十壽序〔集香山文〕》同一機杼。俞文有「正月二十日」語，劉文有「宣宗皇帝」、「文宗皇帝」，皆天然湊合。

公廟碑》。累葉盛德，陳京《鄭公德政碑》。咸以儒業相資，冠冑群族。武元衡《劉郎中集序》。積仁儲慶，楊綰《霍國夫人碑》。以至於公。張魏賓《王處士誌》。公嶽降標奇，星精稟異，鄭藝《徐節度碑》。早以文學識度，著名於時。段成式《韋斌傳》。舉孝廉，盧肇《閬城廟記》。進士擢第。王叔平《王公誌》。宣宗皇帝司空圖《王縱碑》。九重知己，韋岫《賀劉相勑賜及第啓》。翰林高價，獨孤授《清簟賦》。太史作程，王儲《寅賓出日賦》。冰鏡澄明。張之宏《兖公頌》。持衡取士，王昌齡《上李侍郎書》。雍容侍從。盧照鄰《南陽公集序》。職參侍讀、韋處厚《翰林院壁記》。侍講，蘇頲《禮部尚書褚公碑》。遂爲學士，李商隱《白公碑》。允屬名儒。薛廷珪《授李澣右散騎常侍制》。直道正辭，羽儀海內。岑文本《溫公碑》。以侍郎學士，作時儀鳳。顧雲《上翰林劉侍郎啓》。其遷侍郎也，張楚《與達奚侍郎書》。望重南宮，王績《與陳叔達借隋紀書》。乃司宗伯，咸廙《華嶽昭應碑》。位居九列，韋宏景《封還劉士涇授太僕卿詔書》。謇諤必陳。竇從直《進善旌賦》。事文宗皇帝時，杜牧《韋公誌》。每上疏言政事，詞旨切直。趙儋《陳公旌德碑》。考前代之憲章，孔穎達《禮記正義序》。稽諸古經，薛季連《田中有樹判》。雅符通典，李靈光《學歌元宴判》。定卓然之議，魏元同《請各擇僚屬疏》。允謂得宜。鄭涯《武宗祔廟祧遷議》。恩旨特隆，以旌鯁直。于志寧《汾陰公碑》。由是公之德，聲震於天下。令狐峘《顏魯公誌》。時論以公有公輔之望，褚藏言《竇群傳》。逮居端揆，宋璟《乞休表》。遂立中興之功。劉承慶《直言疏》。公天授將才，李昉《任公屏盜碑》。運籌帷幄之中，決勝千里之外。李棲筠《黃石祠記》。值欃槍構戾，南犯斗牛，波動滄海，霧飛金陵，劉長卿《餞韋使君序》。凌犯紀綱，悖違天地。僖宗《討王郢詔》。公祗承詔旨，劉寬夫《邠州使院新建食堂記》。以公有宏算遠圖，可以折衝禦侮，武平一《東門頌》。俾公居中，總統遙領。元載《杜鴻漸碑》。元兇巨猾，公實定之。紇干濆《韓太尉碑》。原其始也，楊譽《紙鳶賦》。遐荒小丑，李君球《諫伐高麗疏》。溪洞興妖，李琪《錢公生祠碑》。五嶺騰煙，李蔚《諫禁中飯僧疏》。狐鳴蜂起。溫大雅《爲高祖報李密書》。經長沙城下，劉言《收復湖湘狀》。事資捍禦，庾光先《兩貫判》〔註49〕。乃居沖處要之方。王正言《請停北京宗廟議》。公以父母之邦，金革無避，顏眞卿《廣平公碑側記》。乃激勸親族，劉太眞《杜府君碑》。保其桑梓。劉仁軌《盟新羅百濟文》。移檄遠近，李暐《拒賊盟詞》。只簡片削，可以動乎人神，韋執誼《翰林院故事記》。讀之者令人激起忠義。蔣諧《李司空論諫集序》。故義聲一呼，厥眾咸應。馬總《鄆州壁記》。公爰初誓眾，靡盈數隊，兄弟親愛，翼以從焉。張保和《撫州羅城記》。百姓因之，即聚結義兵，蘇安恒《理魏元忠疏》。仗順討逆，王

搏《命錢鏐討董昌詔》。習戈船水戰之師，陳致雍《陳請諡議》。舳艫相繼。陳鴻《廬州同食館記》。於是鷁首齊向，范攄《競渡賦》。雲帆高張，常暉《大舟賦》。薄浩氣於湘江，齊光義《安陵縣石記》。指重湖而直過。羅隱《謝於常侍啓》。是用建新軍，以統武昌、敬宗《授武昌軍節度使制》。漢陽之郊，于邵《田司馬傳》。一鼓而風雲作氣，章孝標《王師如時雨賦》。尅期翦撲，盧懷慎《請毀河橋奏》。所向無前。崔融《賀平賊表》。江漢上游，建瓴制寇。陸贄《普王都元帥制》。由是雄名赫赫，冠耀諸軍矣。李程《李光顏碑》。朝廷嘉之，累增賞異。史巖《山陰侯碑》。服以旌禮，陶詠《樂土判》。其色惟黃。滕邁《二黃人守日賦》。采麗華簪，侯別《貂蟬冠賦》。貂蟬耀彩。田備《高潔之士策》。沔鄂聯帥，李紓《朱府君碑》。兼御史中丞，熊執易《馬公碑》。遷兵部侍郎，張九齡《裴公碑》。俄領江西。許志雍《王公碑》。公受詔領麾下，沿江東討，鄭餘慶《賈僕射碑》。至尋陽郡，李公佐《謝小娥傳》。乃直趨鍾陵，韋宙《東林寺題名》。是為豫章。敬括《豫章賦》。豫章雄鎮，襟帶江湖。賈至《授元載豫章防禦使制》。公親統大軍，徑追勁寇，殷文圭《廬州羅城記》。至番陽，歐陽詢《臨川帖》。累經苦戰，李復《收復瓊州表》。三軍乏坐甲之資。梁朱賓《梁府君碑》。公感憤激衷，誓拯焚溺，董侹《陽山廟碑》。三年往復彭蠡，崔群《送符載序》。圍初開而復閉，路欲塞而還通。吳大江《棊賦》。由章江入劍池，過臨川，沈顏《碎碑記》。止高安，李紳《追昔遊集序》。泛贛江，劉軻《與馬植書》。馳不測之地，王延昌《靈源公碑》。斥堠精審，劉睨《武指》。其速如神。韓偓《紅芭蕉賦》。批亢搗虛，田弘正《謝節鉞表》。拯蒼生於塗炭，閭邱均《請留博陵王表》。莫不攜壺漿於道側，以候官軍。殷亮《顏魯公狀》。況江神指途，杜宣猷《梓華府君碑陰記》。漕引瀟湘、洞庭，劉晏《遺元載書》。艘連其檣，崔敖《靈慶公祠碑》。並有舟師。竇儼《上治道疏》。泛彼樓船，衛次公《渭水貫都賦》。走巴楚而來臻，趙子卿《出師賦》。焱集星馳劉思立《為武懿宗論功表》。九江之地。高宗《冊段寶元越州都督文》。誠宜乘其此，便一舉可以除剿。駱宏義《請急攻金嶺城疏》。尋遇陟岵興悲，錢昱《忠懿王廟碑》。恩覃錫類。高思元《芝草白兔頌》。比有金革，遂有奪情。後唐閔帝《定奪情限制勅》。孝性自天，高祖《旌表孝友詔》。西邙負土。薛稷《鄭府君碑》。起復舊職，呂溫《劉公碑》。謹守禮經。邢文偉《減膳書》。屢表固陳，詞理懇至。睿宗《賜狄光嗣勅》。殊恩俯降，特遂其請。崔郾《高公德政碑》。不有至孝，誰能盡忠？徐浩《張公碑》。為子為臣，不失兩全之義。殷鵬《請加恩敘封疏》。名教宗匠，閻朝隱《馮府君碑》。可以訓戒。劉肱《澤宮置楅判》。令出惟行，人知所向。常著《附貫五年復訖判》。以是聯營義旅，王鎔《薦王師範表》。競申饒勇，崔向《諫田獵疏》。人皆同心，兵必戮力。王易簡《漸治論》。既得尋陽，盧潘《廬江辨》。地壓上流，劉詠堂《陽亭序》。遂使賊將寒心，李嚴《笏記》。皆公始謀之力。楊諒《馬公

誌》。朝廷以公望實之重，李百藥《房公碑》。乃用魯公伯禽有爲之變，俾復其位，穆員《曹王太妃誌》。權知兵部侍郎，李翶《武公誌》。董江西諸軍銳師，趙憬《鄂州新廳記》。受閫外之寄。魏元宗《上高宗封事》。以臣子之道，義不辭難，李吉甫《饒州謝土表》。不獲已而應命。席豫《楊君府碑》。於斯時也，虞世南《秋賦》。赤眉黃巾劉蕡《直言極諫策》。烈火燎原，趙元一《奉天錄序》。吳越名區，封舜卿《錢鏐冊文》。傾陷城邑，韋皋《誓將士文》。委而資寇，江文蔚《劾馮延巳魏岑疏》。淮楚震驚。高適《彭州謝上表》。公鼓行而東，于公異《吳岳祠堂記》。地控荊吳，韓熙載《宣州新城記》。隔江爲限，齊澣《請開伊婁河奏》。勢壓西塞，氣涵東溟，裴虹《怡庭銘》。隱如長城，克固磐石。鄭雲逵《李公碑》。中朝方倚公以重任，梁肅《侍郎李公誌》。天下征鎮，淮海爲大，非公作帥，不足以長束諸侯，白居易《李公家廟碑》。轉兵部尚書，兼御史大夫。杜黃裳《顧公碑》。三江要衝，式資統尹之方。代宗《答節度使批》。總制師旅，李納《授陳君從節度使制》。杖鉞專征。楊德裔《劾奏逗留狀》。天使遐巡，康廷之《縣令有惠化判》。位崇元帥。張寶《加錢鏐爵勅》。其兵事節度，韋端符《衛公故物記》。便宜從事，裴行儉《兵事疏》。行而後聞。吳武陵《上韓行軍書》。將帥有不用命者，許以軍法按之。林蘊《上宰相論兵書》。寄託之隆，徐有功《論天官秋官表》。任莫重焉。韋紓《栝郡廳壁記》。公於是承廟算，出銳師，閻伯璵《尉遲公碑》。糺合三垂，韋陟《誓眾文》。犄角而進，王涯《論用兵書》。及至江南，崔龜從《昭亭神祠記》。賊勢甚盛，皮光業《屠將軍誌》。妖氛蝟聚，太宗《克白岩城詔》。錯節盤根。唐昭明《貌似溫敏判》。公提孤軍，募散卒，拊循訓勵，裴度《李西平碑》。如臂使指，若網在綱，李抱玉《讓副元帥表》。以智信保全所領之軍，呂元膺《論公碑》。屹然中駐。張楚金《透撞童兒賦》。後益選武勇饒健、有膽決奇謀者繼之，鄭處誨《邠州節度使廳記》。以逸待勞，則戰士力倍，狄仁傑《請罷四鎮疏》。制勝樽俎之右，李震《劉公誌》。當務萬全。李泌《對肅宗破賊疏》。舒州徐鉉《舒州文宣王廟碑》。懷寧縣界，崔元翰《賀舒州甘露表》。表裏形勝，桑維翰《論討契丹疏》。地扼咽喉，蔡詞立《虔州孔目院食堂記》。而負山面江，錢珝《檢校太子少保制》。實爲襟帶。唐璲《諫罷豐州書》。使三軍齊進，四面合圍，駱賓王《姚州破賊露布》。援絕城孤，勢窮力屈，楊於陵《賀收劍門表》。乘凌堅壁。孫簡《配享次序議》〔註 50〕。堅壁洞開，罪人斯得，奚敬元《史公碑》。所獲賊將校並斬之。許遷《破河束賊奏》。歌舞以行，崔淙《五星同色賦》。其氣百倍，裴晃《舉韋皋自代狀》。爭馳羽檄，侯圭《割鴻溝賦》。則江北諸州，王樸《平邊策》。吉語屢聞，封敖《批賀破賊表》。繼降城鎮。崔遠《授張璉平章事制》。自江之

〔註 50〕載《全唐文》卷七百六十一，題爲《李愿高崇文配享次序議》。

南，韋夏卿《東山記》。無不望風瓦解，謝諤《朱府君誌》。建瓴破竹之勢也。盧藏用《陳子昂別傳》。今皇帝登祚，孟簡《建南鎮碣記》。誕告萬方。吳少微《賀登極表》。皇太后武宗《郊天赦》。又慈訓所加，穆宗《命婦賀皇太后詔》。非賢勿乂。宣宗《授崔慎由監修蕭鄴集賢制》。以公舊臣元老，委以腹心，呂夢奇《李招討碑》。復使參掌國鈞，預聞執政。李嶠《爲楊執柔讓平章事制》。中堂之近，謝觀《中堂遠千里賦》。燮理陰陽，員半千〔註51〕《陳情表》。統冠群僚，賈元珪《請宰相列班表》。爲大學士，李磎《授李戲集賢校理制》。尋復加太子少保，獨孤及《鄭國公誌》。依前制置，李石《請停兩道衣糧奏》。實兼將相。張行成《諫太宗書》。增鏡水之名封，兼金陵之奧壤，合此重寄。鄭璘《授錢鏐潤州節度使制》。以公有經略之才，委公以干城之任。蕭昕《張公碑》。控御數千里，劉憲《乙速孤府君碑》。使遵節制。杜正倫《彈張瑾等文》。其浙西、浙東，文宗《賑卹水災德音》。陵江並海，竟吳越之域，皆所范焉。柳宗元《宜城柳公狀》。夫兵有專制則畢力，將無分權則成功。李觀《上宰相安邊書》。金陵舊地，張景毓《岑君碑》。號爲東南巨鎮。舒元輿《鄂鎮記》。自爲寇之擾，李善夷《重修伍員廟記》。據當要害，庾承宣《李公慰思述》。爲日已久。韓滉《請伐吐蕃疏》。將期收復，李晟《誅田希鑒狀》。今正其時。王晙《謝追赴大禮表》。大軍臨之，張公謹《條突厥可取狀》。水陸並舉，百道俱進。潘祐《爲李後主與南漢後主書》。丞相之來也，群帥之志氣愈勵，統制之號令益明。段文昌《平淮西碑》。爰命介弟，屬之大事，李德裕《幽州紀功碑》。分道巡撫，張廷珪《論置監牧疏》。階升一品。吳融《授孫德昭節度使制》。秉訓元昆。柳賁《張公誌》。至於機事兵勢權謀，李瀚《承陰事奏》。允副兄勖。孫逖《送紀參軍序》。鉤車雲梯，揚炎《聖德頌》。舉無遺策。張隨《海客探驪珠賦》。以晝繼夜，或攻或圍。當其彼竭之餘，遂得我盈之勢。楊譚《破西原賊露布》。奪其險要，韋貫之《高崇文神道碑》。壘道更高，左擊右攻。尚華《上高中丞狀》。下矚賊壘，分銖皆察。沈亞之《萬勝岡新城錄》。鼎魚假息，穴兔阽危。馬燧《論晉隰慈州》。惡稔罪盈，是賊滅亡之日。張巡《謝金吾將軍表》。惟三年，常袞《馬公碑》。歲次甲子，上官儀《冊虢王鳳爲青州刺史文》。夏六月沈佺期《峽山寺碑》。十六日樊衡《河西破蕃賊露布》。午時，邱光庭《海潮論》。於鍾山懸岸，圮壙之中，任升之《遺鄭補闕書》。發電轟雷，周鍼《海門山賦》。屹從地裂，闕圖《巨靈擘太華賦》。崇墉峻堞，賀遂亮《平百濟碑》。摧同冰陷，張說《平契丹露布》。千石雲飛。司馬太貞《紀功碑》。猛銳長驅，韋盧心《白嶽碑》。無不親當矢石，敬翔《上軍事疏》。困雖猶鬭，亂不能軍。令狐楚

〔註51〕「千」，原作「干」。員半千，《舊唐書》卷一百九十中《文苑中》有傳，《陳情表》見《全唐文》卷一百六十五，據改。另外，《全唐文》卷一百九十七有駱賓王《答員半千書》。

《賀行營破賊狀》。暨夫整眾而入，梁獻《大閱賦》。既執訊而獲俘，李子卿《飲至賦》。擇其首領酋健者，縻縛之，獻於麾下，陸龜蒙《管城侯傳》。肆諸市朝。張鷟《陳情表》。首懸槁街，李沛《大岯山銘》。顯戮以謝天下。魏靖《理冤濫疏》。當掃靜妖氛之日，裴漵《請罷內官充驛使疏》。金陵既平，王徽《創築羅城記》。乃獻凱以旋師。陸瓚《垓下楚歌賦》。粵自艱難，杜曉《馮行襲德政碑》。經今一十三歲矣。陳子昂《為蘇令本與岑內史啓》。今屬聖人布命，裴振《雉尾扇賦》。委任正人，張延朗《請節國用表》。皇威克宣，陳山甫《有征無戰賦》。除惡務本，裴曙《祈雨感應頌》。天下之幸也。鄭覃《諫穆宗疏》。上方受釐宣室，訪議雲臺。田沈《驕陽賦》。飛章上聞，帝用允若。鄭亞《會昌一品集序》。朝臣稱賀，內外誼懽，快喜相聲，日走天下。袁皓《齊處士言》。天子議以殊賞，酬其懋勳，韋述章《仇府君碑》。爵列通侯，路隨《不載元詔事蹟議》。為第一等。趙匡《選舉議》。嘉乎丕績，李明啓《築城建署記》。英毅無儔。李昊《羊馬城記》〔註52〕。勇爵勸能，崔損《飲至賦》。所以昭明其勳，尊顯其德。韋挺《功臣配享議》。子孫繼襲，長孫無忌《辭襲封刺史表》。罔替厥緒。李邕《葉有道碑》。帶礪山河，李密《思湘君廟記》。貴延賞典。裴夷直《恩蔭回與外甥判》。欲其繼世承守，而與國無疆也。馬周《上太宗疏》。錫命就加，璽書亟降。馮宿《殷公家廟碑》。檢校太子太保，張元殷《授馮行襲節度使制》。崇其徽章。韋良嗣《賜則出就判》。孔翠羽毛，自成華采。劉胸《文苑表》。垂寶纓而雙對，趙良器《冠賦》。自天府而錫珍奇。婁師德《契苾府君碑》。榮號凌煙，李庚《兩都賦》。公為冠首。褚遂良《梁公碑》。建侯伯者，袁楚客《規魏元忠書》。難兄難弟，李思齊《致仕判》。功出一門。裴寂《勸進疏》。韻契塤篪，政侔魯衛，于競《琅琊忠懿王德政碑》。而榮華一體，上官遜《松柏有心賦》。喜集鴒原。薛逢《上崔尚書書》。亦搢紳儒林，罕有如此之盛。周墀《賀王僕射詩序》。事光乎國典，楊濤《庭燎賦》。禮實宜之。邢宇《拜令布武判》。公貌無矜色，口無伐辭，徐安貞《田公碑》。推功與能，許孟容《裴公碑》。上聞天辰。崔行功《孔宣父碑》。而聖恩益厚，張獻誠《讓尚書表》。光被綸言。蕭振《三閭廟記》。以伐叛勤王之忠，張武《靈石碑》。無與儔比。盧宏宣《駁郭仲文襲封奏》。功蓋一代，而主不疑。裴坦《郭子儀傳論》。洽群請於帝俞，高若思《勸封禪表》。遠稟宸算。鄭薰《祭梓華神文》。每奏，帝輒稱善。杜淹《文中子世家》。則知公之措制，可以邁古冠今。李方鬱《中嶽廟記》。所以申命有司，常非月《典同度管判》〔註53〕。得端本澄源之意。陸質《春秋集傳微旨序》。建鄴纔聞於安靜，旋即渡江。鄭畋《切責高駢詔》。

〔註52〕 載《全唐文》卷八百九十一，題為《創築羊馬城記》。
〔註53〕 載《全唐文》卷三百五十六，題為《對典同度管判》。

幕府移鎮金陵，崔祐甫《爲皇甫中丞上永王牋》。俯詢輿議。鄭玨《請追尊先代奏》。自軍興以來，賦役繁重，李冉《舉張嚴自代表》。百姓承亂離之後，張元素《諫修乾陽殿書》。瘡痍未瘳。李竦《偃武修文論》。公之始至也，盧恕《伍相廟記》。亟加賑給。盧攜《乞蠲租賑給疏》。諸色雜賦名目，杜甫《爲王使君論巴蜀安危表》。特請停徵。王緯《請停徵疏》。自是民間始獲蘇息。蘇師道《司空山記》。戶口單弱，載冑《諫修洛陽宮表》。地廣大荒，賀蘭《廣屯田佃荒地判》。公乃假之耕牛，賦與種食，權德輿《東海徐公誌》。命勸分之使，崇務本之農。張寂《萊田不應稅判》。盡地勸農，魏湜《萊田不應稅判》。變邱墟爲閭里。韓雲卿《張公碑》。正鹽官法，以裨用度。陳諫《劉晏論》。倉庫稍實，則當咸出正賦，罷所新加。崔涵《議月科錢狀》。商旅既安，課利自厚。裴休《請革橫稅私販奏》。贍濟軍鎮，程異《請勒停置茶鹽店奏》。修復城池，劉允文《常熟塘碑》。平價允葉於酬庸，輕役雅符於悅使。鄭昭《河卒判》。邦政所急，儒訓是先。毋煚《經籍序略》。將宏當教之宜，用廣文儒之業。李乂《勸學判》。優登才之選，以勵生徒。李行修《請置詩學博士疏》。廣設科場，韋澳《解送不分等第榜文》。實爲盛典。柳沖《請修譜牒表》。觀風省俗，史承節《鄭康成祠碑》。尊崇忠義。石光贊《請修萬石君廟疏》。旌良表正，癉惡繩回。張良器《烏臺賦》。而名教所先，理資懲革。麻察《彈鄭遠狀》。凡諸奢靡，咸悉棄捐。楊仲昌《建國判》。各有等威，王惟孝《升高判》。式遵彝憲。殷盈孫《論內臣朝服疏》。敷禮經以導俗，楊愼虛《心鏡賦》。是資教化之方。李光憲《請復舉人自代例疏》。使人從善遠惡，而不自知。程浩《扶風文宣王廟碑》。蓋所以綱維名教。姚泊《請公卿子弟赴貢舉奏》。於是考圖牒，徵碑版，徐鍇《先聖廟記》。纂集群書，劉伸《張府君碑》。以廣其傳。蕭淵《褚氏遺書序》。經術尊則教化美，柳冕《謝杜相公書》。教化之移人也，劉禹錫《文宣王廟碑》。風俗優游而向化，蔣防《政不忍欺賦》。事資可久。楊式宣《水損免輸判》〔註54〕。興人頌康，杜挺《初稅畝判》。莫不感公之仁，飲公之惠。宋申錫《李公德政碑》。徒見成功之美，不悟所致之由。孫虔禮《書譜》。惟公局量宏遠，識度淹通，令狐德棻《于君碑》。大無不包，潘孟陽《天道運行成歲賦》。壁立千仞，閻隨侯《西嶽望幸賦》。猶蓬山滄海，吐納風雲，張懷瓘《文字論》。橫制頹波。李陽冰《李翰林集序》。以名教爲己任，蕭穎士《贈韋司業書》。賢臣作相，舊號儒宗。宋之問《宴韋曲莊序》。學無不通，李濤《顏嚕贊》。能探古人述作之旨，李舟《獨孤常州集序》。以明天地之心。李處仁《虹藏不見賦》。爲沿襲之遠圖，作經濟之至道。趙蕤《長短經序》。然後彌綸區宇，戴璿《聖祖靈應碑》。馳騁古今。司馬貞《史記索隱序》。故公之文章，粹美深遠，崔

〔註54〕載《全唐文》卷九百五十，題爲《對水損免輸判》。

恭《梁補闕集序》。章表殊健。崔顥《薦齊秀才書》。公議惟允，杜周士《代崔中丞請朝覲表》。咸服其深切事情，蕭鄴《韋公碑》。直指是非，坦然明白，牛希濟《表章論》。致君於堯舜，傅懷海《命農判》。於是乎在，裴光庭《請修續春秋奏》。故能功格天地，道濟生人。劉彤《論鹽鐵表》。行道之功，莫大於逢時。王覿《十八學士圖記》。公踐臺衡，專以推賢任人爲務。嚴郢《駁太常諡議》。戎幕擇材，靳翰《陸府君誌》。採訪海內遺逸，文嵩《即墨侯傳》。薦異能之士。劉潤《薦賢能判》。而取人之路寬，韋承慶《極諫疏》。忘其親讐，李安期《用才當忘親讐論》。惟善所在。獨孤峻《舉似己者判》。參驗行事，薛登《論選舉疏》。登之於朝。張萬頃《舉方正者判》。莫不光被綸音，超昇不次。劉祥道《陳銓選疏》。使君子道長，俊乂用彰。袁暎《賢良方正策》。善用人之所長，元稹《嚴公狀》。居下位有將才者，便拔爲大將。史在德《朝廷任人疏》。導指蹤之宏度，蘇子華《竹如意賦》。常後己而先人，苗神客《乙速孤府君碑》。錄名奏聞，王璵《請禁無故請假奏》。遍周戎校。張次宗《謝賜冬衣狀》。依次敘進，李盈休《禁敘勳越次奏》。品秩皆高。趙仁錡《請停遙授刺史疏》。故其帳下偏裨，皆持瑞節；幕中賓客，盡陟齋壇。楊疑式《吳越王碑》。擁旄仗節者，歐陽詹《馬公誌》。與公同升布於顯列。李絳《王紹碑》。其他征鎮岳牧文昌掖垣之選，不可悉數。楊嗣復《權文公集序》。開儒館以待士，蔣凝《壞宅得書賦》。館得招賢之名。韓液《開東閣賦》。推拔於寒素中，惟恐不及。李貽孫《歐陽詹集序》。等級懸隔，有似雲泥。鄭惟忠《泥賦》。當於要路之津，存乎兼濟之地。仲子陵《轆轤賦》。以爲瑞人神士，朗出天外，不可梯接。皇甫湜《韓愈碑》。而能吐食下士，倒屣迎賓，楊炯《建昌公碑》。謙尊而光，李鼎祚《周易集解序》。所有揚搉，得盡懷抱。劉子元《自序》〔註 55〕。博採群議，武儒衡《望祭朔祭議》。擇善而從。呂才《進大義婚書表》。智力者盡其謀能，聰明者竭其視聽，鄭若方《鍾官所鑄判》。下情得以上達。董晉《李公德政碑》。其間合建置者，竇洊《池州重建大廳壁記》。蓋以安民爲生。馮涓《諫用兵疏》。公綏之斯懷，集之斯至，嚴識元《楊至本碑》。及於寬政，楊佚《樂土判》。役無勞焉。戎昱《澧州新城頌》。方當振綱張弦之秋，寧原悌《上太子啓》。立考課以校政能，常準《請禁攝官衝替奏》。撫御緝綏，孔揆《奏加課料錢狀》。務協於治典。陳章甫《與孫員外書》。而況控三江之黎庶，沈珣《授韋愨鄂岳節度使制》。澤被生靈，郝處俊《僧道拜君親議》。使懷土知歸，趨邑如市，蘇倩之《造帳籍判》。而猶阜俗康民之志慊如也。張友正《歙州披雲亭記》。若治兵之至要，御眾之大端，盧文紀《請對便殿疏》。公號令素嚴，李華《韓國公碑》。賞罰必信，李彭年《論刑法表》。甘與之共，苦與之均。

〔註 55〕即劉知幾《史通・自敘》。

胡曾《代高駢回雲南牒》。將士知恩，呂元素《諫修佛寺疏》。爭以自效。韓琬《論時政疏》。一一揀擇，皆有所能。鄭絪《進鷹籠狀》。賈勇有餘，韋雲起《諫表》〔註56〕。擊鼓作氣。胡璵《大閱賦》。戶庭無紀綱之僕，營壘盡腹心之師。賈餗《贊皇公德政碑》。其制敵也以威，其用師也以律，趙自勵《出師表》。故能所向無敵，莫之與京。李君房《天子劍賦》。或首鼠兩端，王叡《誡節論》。又自疑阻，懿宗《宣慰徐宿勅》。公折簡飛書，先明大信，張式《徐公碑》。推誠於物，杜洎《越人獻馴象賦》。爰降招攜。李宏皋《溪州銅柱記》。曉以安危，俾其內附。王志愔《平定諸蕃奏》。刷蕩瑕穢，張文寶《請旋蹕疏》。不問罪愆。石昂《請赦范延光表》。情有感於仁人，魏炤《蜩甲賦》。悉安反側。僕固懷恩《陳情書》。遂令脅制者回慮，張薦《請贖還顏眞卿疏》。咸思革面，康澄《陳政事疏》。效命投誠。杜光庭《賀收隴州表》。歸順之後，彭士愁《溪州誓文》。畏威懷德，溫彥博《安置突厥議》。願以所部，劉昌魯《致馬殷書》。衝鋒突刃，郭震《安置吐谷渾狀》。實乃甘心。裴冕《請上尊號奏》。其不樂爲兵、願歸爲農者十九，悉縱之。韓愈《平淮西碑》。使其渠率，張柬之《請罷姚州表》。魄褫氣懾，邱鴻漸《愚公移山賦》。閉城自守，孟昭圖《極諫疏》。所患者在於乏食，是以爲我所持。薛收《上秦王書》。天命誅之，樊鑄《檄曲江水伯文》。自可應時摧滅。尉遲敬德《諫親征高麗疏》。全吳之地，齊光乂《陳公廟碑》。一舉遂平。裴耀卿《賀平奚契丹表》。千里安流，王義方《祭海文》。再清鏡水。吳蛻《鎮東軍監軍使院記》。著華夷之別，趙和璧《伏日判》。實在防微。張鎰《論奴僕告主疏》。愼密爲先，劉崇望《授鄭延昌中書舍人制》。有備無患。崔位《代李僕射謝加營田使表》。心惟審固，秦用《祭侯判》。量則宏深。盧庚《梓潼神鼎賦》。杜征南注《傳》彰聞，謝安石圍棋決勝，樂朋龜《王鐸宏文館大學士制》。應機立斷，余厚載《昆吾切玉劍賦》。實此之由。敬讓《請致仕侍親表》。非大君子淵慮宏謀，韋慶復《鳳翔鼓角樓記》。則莫能至是。尙馳《諸葛武侯碑》。其部統之內，文武衣冠。杜確《岑嘉州集序》凡列陶鎔，咸增抃賀。溫庭筠《上蕭舍人啓》。當發德詠功之際，劉騭《善歌如貫珠賦》。所以歌詠文辭，韋安仁《駮封禪舊儀議》。播頌聲於管絃，湛賁《日五色賦》。凱樂象功，曲成斯獻，高郢《獻凱樂賦》。刻之金石，元結《中興頌》。雜錄、雜記者多矣。高彥休《闕史序》。顧惟不佞，張皓《藏冰賦》。蓮府周旋，崔嘏《授李渾員外郎制》。不揆庸虛，顏元孫《干祿字書序》。自申管見。李延壽《上南北史表》。夫文章之道，自古稱難。王勃《上裴侍郎啓》。述古不作，竊所企慕。張庭芳《李嶠雜詠序》。古者，有勞於國則紀之，有功於人亦紀之。郗昂《八馬坊頌》。今所選錄，孫思邈《枕中方序》。輒緣斯義。張神安《銅鐘銘》。唐文可

〔註56〕載《全唐文》卷一百三十四，題爲《諫征王世充表》。

愛，來鵠《聖政紀頌》。採掇其可用者，賈耽《說文字源序》。因而編次之。鍾輅《前定錄序》。文不逮誠，王繼恭《致執政書》。汲深綆短，張仲宣《運籌決勝策》。美行嘉聞，十不紀一，王士源《孟浩然集序》。固不足發揮大猷。杜佑《進通典表》。然公之相待，任華《與庾中丞書》。揄揚不倦，陳左流《進善旌賦》。厚意殷勤。宋言《漁父辭劍賦》。感公之禮有加，李罕《李公去思碑》。備知名實相副。張鎬《請謚吳兢奏》。所宜直筆，張允《駮請修政統疏》。翦截浮辭。逢行珪《進鬻子表》。雖文則不工，而事皆從實，吳兢《請總成國史表》。纂斯鴻烈，劉孝孫《詩英華序》。信而有徵。何延之《蘭亭始末記》。使士庶觀聽，有所發揚，李嗣立《請崇學校疏》。以備故事，且記盛也。尹悅《瀛州使府公宴記》。夫功大者其任尊，職充者其責重。鄭雲叟《辭徵聘表》。古語云：「行百里者半於九十。」尹暢《賢良方正策》。公左右三朝，劉迺《冊郭子儀尚父文》。功成名遂，魯洵《杜刺史志》。內參朝政，外總兵權，郭子儀《讓尚書令表》。位望極於人臣，姚崇《於都督碑》。作中天之一柱。鄭太穆《上於司空書》。威動殊俗，魏徵《論詩政疏》。遠慕望風。王虔休《進市舶使院圖表》。中外之心，王直方《諫厚賞教坊疏》。莫不延首傾聽。靳恒《請勤政事疏》。惟公志氣塞乎天地，李白《李公去思頌》。體國忘家，韓瑗《理褚遂良疏》。倡義於天下，丁思覲《諫楚王書》。心不遑安，高行周《辭詔不呼名奏》。而天鑒孔明，張彥震《駕幸宣輝門觀試舉人賦》。神輔正直。元弼《魚躍龍門賦》。則知他日祐天子，鎮寰宇，肅廟朝，扶教化，韋昌謀《靈應廟記》。將致天下於仁壽之域。陸長源《戴公去思頌》。承平之盛，鄭棨《開天傳信記序》。黔黎禔福，高儉《文思博要序》。異俗來庭，穆寂《南蠻北狄同日朝見賦》。海水無波，李諲《妒神頌》。華夏之觀瞻益壯。崔慎《請正街坊疏》。自今以後，徐光溥《請行墨制疏》。大勳大德，播塞宇宙，符載《送盧端公序》。勳銘於鍾鼎，德著於竹帛。皮日休《移元徵君書》。丹青彪炳。錢起《圖畫功臣賦》。爲一代宗臣。王維《與李侍郎書》。驗之目前，皆可圖畫。裴孝源《貞觀畫史序》。夫山嶽之隆，莫隆於嵩華。黃滔《一品寫眞贊》。如公卓犖，裴敬《李翰林碑》。嵩華所以極天。顏揚庭《上匡謬正俗表》。懿哉君子之鴻名，胡權《飲貪泉賦》。將永永而無斁。蘇先《開大庾嶺銘》。豈不盛歟！李景伯《上東宮啓》。

卷 六

王船山先生年譜序

衡陽王船山先生，於前明爲遺老，於我朝爲大儒，著述收入《四庫全書》，事蹟載於《國史・儒林傳》。其叢書得湘鄉爵相及介弟爵帥刊刻流傳，毓崧爲之檢核稿本。既竣事，復採錄群書，編《年譜》二卷。所惜書闕有間，掛漏良多。

蓋先生著作內自述其生平者，有《家世節錄》、《南窗漫記》，其他如《永曆實錄》、《蓮峰志》以及經部、子部各書，於事蹟有關者皆可援據，而最要者爲《龍源夜話》，遍訪不獲。湘潭歐陽曉岑言廿年前曾見稿本，先生一生蹤跡皆在其中。如得此書編入《年譜》，即事半功倍。其未備者一也。

先生詩集編年，文集詞集亦可推尋歲月。而早年之《漧濤園集》，晚年之《買薇稿》，皆散失不傳。《薑齋文集》亦多闕略。如《武夷先生行狀》之類。其未備者二也。

先生哲嗣虎止明經所撰《行述》雖存，然係節本而非完本。自來傳、志皆略於行述，今行述反略於傳，故知刪節也。其《蕉畦存稿》、《笈雲草》並其子信芳茂才之《芸者韻語》等書，可以考見先生逸事，而皆未睹全帙。其未備者三也。

抄本《王氏家譜》載先生世系、行第、生卒、葬地，而李中丞燾所撰《少峰公墓表》、劉參憲明遇所撰《陶孺人墓誌》及先生所撰《鄭孺人墓誌》皆但有題目，未錄全文。虎止昆仲及孫曾以下事蹟未錄，元孫以下名字未錄。其未備者四也。

潘書原中丞爲先生作傳，敘次較詳，而余氏存吾所撰傳未見全篇〔註1〕，《儒林傳稿》採余廷燦《船山先生傳》，僅有數行。儲氏六雅紀於《存硯樓集》者，亦未覓得。其未備者五也。

《儒林傳稿》載先生學行，得其大綱，而鄧氏湘皋增輯《楚寶》，補傳於「文苑」門內者，未見印本〔註2〕。鄧氏《沅湘耆舊集》，船山先生小傳云：「余增輯《楚寶》，嘗論撰先生學行作傳。」《船山著述目錄》云：「顯鶴增輯《楚寶》「文苑」亦有傳，不具述。」今《楚寶》「文苑」門印本無先生傳。其未備者六也。

全氏謝山《鮚埼亭集·劉繼莊傳》中曾舉先生姓氏里居，《劉繼莊傳》言其所嚴事者曰梁谿顧昀滋、衡山王而農。鄧氏湘皋云：「全氏於鼎革諸老搜羅殆遍，汲汲表章，惟恐不及。先生名姓僅一見於《劉繼莊傳》，蓋不能詳也。」此外諸家諒亦間有涉及，而不少概見。其未備者七也。

故編輯此譜，時閱半年，僅成初稿。雖草創粗具，尚未討論，容俟異日續有見聞，重加考訂焉。

郭光祿年譜序

六朝以前之行狀，多出自幕客門生故吏之手，論者因謂子孫狀其祖父起自近時，而非古法。然《禮記·祭統》云：「夫鼎有銘。銘者，自名也。自名以稱揚其先祖之美，而明著之後世者也。此孝子孝孫之心也。銘者，論譔其先祖之有德善、功烈、勳勞、慶賞、聲名，列於天下，而酌之祭器，自成其名焉，所以崇孝也。」由是言之，足證表章先德，本人子所當盡心。故後漢魯司隸碑爲其子叡所作，陳鴻臚碑爲其子群所作，實就三代以前鼎銘之義，從而推廣引申，由鑄金改爲勒石。而唐之白香山、元之郝陵川述其先人事狀以請銘者，不可謂非古禮之所許矣。郭生子貞爲其尊人光祿公〔註3〕輯錄《年

〔註1〕潘宗洛《船山先生傳》、余廷燦《王船山先生傳》，見《船山全書》第十六冊「傳記之部」。

〔註2〕鄧顯鶴《楚寶》有道光九年（1829）重刊本，載有王夫之傳，見《船山全書》第十六冊「傳記之部」。

〔註3〕郭沛霖，《清史稿》卷四百九十《忠義四》、《同治續纂揚州府志》卷八《宦跡》有傳。王德毅編《中國歷代名人年譜總目》（華世出版社 1979 年版，第 242 頁）著錄郭階編《郭光祿年譜》二卷，清光緒十三年刊本。《近三百年人物年譜知見錄》附錄一《知而未見錄》著錄《郭光祿年譜》。《中國古籍總目·史部》著錄《郭光祿公年譜》二卷《行述》一卷，清咸豐十年刻本，北大圖書館、遼寧圖書館藏；《先光祿公年譜》，清光緒十三年刻本，南京圖書館藏。此外，《郭

光祿公年譜》二卷，1 冊，清光緒十三年刻本，湖南圖書館藏。

另外，《續碑傳集》卷六十有胡增廓《郭光祿公家傳》（《清代傳記叢刊》第 118 冊，明文書局 1985 年版，第 464～469 頁），云：

郭公沛霖，字仲霽，號雨三，湖北薪水人。父受城，歲貢生，性至孝，聰穎絕人。入塾受經史，暇輒留心經濟，議論慷慨。年十四，遭母喪，哀如成人。道光乙未舉人，丙申進士，戊戌補行殿試，改庶吉士，授編修。癸卯御試翰詹，擢右春坊右贊善。遭父喪，服闋後轉左贊善。兩充鄉、會試同考官。時宣、文兩朝勵精圖治，累次召見，奏對輒稱旨，記名以道府用，發往南河學習。初，供職翰詹時，於河務亟講求。抵工後，益加覃究，每諮詢寅僚父老及弁卒，是以洞澈利病，謂治河宜識土性水性，宜合者合，宜分者分，因勢利導以馭之，則不為害而為利。否則，為患不堪設想。十月，檄筦豐工總局兼稽引河，每晨親勘至暮，與弁卒同甘苦，獎勤懲惰，百發俱興。凡占數之增減、松纜之尺寸，極微極瑣之事，無不斟酌至當。力主引河宜逾格寬深，俾挈大溜大溜，下游安東二塘、雲梯關、老鸛河等處先修決口，上下之險工，全啓各閘洞以分水勢。緩進佔，緩合龍，以期步步追壓到底，為一勞永逸之計。異日二次合龍，僉謂實賴乎此。然合而復決，則以未盡從公言也。先是，制河兩帥均重公，初次堵豐工時，公與當事不合。及緩堵議定，某公欲倣嘉慶元年成案，於徐郡北於房山剷堤，引水歸黃，以利轉漕，公力爭不聽，糜餉至二十餘萬，而徐州以下運河仍不暢行。後議覆堵，又須籌款，某公深以為悔，故其與人書曰：郭公贊之才，靳文襄、黎襄勤不是過也。其推崇亦可概見矣。癸丑三月，奉旨以道員留南河，權兩淮鹽運使司兼權淮揚兵備道。時廣陵已陷，運司無治所，制軍怡公奏請飭公駐泰州，督銷引鹽濟餉，得旨允行。廣陵為南北襟喉之地，其東南壁，虎灣頭、金灣舊壩、沙河等處，俱為扼要之所，而萬福橋當其衝，屢有以堵為言者，公堅持初議，寇焉終不敢過萬福橋一步。甲寅七月，姜堰莠民及十三里汪曹瘸子相繼作亂，公檄州牧鹽捕營，會大營之眾，先後勦平。丙辰正月，補淮揚道。三月朔，聞揚州兵潰，城復陷，泰州亦戒嚴，公募二萬餘人，用奇門九宮法安營，縱橫成行，日則旌旗戈甲，綿亙如長蛇，夜則刁斗相聞，火光列布，遠望如繁星之垂芒。兵聲大震，伏莽讋服。迨大兵克揚州，人心始定。初，兩淮鹽筴極盛富庶，甲天下。即改鹽法後，群亦以為膏腴地。軍興課稅兩絀，昔視為膏腴者，今以荊棘視之，故特簡者六人，僅庚公來二十二日。公處極艱危，勞心苦思，仿劉士安法，略為變通，皖揚之餉賴以不匱。儲國裕軍，成效漸著。丁巳二月，回淮揚道本任。安撫趙公奏以公督辦裏下河七州縣及通、海二州團練。公至，翁副帥營議進兵所向。次年正月，公以攻克瓜州功，賞孔雀翎。四月，謁河帥庚公，議蔣壩禮字河洪澤湖、浮山防守事。先是甲寅工員議堵處禮河，公首倡不堵，留險過寇議。由是禮河天險，得資控扼。又以浮山口在洪湖西，為賊必爭地。若以重兵守，則賊無由窺伺洪湖，清淮可以安枕，兼可運淮北鹽，宜募水勇二千，分駐禮河、浮山，庚公如其策。故閱年有五洪湖蔣壩累告急，而清淮無虞。公卒後，大吏撤浮山之眾。庚申，清河陷矣。八月，德帥浦口兵潰，僚屬謂公不過兼轄揚州耳，在此辦善後耳，無守揚州責。駐紮地在清江浦，可至彼辦銷算，毋居此危城。公不聽，靳兵登城，激以忠義。在城僚屬，無一敢言去者。然揚州城闊兵單，兼以餉絀，公誓與城為存亡。

譜》，復就《年譜》之中舉其要者編爲《行述》，草創既成，就正於余，乞爲筆削。余嘉其孝思肫摯，爰繹《祭統》之義而告之曰：

《記》言：「無美而稱之，是誣也；有善而弗知，不明也；知而弗傳；不仁也。此三者，君子之所恥也。」〔註4〕余謂就三者相較，「不明」出於無心，其過猶小；「誣」與「不仁」，出於有意，其過益深。況就「誣」與「不仁」

作家書，部署身後事。九月二日，賊擾甘泉山，五臺山之軍亦潰，兵心愈渙。是日戌刻，逆眾逼西南兩門，然萬炬，火光燭天，城中士卒僅數百人。公激勵，皆感奮。復募敢死士，縋城下，殊死戰，斬獲甚眾。三日黎明，賊眾繞攻南門，破而入，將士競執羈靮，鞭馬渡河，公手撻之，不能禁。馳至萬福橋，以防東路。五日，督勇擊賊，斬獲甚多。張總統國樑渡江攻揚州，大破之，復揚州。十月，德帥劾公，奉旨削職。二月，奉旨發往安徽勝保軍效力。公聞命即行，至定遠，翁副帥檄充定遠大營，總辦文案。時撚逆龔得率數萬人攻定遠，公與縣令周怡芳佩濂守城，賊圍數重，列礮環攻。公亦以礮連環排擊，死者甚眾。復募死士夜出城，繞賊後擊之，驚走，逐解圍，追奔十餘里。奉旨賞給五品項戴。龔逆奉撚首張洺，並連粵匪陳玉成眾數十萬再攻城，時有以文案無守土之責勸者，公慨然曰：「曾爲朝廷監司，若徑去，上無以對君父，下無以對士民。」督眾嚴守，冒酷暑，風雨巡城者八晝夜，力疲憊回寓少休。忽聞東門地雷發，即奮起，怒目切齒，齧指血，書正大光明自盡六字於壁，曰：「無徒死，巷戰可殺寇。」遂乘馬，督十餘人出，賊已入，公提刀巷戰，刃血濺衣。賊少卻，復四面縱火攻公，公刀起處，賊予輒摧。忽一悍賊從後刺公，傷足墜馬，叢刺，陣亡。咸豐九年六月十八日也，時年五十有一。幕客金子文、茂才福鴻亦同時死難。翁副帥以公殉難事上於朝，得旨復原官，照道員陣亡例議恤。子雲騎尉，世職。公性慷慨好施與，雖處艱難之會，義與無不勇爲，費數萬金。公歿後，官虧七千金，賴制軍代償，宿逋則至今尚有未償者。尤服膺顧先生《日知錄》，雖在軍旅，亦手不釋卷。爲武英殿國史館纂修時，遍閱史寇官書，故於國朝掌故尤悉。邃於術數，嘗致書同年友益陽胡文忠曰：「衍太乙數，合之天象，歲在甲子，必削平大難，再覲升平，恐某不及見。」又自知死難日。及同治三年，金陵恢復，撚逆旋亦蕩平，其言均驗。《日知堂文集》三卷、《詩集》一卷、《外集》二卷、公牘尺牘各一卷、筆記三卷，惟筆記刊行，餘俱毀於兵火。光緒十四年，陳六舟中丞彝奏准定遠建立專祠，禮也。子階亦攝淮揚兵備道，聘廓掌書記。一日，出公行述，謂廓曰：「先光祿公，學才卓絕一時，大節凜凜，使無紀之者，恐碩德懿行之不彰也。子其爲作一家傳。」語未既，適山陽，許君來述清江近事，眾口稱公之賢，後無能繼，並惜公之歿者，累累百餘語。計去公攝淮揚時，已三十餘年矣。廓益知公功德之感人者深也，又聞公墓側居民禱雨祈晴輒驗者。公子階，同治壬戌詣定遠，見血書皆黑。光緒丁亥，公從子朝吉亦詣定遠，則字轉赤。次年，即奉建祠之命。嘗攷海忠介坊，於崇禎甲申，鐫名處血出，忠介慟明社之屋，公感聖代褒忠之典，盛衰之故則異，忠烈之氣則同。謹按行述及博採所聞者傳如左。

語見《禮記・祭統》。

〔註 4〕語見《禮記・祭統》。

二者相較，「誣」者存迴護其親之心，其失尙近於惇厚；「不仁」者蓄忍視其親之念，其失必陷於澆漓。故知而弗傳，尤爲君子所最恥。以生之天資謹篤，必不敢以無實之詞誣其先人，固不待言矣。今光祿公之事蹟，業經詢訪搜羅，十已得其八九。即一二未及備載者，尙可續補於將來。則有善弗知，亦無庸復爲生慮。加以勤勤懇懇，惟恐先烈之或有遺忘，則知而弗傳，生斷不至於此。

　　而余顧不得不爲生言者，則以「知而弗傳」，其故有二。一由於義理之不明，一由於世故之太熟。義理不明者，知有富貴而不知有學行。若魏見泉之子附會權璫，營求入閣，不欲言其父爲東林名公〔註5〕。此下愚所羞稱也，余不必爲生言也。世故太熟者，但問趨避而不復問是非。若司馬溫公之後人迎合時相之意，謂《涷水紀聞》非其曾祖所作是也〔註6〕。此恒情所難免也，余不得不爲生言也。前此孫虞橋吏部、喬石林侍讀皆以力爭河務，爲某河帥〔註7〕

〔註5〕魏允貞，傳見《明史》卷二百三十二。其子魏廣微，傳見《明史》卷三百〇六。

〔註6〕《宋史》卷四百七十三《姦臣三·秦檜》（第13760頁）：「檜先禁私史，七月，又對帝言私史害正道。時司馬伋遂言《涷水記聞》非其曾祖光論著之書，其後李光家亦舉光所藏書萬卷焚之。」

〔註7〕來新夏《近三百年人物年譜知見錄》著錄《孫宗彝年譜》（上海人民出版社1983年版，第22～23頁），稱：

譜主孫宗彝，字孝則，號虞橋，別號眉休居士。江蘇高郵人。明萬曆四十年（一六一二年）生，康熙二十二年（一六八三年）卒，年七十二歲。明諸生。清順治四年（三十六歲）進士。歷任中書舍人，吏部員外郎、郎中等官。順治十五年（四十七歲）告歸。康熙二十年（七十歲）因攻許河工尅扣工銀及河水成災等事，與當時負責治河之靳輔產生矛盾，遂以散播流言罪被逮，卒於獄。所著《愛日堂集》八卷，頗有可供研究河工問題參考之處。

《清史稿》卷四百八十四《文苑一》，載：

喬萊，字石林，寶應人。（下略）十八年，試鴻博，授編修，與修明史。典廣西鄉試，充實錄館纂修官，遷侍讀。時御史奏濬海口，瀉積水，而河道總督靳輔言其不便，請于邵伯、高郵間置閘泄水，復築長堤抵海口束之，使水勢高則趨海易，廷議多主河臣言。適萊入直，詔問萊，疏陳四不可行，略謂：「開河築堤，勢必壞隴畝，毀村落，不可行一。淮、揚地卑，多積潦，今取濕土投深淵，工安得成？不可行二。築丈六之堤，束水高一丈，秋雨驟至，勢必潰；即當未潰，潴水屋廬之上，豈能安枕？不可行三。至於七州縣之田，向沒於水，今更束河使高，則田水豈復能洄？不可行四。」帝是之，議乃寢。

另外，龍顧山人纂《十朝詩乘》卷三《靳文襄束水注海》（卞孝萱、姚松點校，福建人民出版社2000年版，第108頁），云：

靳文襄束水注海之議，喬石林侍讀充講官，亦疏言其害，與李子靜論同。

故「某河帥」即靳輔。《清史稿》卷二百七十九《靳輔傳》亦載：

尋召輔、成龍馳驛詣京師廷議，成龍議開海口故道，輔仍主築長堤高一丈五尺，

所傾。侍讀之子介夫徵君，紀侍讀爭下河事及被議始末〔註8〕；吏部之子無燀
孝廉，爲吏部作年譜〔註9〕。歷敘觸忌之故與被陷之由，皆據事直書，毫無遷
就，識者推徵君、孝廉爲肖子，益知吏部、侍讀爲名賢。此生之所當效法者
也。《孫淵如觀察年譜》紀某撫軍聽和珅關說，觀察時署臬，使械和門使者於
衢。〔註10〕《洪稚存太史年譜》紀某將軍妄測睿廟聖意，請殺諫臣。仰荷睿
廟至仁如天，太史旋奉賜環恩旨。〔註11〕識者稱觀察、太史爲古之遺直，亦

束水敵海潮。大學士、九卿從輔議，通政使參議成其範、給事中王又旦、御史
錢鄷從成龍議，議不決。上命宣問下河諸州縣人官京師者，侍讀寶應喬萊等乃
言：「從成龍議，工易成，百姓有利無害；從輔議，工難成，百姓田廬墳墓多
傷損，且堤高一丈五尺，束水至一丈，高於民居，伏秋潰決，爲害不可勝言。」

〔註 8〕 喬介夫之文字不詳。方苞《答喬介夫書》(劉季高校點《方苞集》，上海古籍出
版社 2009 年版，第 137 頁)，載：「蒙諭：爲賢尊侍講公作表志或家傳。以鄙
意裁之，第可記開海口始末，而以侍講公奏對車邏河事及四不可之議附焉，傳
志非所宜也。」方苞《方苞集集外文》卷六《記開海口始末》(第 697～700
頁)，亦載喬萊之事。

〔註 9〕 《近三百年人物年譜知見錄》載《孫宗彝年譜》(第 22 頁)，稱：「原題《先府
君年譜》，清孫弓安編。」

〔註10〕 張紹南、王德福《孫淵如先生年譜》卷下「嘉慶二年丁巳，君四十五歲」(《北
京圖書館藏珍本年譜叢刊》第 119 冊，北京圖書館出版社 1999 年版，第 479
頁。) 載：
潍縣有武弁犯法，挾厚力求脫，令不可幹。因賄通和門，致書關說，君訪捕
鞫之，械和門來者於衢。得書者大驚沮，亟掣君出省，回任防汛。奏言知府
護理道任，呼應不靈，上以河堤任重，即著君回兗沂曹濟道任。出省時，各
屬感君廉正卻陋規，相率斂費贈君，君不納。
馬振君《孫星衍年譜新編》(黑龍江大學 2015 年博士論文) 載：
山東巡撫伊江阿嘉慶二年二月十六日《奏請河道孫星衍調回本任事》摺：「臣
伊江阿跪奏，爲曹單堤工緊要，將河道調回本任以專責成，仰祈聖鑒事。竊
查兗沂曹濟道專管曹單黃河堤埽工程，該當春汛將生，又值黃水初歸故道之
時，曹單一帶，北岸堤工最須愼重防守，非本任專司大員，不足以資經理。
現護道濟南府知府金之忠，辦理雖無遺悞，究係委護之員，不若本任道員呼
應較爲靈便。兗沂曹濟道孫星衍，上年防守伏汛安瀾之後，因臬司張長庚未
經到任，是以奏請將臬司印務暫委該道署理。茲當工程緊要，河工是其專責，
應請調回本任，以重河防。所遺臬司員缺，察有登萊青道莭道幹，老成持重，
熟諳刑名，堪以委署。其登萊青道一缺，即委金之忠護理。一轉移間，地方、
河工，兩有裨益，所有愼重河防調署各緣由，理合恭摺具奏。伏祈皇上睿鑒。
謹奏。二月十六日。」「嘉慶二年二月二十一日，奉硃批：『如請行。欽此。』」
中國第一歷史檔案館藏錄副奏摺，檔號：03-1471-042。
據此，「某撫軍」即伊江阿。

〔註11〕 呂培等編次《洪北江先生年譜》於「四年己未，先生五十四歲」(劉德權點校
《洪亮吉集》第五冊，中華書局 2001 年版，第 2345 頁) 載：

稱兩家年譜爲直筆之書。此年譜所當模楷者也。

　　況年譜行述之作，將以求志傳之文，而自來名家之作文，尤以直筆爲貴。觀於權文公作《陸宣公集序》，書裴延齡之排擠；李習之作《韓昌黎行狀》，書李逢吉之矯誣；歐陽永叔作《石徂來墓誌》，書夏竦之姦邪；蘇東坡作《富鄭公神道碑》書趙濟之搖撼。古人類此者，固屬更僕難終。即以近日名公言之，方望溪記湯文正之遭謗，由某相國之嫉賢〔註 12〕；朱文正記曹副憲之蹈危，由某總憲之賣友〔註 13〕；姚姬傳記武大令之被劾，由某中丞之私心〔註 14〕；阮文達

　　　　時川陝餘匪未靖，湖北、安徽尚率兵防堵。時發御旨籌餉調兵。先生目擊時事，晨夕過慮，每聞川陝官吏偶言軍營情狀，感歎焦勞，或至中宵不寐。自以曾蒙恩遇，不當知而不言，又以翰林無言事之責，不應違例自動章奏。因反覆極陳時政數千言，於二十四日上書成親王及座師吏部尚書朱公珪、左都御史劉公權之，冀其轉達聖聽。發書後，始以原稿示子飴孫，告以當棄官待罪。是日，宿宣南坊蓮花寺，與知交相別。同人皆懼巨測，先生議論眠食如常。二十五日，即經成親王等將原書先後進呈。奉旨，傳至軍機處指問。旋有旨：落職，交軍機大臣會同刑部嚴審，定擬具奏。二十六日，王大臣等在都虞司訊問，並面傳諭旨：「洪亮吉係讀書人，不必動刑。」先生感激聖恩，伏地痛哭，一一如問，指陳無隱。當經王大臣等擬以大不敬律斬立決。奉旨免死，發往伊犁，交將軍保寧嚴行管束，二十七日即行。
　　　　於「五年庚申，先生五十五歲」（第 2346 頁）載：
　　　　在伊犁途次。（下略）先是伊犁將軍保寧妄測聖意，於未到之縣，先遞奏摺，中有「該員如蹈故轍，即一面正法，一面入奏」等語。奉硃批「此等迂腐之人，不必與之計較」，保公之意始息。
　　　　故「某將軍」即伊犁將軍保寧。
〔註 12〕事見方苞《方苞集集外文》卷七《翰林院掌院學士兼禮侍郎湯公墓誌銘》（第729～732 頁），載：
　　　　其司通政，奉命副少司寇某赴廣東讞楊津叩閽獄事成，議傅法，同官拱手受成。歸報，果當上心。及貳吏部，其正乃白山富公、遂寧張公。二公夙廉辨有威棱，得公協心相助，甚歡；而遇事或異議，二公多黜己見以從公，未嘗以爲忤也。自富公督師西邊，惟公與遂寧公爲眾望所注。而遂寧公時承使以出，則公獨當之。公性明連，凡案牘涉目，即洞其奸弊。選人有挾大力者以要，必破其機關，使終不得選。由是干進射利者竹聚怨於吏部，而遂寧公在事久，見知於上深，莫可搖動，遂爭爲浮言以撼公。
　　　　同卷《少京兆余公墓誌銘》（第 746 頁）載：
　　　　時冢宰張鵬翮久爲督撫，入掌諸部，號爲剛直。少宰湯右曾聰明辨察，吏不能欺。
　　　　可知「某相國」即「遂寧張公」，即張鵬翮。傳見李紱《穆堂別稿》卷二十九《大學士諡文端張鵬翮傳》。
〔註 13〕事見朱珪《知足齋文集》卷五《掌陝西道監察御史特恩贈副都御史曹公墓誌銘》（商務印書館 1936 年版，第 98 頁），載：

乙巳，與千叟宴，特旨授陝西道監察御史。丙午，上封事劾奏大學士和珅家人劉全衣服車馬房屋踰制。先有某卿竊知其事，飛書漏其事於和，乃星夜毀其跡。和答某書曰：「必有以厚報。」於是奉旨，留京王大臣勘察僭妄蹤跡，竟不可得。而公危甚，馳赴熱河待詢。（下略）皆曰：「曹公禍且不測。」然上竟不以罪公也。部議鐫三級，奉旨改爲革職留任。蓋先帝保全言官，故卒無敢中傷之者。（下略）壬子春正月十九日亥時，卒於官，年七十有四。越七年，今上親政，六日而和下獄。正月十八日，賜和死，某卿洊擢掌憲矣，即日罷斥。

《清史稿》卷三百十九《和珅傳》載：

五十一年，御史曹錫寶劾和珅家奴劉全奢僭，造屋逾制，帝察其欲劾和珅，不敢明言，故以家人爲由。命王大臣會同都察院傳問錫寶，使直陳和珅私弊，卒不能指實。和珅亦預使劉全毀屋更造，察勘不得直，錫寶因獲譴。

《清史稿》卷十五《高宗本紀六》載：

（五十一年七月）己巳，曹錫寶劾和珅家人劉全，不能指實，加恩革職留任。

均未明言洩密者究爲何人。檢《清史稿》卷三百二十二《曹錫寶傳》，載：

居三年，上以錫寶補司業無期，特授陝西道監察御史。時協辦大學士和珅執政，其奴劉全恃勢營私，衣服、車馬、居室皆逾制。錫寶將論劾，侍郎南匯吳省欽與錫寶同鄉里，聞其事，和珅方從上熱河行在，馳以告和珅，令全毀其室，衣服、車馬有逾制，皆匿無跡。錫寶疏至，上詰和珅。和珅言平時戒約嚴，或戚從日久漸生事，乞嚴察重懲。乃命留京辦事王大臣召錫寶問狀，又令步軍統領遣官從錫寶至全家察視，無跡，錫寶自承冒昧。上召錫寶詣行在面詰，錫寶奏全恃勢營私，未有實跡，第爲和珅「杜漸防微」，乃有此奏。復諭軍機大臣、大學士梁國治等覆詢，錫寶又承「杜漸防微」語失當，請治罪。下部議，當左遷。上手詔略言：「平時用人行政，不肯存逆詐億不信之見。若委用臣工不能推誠布公，而猜疑防範，據一時無根之談，遽入人以罪，使天下重足而立、側目而視，斷無此政體。錫寶未察虛實，以書生拘迂之見，託爲正言陳奏。姑寬其罰，改革職留任。」

據此，可知「某總憲」乃吳省欽。

〔註14〕事見姚鼐《惜抱軒文集後集》卷六《博山知縣武君墓表》（《惜抱軒全集》，世界書局 1936 年版，第 255 頁），載：

乾隆五十七年，當和珅秉政，兼步軍統領，遣提督番役至山東，有所詗察。其役攜徒眾，持兵刃，於民間陵虐爲暴。歷數縣，莫敢何問。至青州博山縣，方飲博恣肆，知縣武君聞即捕之。至庭不跪，以牌示知縣曰：「吾提督差也！」君詰曰：「牌令汝合地方官捕盜，汝來三日，何不見吾？且牌止差二人，而率多徒，何也？」即擒而杖之。民皆爲快，而大吏當時之山東巡撫也。大駭，即以杖提督差役參奏，副奏投和珅。而番役例不得出京城，和珅還其奏，使易。於是以妄杖平民，劾革武君職。

王文濡選編《續古文觀止》卷四收錄此文，於「大吏」下注曰：「當時之山東巡撫也。」（浙江古籍出版社 2012 年版，第 111 頁）檢《清史稿》卷二百〇二《疆臣年表六·各省巡撫》，當時吉慶任山東巡撫（第 7726 頁）。可知「某中丞」即吉慶。

記李忠毅之陣亡，由某制軍之掣肘〔註15〕。莫不詳敍曲折，大書特書，未嘗計及所斥之為巨室貴家，恐其兄弟子姪將來有報復之事，而依阿曲徇於其間也。然則生之求文筆以闡揚，但當顯揭其是非，而無所用其趨避。既已決計登載，不須轉念刪除。誰謂家乘之書不可奮南董之筆哉？不然，《春秋》之法為親者諱，不聞為讐者諱也。君子之心，待常人當存忠厚，待巨憝不當用忠厚也。況彼方深文巧詆，而此反曲筆調停，恐光祿公在天之靈，未必尚肯周旋若輩也。且使若輩之兄弟子姪為賢者歟？則羅汝楫之子願知其父獲罪於岳鄂王而負疚引慝，即使獲睹岳氏之《金陀粹編》，固不含恨矣。使若輩之兄弟子姪為不賢者歟？則盧貞烈之子杞忘其父受賜於顏魯公而以怨報德，亦不待見顏氏之家傳廟碑而後蓄憾矣。然則慮報復而為趨避之計，祇在遵守古禮，不與讐家同官共事而已，豈繫乎書法之隱不隱哉？余賦性戇拙，所言多迂闊之談，方今蓄道德、能文章之巨公，不乏其人。生將懇乞其椽筆，試持余序質之以為何如。

蘇米往還蹤跡考

　　坡公與元章同時契厚，而唱酬之作不多見，其往還蹤跡紀載未詳。今據坡公詩文、尺牘、《志林》，參考各書，知元章初識坡公當在汴京，其年月雖無明文，然坡公晚年與元章書有「恨三十年相從，知元章不盡」之語，《文集》「三」誤作「二」。今按：元章《挽坡公詩》第四首自注云：「公簡云『相知三十年，恨知公不盡』。」其所謂簡，即指此書。今據以改正。是書作於建中靖國元年六月舟泊眞州之時，上溯三十年前為熙寧四年。是年夏末秋初，坡公出都赴杭州通判之任，據《續通鑑長編》。元章是年已官涂光尉，元章尉涂光，傳無年月。《輿地紀勝》「英德府官吏」門「米芾」，注云：「在熙寧間作涂光縣尉，事見本縣堯山萬善院養病篇刻石。」《潛研堂金石文字跋尾》貞集卷四云：「米黻五言絕句，在祁陽縣之浯溪，後題『米黻南官五求便養，得長沙掾，熙寧八年十月望經浯溪』，凡廿三字。」今按：自熙寧八年上溯五年以前，當是熙寧三年。雖云四年至八年，亦得稱首尾五年。然抵任縱在四年，起程未必不在三年，不得謂四年

〔註15〕　事見阮元《揅經室二集》卷四《壯烈伯李忠毅公傳》（第450～452頁），載：
　　　　　以阿林保為總督。阿林保初至閩，閩官交譖公。阿林保密劾公因循逗遛，捏
　　　　　報斬獲，奏五上。（下略）十二年春，忠毅追牽入粵，擊之於大星嶼。（下略）
　　　　　忽賊發一小礮，適中忠毅喉，忠毅遂殞。閩帥張見升本庸懦，又窺總督意，
　　　　　頗不受提挈，及是，遙見總帥船亂，遽率舟師退，牽乃遁入安南夷海中。
　　　　　可知「某制軍」即閩浙總督阿林保。

春夏定在汴矣。則相識當在是年之前。坡公以熙寧二年服闋，自蜀還朝仍，直史館，差監官告院。元章久居京師，以恩蔭得官候選，蔡肇《米元章墓誌》云：「母閻氏贈丹陽縣太君。初，宣仁聖烈皇后在藩，與丹陽君有舊。故公少長邸中，以後恩入仕。初補秘書省校書郎，授涇光尉。」《直齋書錄解題》云：「《實晉集》，米芾元章撰。其母閻氏，與宣仁在藩時有舊，故以後恩補試銜入仕。其上世皆武官，蓋國初勳臣米信之後也，視芾爲五世孫。」今按：宋自元豐五年改易官制以後，秘書省校書郎爲館閣之職，前此則爲選人試銜。陳直齋所言試銜，即蔡天啓所言校書郎，蓋未任涇光尉時所授選人初階耳。性喜結納豪俊。蔡《志》云：「平生與遊，多天下士。」坡公久負海內重名，元章必早願見。惟坡公初至京師，舉進士，在嘉祐元年二年，元章甫六七歲。《潛研室金石跋尾》利集卷四云：「《蕪湖縣學記》，米元章書，自署無爲守。《宋史·元章傳》稱『年四十九卒』，而蔡肇撰《墓誌》云『年五十七卒於淮陽郡齋』，其說互異。予按：元章《跋晉謝安眞跡帖》云：『余生年辛卯』，又有『辛卯米芾』四字小印，則以仁宗皇祐三年生，至哲宗元符二年己卯，已四十九年矣。如史所云，即不及徽宗朝。而元章卻在徽廟時始以工書顯，其知無爲軍當在崇寧三年，明年始擢禮部員外郎，再出知淮陽，而歿於官。則《墓誌》云『五十七』者爲不誤。蓋其卒以大觀元年，歲在丁亥也。」《廿二史考異》云：「《寶晉英光集》有《紹聖二年八月十八日浙江亭觀濤》詩，注云：『時年四十五』，正與辛卯生年相合。」今按：嘉祐元年，歲在丙申。二年，歲在丁酉。辛卯至丁酉，首尾凡七年。再至京師，授福昌簿應制科，在嘉祐五年，元章甫十歲十一歲。三至京師，判登聞鼓院直史館，在治平二年三年，元章亦僅十五十六，尚非結納賓客之時。至熙寧二年，坡公四至京師，元章年已十九，姓名已登仕版。《宋史·元章傳》云：「以母侍宣仁后藩邸舊恩。」《廿二史考異》引呂居仁《軒渠錄》云：「元章母入內祇應老娘，元章以母故命官。」今按：宣仁后即神宗母，其推恩元章之母，當在神宗即位之初。熙寧二年，神宗登極兩載，故知元章必已得官也。聞坡公赴闕，諒必覓階主以爲先容。則謂蘇、米識面定在是年，於情事亦合。自是年下推建中靖國元年，相距三十二年。其言三十年者，舉成數耳。閱二年爲熙寧四年，坡公與元章先後出都，宦途遠隔，蹤跡遂疏。閱十一年爲元豐五年，坡公在黃州，就東坡之地作雪堂，十月後遷居。至元豐七年四月，自黃移汝，中間居雪堂者首尾三載，實則一年有餘。彼時元章曾來問視坡公，坡公自登州還朝，與元章書云：「某自登赴都，已達青社。衰病之餘，乃始入闈，憂畏而已。復思東坡相從之適，何可復得。」今按：坡公以東坡自號，實因黃州營地東偏有坡，然其坡本耕種之地，可居者則惟雪堂。故知東坡相從，猶言雪堂相從也。疑是六年赴杭州時過訪。

蔡《志》云：「七遷入淮南幕。」今按：七遷中可考者，自長沙、淮南外，惟知曾官杭州。《潛研堂金石文字跋尾》亨集卷四云：「余考元章少時官澣光尉，往來粵東西。藥州之題，當在此時。至元豐乙丑，年三十五，官於杭。明年歲在丙寅，改元元祐，不聞更入粵也。」今按：《潛研堂金石文字目錄》有《龍井山方圓菴記》，米黻行書，元豐癸亥四月在杭州龍井山。癸亥爲元豐六年，乙丑爲元豐八年，疑元章於六年即官杭州。果爾，則過黃當在六年赴杭之時。然未得確證，姑存此說以俟考。**坡公放廢閒居，而元章不惜紆道，其誼可謂篤矣。**坡公集中，在黃州時，與朱康叔書云：「見元章書中言，當世之兄馮君處，有一草伏朱砂法，甚奇。惟康叔可以得之。」又一書云：「子由到此，須留他住五七日。馮君方想如所諭，極煩留念。」今按：子由至黃視坡公，在元豐三年五月。坡公致康叔兩書，所言馮君藥方前後相應，前書作於子由未至之先，而元章之書已至，當在是年四月以前，蓋坡公以二月一日至黃也。**閱二年爲元豐八年，坡公以冬月自登州還朝，其時元章居憂，故致書有慰唁之語。**書首云：「人至辱書累幅，承孝履無恙，甚慰想念。」書末云：「惟千萬節哀自重。」今按：元章丁艱當在入淮南幕府之時，蓋由杭州移任未久也。**閱二年爲元祐二年，坡公官翰林學士，兼侍讀，有《次韻米黻二王書跋尾》七古二首。**以上下文各詩推之，當作於夏秋之間。上文有《次韻張舜民出倅虢州留別》七律一首，下文有《九月十五日賜燕又賜御書詩翌日進詩》〔註16〕七古一首。據《續通鑑長編》，舜民通判虢州在是年六月，故知《和元章二王跋尾》詩當作於六月以後，九月以前。**閱二年爲元祐四年，坡公乞郡得請，三月間以龍圖閣學士出知杭州。**此數年中，坡公致元章書十首，覈其所言，知元章彼時爲近畿邑宰，往來京城，書中有云：「自承至京欲一見」；又云：「元章想且夕還縣」；又云：「非久得郡，或當走寓邑中待水也」；又云：「某以疾請郡，遂得餘杭。重辱新詩爲送，無緣面謝。」必在雍邱任內。蔡《志》云：「改宣德郎知雍邱縣。」雍邱在開封府東百里，縣令入都謁府尹，因與朝官往還，固常事也。坡公得杭郡在三月，而到任在七月三日。據《到任謝表》。下同。其出都蓋在六月。是月十二日，泊雍邱，晤元章於縣署。《東坡志林》卷八云：「元祐四年六月十二日，與章致平同過元章。致平謂：『吾公嘗見親發鎖，兩手捉書，去人丈餘，近輒挈去者乎？』元章笑，遂出二王、長史、懷素輩十許帖子。」**閱二年爲元祐六年，坡公自杭州被召爲翰林學士承旨，三月離杭州，過吳江、常州，五月到闕。**《紀年錄》云：「三月九日罷杭守，辭天竺，作詩。十九

日宿吳江、常州，太平寺觀牡丹，作詩。」是年，元章去雍邱任所，歸潤州寓居。四月間，遊焦山，題名瘞鶴巖。其題名云：「仲宣、法芝、米芾，元祐辛未孟夏觀山樵書。」《京口山水志》云：「案：仲宣，甘露寺僧，見米公《淨名齋記》。法芝，金山僧，東坡有《寄法芝上人》詩。」今按：辛未係元祐六年，彼時坡公過潤相晤，元章出城追餞。坡公《與元章書》云：「昨日遠煩追餞，冒熱還城。且喜尊體佳勝。今晚不渡江，即來辰當濟。益遠，惟萬萬保愛。」今按：書中所言渡江，蓋由潤至揚，泝淮北上，定在離杭赴闕之時。文集屬諸赴杭時，非是。五月到闕。《紀年錄》云：「四月到闕。」今按：《續通鑑長編》，五月丁丑，前知杭州蘇軾言乞除一重難遙郡，不敢辭避。庚辰，蘇軾兼侍讀。甲申，是日蘇軾至自杭州，始入見。則四月未到闕也。八月，除龍圖閣學士，知潁州，九月二十二日到任。七年正月，改知揚州，三月二十六日到任。夏間，元章由潤至揚，坡公宴諸名士，元章在坐。《侯鯖錄》卷七云：「東坡在維揚，設客十餘人，皆一時名士，米元章在焉。酒半，元章忽起立，云：『少事白吾丈，世人皆以芾為顛，願質之。』坡云：『吾從眾。』坐客皆笑。」今按：坡公在揚時詩，題云《到官病倦，未嘗會客。毛正仲惠茶，乃以端午，小集石塔》，據此，則元章與宴，或即在端午，或在端午後，均未可定。要不在端午前矣。未幾，入都補官，復任雍邱。坡公自揚還朝，致元章書三首。第一首云：「前在揚州，領所惠書，當路不暇給，不即裁答。人至，復枉手教，荷存記之厚。夢得來，談新政不容口，甚慰所望。」玩其詞意，蓋作於離揚後，在塗之時。元章自雍邱遣使致書，因作是以答之也。所謂「前在揚州，領所惠書」，蓋元章復蒞雍邱時所寄。所謂「新政」，即復任雍邱後之善政。元章生平宰邑，止雍邱一處，前後兩任，歷年頗深。中間去官，或因秩滿，或因謁告，或別有他故，亦未可知。夢得繫馬正卿之名。正卿即雍邱人，元章部民也。詳見下文。七月，坡公被召為兵部尚書。八月，兼侍讀。九月中旬，入都供職。詩集是年詩有《在彭城日，與定國為九日黃樓之會。今復以是日，相遇於宋。感之作詩》〔註17〕七律一首，《九日次定國韻》五古一首。宋即宋州歸德府，彼時謂之南京，其地距東京三百五十里。重九日已至宋州，則初旬之外可抵都矣。其將抵都時，路經雍邱，元章留飯縣署，對案作字，相易持去。《避暑錄話》卷下云：「米元章書自得於天資，然自少至老，筆未嘗停。元祐末，知雍邱縣。蘇子瞻自揚州召還，乃具飯邀之。既至，則對設長案，各以精筆、佳墨、紙三百列其上，而置饌其旁。子瞻見之，大笑就坐，每酒一行，即申紙共作字。一二小史磨墨，幾不能供。薄暮，酒行既終，紙亦盡，乃更相易攜去，俱自以平日書莫及也。」入都後，復有書，望其謁府尹款敘。

〔註17〕 詩題原作《在彭城日，與定國為九日黃樓之會。今復以是日，相遇於宋。凡十五年，憂樂出處，有不可勝言者。而定國學道有得，百念灰冷，而顏益壯。顧余衰病，心形俱瘁。感之作詩》。

揚州還朝，與元章第三書云：「衰倦本欲遠引，因得會見，竟未遂此心。何時到府，因復少款。」今按：據《續通鑑長編》，是年十一月癸卯，坡公乞越州，不允。書中「遠引」、「未遂」之語，即指此事。次年爲元祐八年，元章仍宰雍邱。《東坡志林》卷五云：「元祐八年五月十日，雍邱令米芾有書，言縣有蟲食麥葉，不食實。」坡公以端明、侍讀二學士，出知定州。九月二十七日出都赴任。據文集中《朝辭赴定州論事狀》。路經雍邱，元章復得款接。

坡公赴定州時，致元章書五首。第一首云：「過治下得款奉，辱主禮之厚，愧幸兼極。邑政日清簡，想有以爲適。」第二首云：「辱臨訪，又蒙惠詩。只今出城，無緣走謝。非遠，北行矣。」第四首云：「出城固不煩到，復得一見，幸矣。」此皆坡公赴定州時，元章款留餞送之蹤跡也。蓋雍邱乃畿輔劇邑，元章久任不遷。惟其爲劇邑也，故簿書鮮暇，唱酬不多。惟其爲畿輔也，故冠蓋往還，蹤跡較密。其間惟元祐六年九月，坡公自京至潁，雍邱爲必由之地，而元章不在雍邱，此次無往還蹤跡耳。坡公守定州之次年，爲紹聖元年。四月間落兩職，知英州。閏四月，自定州起程，十五日至滑州韋城。文集《書松醪賦後》云：「紹聖元年閏四月十五日，予赴英州，過韋城。」今按：韋城縣，宋時屬滑州。表請由汴泗之間，乘舟泛江。文集《赴英州乞舟行狀》云：「今已行次滑州」，又云：「臣只帶家屬數人前去，汴泗之間，乘舟泛江，倍道而行。至南康軍出陸赴任。」其路亦經過雍邱，故有《初貶英州過杞贈馬夢得》五絕一首。杞即雍邱之地，夢得乃正卿之名，雍邱爲正卿之鄉里。《詩集》中有東坡五古八首，作於黃州。《序》中有「故人馬正卿」之語。施《注》云：「杞人馬正卿作太學生，清苦有氣節。詩中馬生，即其人也。」查《注》云：「馬正卿，名夢得，見本集。」馮《注》同。其時，元章宰雍邱如故，《揮麈三錄》卷三云：「紹聖初，米元章爲令畿邑之雍邱。遊治下古寺，寺僧指方丈云：『頃章聖幸亳社，千乘萬騎經從，嘗憩宿於中。』元章即命彩飾建鴟，嚴其羽衛，自書榜之曰天臨殿。時呂升卿爲提點開封府縣鎮公事，以謂下邑不白朝廷，擅創殿立名，將按怡之。蔡元長作內相，營捄獲免。」今按：元長爲蔡京之字，內相爲翰林學士之別名。京爲學士，在其弟卞拜右丞之後。卞爲右丞在紹聖二年十月，彼時元章未離雍邱，則元年閏四月正在雍邱可知。正卿爲元章部民，素相厚善。馮《注》云：「先生稱正卿爲馬髯，見尺牘中。」今按：坡公爲翰材學士時，致元章書云：「某恐不久出都，馬夢得亦然。且夕一來相見否？乞爲道區區。」又一首云：「馬髯且爲道意，未及答書。」此元章與正卿親密之證。坡公至雍邱，與正卿相見，元章諒無不知。其人夙有奇士之風，則飲餞盤桓，必更厚於平日。假令元章徇世俗炎涼之態，不見坡公，何以爲元章？後此，坡公北歸，亦復何顏相見？況前此坡公安置黃州，元章猶願往見，豈有此時竟不迎謁之

理乎？然則坡公南遷，過元章治所，其往還蹤跡，雖無確證，然可審度而斷也。由是言之，元章久任雍邱，未經遷擢，而藉是得與坡公屢晤，不可謂非翰墨文字之緣矣。又閱七年爲建中靖國元年，坡公度嶺北歸，五月至眞州暫留，《紀年錄》云：「五月一日，舟至金陵，作《崇因院觀音頌》、《次韻清涼老詩》。」《年譜》云：「四月，舟行至豫章彭蠡之間。五月，行至眞州。」今按：坡公《與程德孺書》云：「今方達南康軍，約程四月末間到眞州。當遣兒子邁往宜興取行李，某當泊船瓜洲以待之。」《荅李端叔書》云：「又得子由書，及見教語，尤切至，已決歸許下矣。但須至儀眞少留，令兒子往宜興，刮刷變轉。」《與胡郎仁修書》云：「某本欲居常，得舍弟書，邀歸許下甚力。今已決計泝汴至陳留，陸行歸許矣。且夕到儀眞，暫留，令邁一到常州款見矣。」據此，則坡公出湖口沿江而下，先至金陵，後至眞州。其至金陵在五月一日，且有作頌和詩之事，蓋亦少有勾留，則行抵眞州，似當在五月初旬內外。**寓居發運司之東園。**東園在發運司治所之東。皇祐四年，施昌言爲使，許遵爲副使，馬遵爲判官，得州之監軍廢營以作東園，歐陽公撰記。**將以五月杪或六月上旬，由淮泝汴往許州，與子由同居。**《與杜子師書》云：「某已到儀眞少幹，當留旬日。舍弟欲同居潁昌，月末遂北上矣。」《與程德孺書》云：「本欲居淮浙間，近得子由書，苦勸來潁昌相聚，不忍違之，已決從此計，泝汴至陳出陸也。」《與黃師是書》云：「某已次意北行，從子由居。但須令兒子往宜興幹事，艤舟東海亭下，以待其歸，乃行矣。行期約在六月上旬，不知其時使舟已到眞否？或猶得一見於揚楚間爾。」**元章以發運司差遣至眞州，**元章《挽坡公》詩第二首云：「將尋賀老船虛返」，自注云：「余約上計回過公。」今按：自注「上計」二字，指押運北上而言。發運司總江淮兩浙荆湖六路漕事，治所在眞州。元章有勾當公事差遣，得至眞州，且可來往於大江南北，故欲俟押運回空，至常州訪坡公也。蔡《志》云：「除發運司勾當公事蔡河撥發。」蔡河地近東京，發運司主持漕務。撥發即係押運。元章官淮南幕府在先，官眞州發連司屬在後。《揚州府志》幕職從事內列其名，發運司屬內無其名，未免掛漏。**六月初，冒暑訪坡公於東園。坡公睡起聞之，遣人送麥門冬飲子，並繫以詩。**《坡集‧睡起聞米元章冒熱到東園送麥門冬飲子》詩云：「一枕清風直萬錢，無人肯買北窗眠。開心暖胃門冬飲，知是東坡手自煎。」查《注》云：「案：《紀年錄》，先生於辛巳五月至常州。據此題中所云東園，當在常州，而無可考。」又：「本集《與錢濟明尺牘》云：『一夜齒間出血，專是熱毒根源不淺，當專用清涼藥，已令用人參、茯苓、麥門冬煮濃汁，渴即少啜之。』」今按：元章《挽坡公詩序》云：「季夏相值白沙東園。」第一首云：「六月相逢萬里歸。」第三首云：「小冠白糰步東園。」第五首云：「今看麥飲發悲哦。」自注云：「見公送麥飲詩。」白沙係眞州舊名，則東園在眞州無疑。既云「季夏相值」，又云「六月

相逢」，則坡公與元章六月會晤，正在眞州。《紀年錄》謂坡公五月至常州，睡起聞米元章到東園，送麥門多飲，作詩，其誤甚矣。查氏知常州之東園無考，然不知東園本與常州無涉，何必考也。若夫《與錢濟明書》所言，自是坡公至常，疾革時所服之藥，與在眞州時餽元章解暑湯飲不同。未可因其並用麥門多，遂牽合爲一也。坡公此詩，南宋嘉定間運判林拱辰刻石眞州東園中共樂堂之北窗，其題中「睡起」上有「館寓東園一日」六字，「送」上有「急」字，較詩序尤爲完備。《儀徵舊志》載之甚詳。然則坡公是年與元章相見在眞州，不在常州明矣。**又致元章書，以久別獲見爲喜。**其書云：「嶺海八年，親友曠絕，亦未嘗關念，但念吾元章邁往凌雲之氣，清雄絕俗之文，超妙入神之字。何時見之，以洗我積年瘴毒耶。今眞見之矣，餘無足言者。」**嗣因會程德孺於金山。**《與程德孺書》云：「不知德孺可因巡按至常、潤，相約同遊金山否？」《與錢濟明書》云：「須某到眞，遣人奉約，與德孺來金山，乃幸也。」又一書云：「亦須到潤，與程德孺相見。公若枉駕，一至金山，又幸也。」《與元章書》云：「傅守會已罷而歸矣。風止江平，可來夜話，德孺同此懇。」今按：濟明曾否至金山，元章是否同來，俟考。又按：傅守名燮，據《嘉定鎮江志》，燮知鎮江府在王古後，曾布前。古守潤在元符三年二月，布守潤在崇寧元年六月，建中靖國元年。在此二年之間，正燮守潤時也。**聞朝士多相忌者，遂決計不復往許，仍議往常。**《與子由書》云：「兄在眞州，與一家亦健。行計南北，凡幾變矣。遭值如此，可歎可笑。兄近已決計從弟之言，同居潁昌，行有日矣。適值程德孺過金山，往會之。並一二親故，皆在坐。頗聞北方事，有決不可往潁昌近地居者，事皆可信，人所報，大抵安排攻擊者眾。北行漸近，決不靜耳。今已決計居常州。」**暫留眞州，泊舟十日上下。**《與子由書》云：「更留眞十數日，便渡江往常。」又一書云：「數日熱甚，舟中揮汗寫此。少留眞，欲葺房婿，令整齊也。」**與元章時相過從，因暑熱感疾。**《與元章書》云：「某昨日歸臥，逐夜海外，久無此熱，殆不堪懷。」又一書云：「昨日飲冷過度，夜暴下，且復疲甚。明日會食，乞且罷。需稍健，或雨過脩然時也。」又一書云：「某食則脹，不食則羸。昨夜通旦不交睫，端坐飽蚊子爾。不知今夕如何度。」又一書云：「數日不聞來音，謂不我顧，復渡江矣。辱教，慰感倍常。」**移舟通江閘外，過濟亭泊。**《與元章書》云：「某兩日病不能動，口亦不欲言，但困臥爾。河水污濁不流，薰蒸成病，今日當遷過通濟亭泊。雖不當遠去左右，只就活水快風，一洗病滯。稍健，當奉談笑也。」又一書云：「兩日疾有增無減，雖遷閘外，風氣稍清，但虛乏不能食，口殆不能言也。願欲與公談，則實未能。想當後數日耶？」今按：宋時眞州有通江木閘二，創自乾興、天聖之間，記文爲胡武平所作。通濟亭當在外閘之外。明成化間，建通濟閘，蓋即移亭名爲閘名也。**因舊感儋州瘴氣舉發，欲速至常州休息，**《年譜》云：「行至眞州，瘴毒大作。」《掣經室再續集・舊江口宋梅花院》

詩云：「蘇公病臥眞州日，終是回頭傷瘴根。」詩後自記云：「此院爲江廣北行江口孔道，宋蘇文忠公自嶺南回，至眞州，病暑，決意歸毗陵。今之所行所宿，必此地也。因思蘇公在瓊儋不死，而回至江南遽卒，此回頭瘴也。」今此地瘴輕，常聞在彼者受瘴時不覺，回至內地病發不治，名回頭瘴。今尚如此，宋更宜然。蘇公病暑不致即卒，過眞州，歸常州卒，此必回頭瘴也。遂別元章於閘屋，元章《挽坡公詩》第四首云：「力疾來辭如永訣。」自注云：「公別於眞閘屋下，曰：待不來，切恐眞州人道放著天下第一等人米元章不別而去也。」渡江而南至潤州。十四日，有《答章致平書》，即作於京口，蓋在彼稍有停留。《雲麓漫抄》云：「東坡先生既得自便，以建中靖國元年六月還次京口。時章子厚丞相有海康之行，其子援尚留京口，以書抵先生云云。先生得書，命從者伸楮和墨，書以答之：『某頓首致平學士：某自儀眞得暑毒，困臥入昏醉中，到京口，自太守以下皆不能見，茫然不知致平在此，辱書乃漸醒悟。自半月來，日食米不半合，見食即先飽。今且歸毗陵，聊自慰。此我里，庶幾且少休，不即死。書至此困憊，放筆太息而已。六月十四日。』此紙乃一揮，筆勢翩翩。後又寫《白朮方》。今刊行先生《年譜》不載此，以補闕文云。先生集中有《答致平書》，而章書人多不曾見，故不能曉其答意。」今按：《文集》中《與章子平書》十五首，第十三首即《雲麓漫抄》所載。《與致平書》第十四首，即《白朮方》，編次者誤列於《與子平書》中。不知子平名衡，坡公同年。致平名援，坡公知舉時所取省元。未可因其姓相同字相似，而牽合爲一矣。援爲惇子，其作書之意，欲爲其父求解於坡公。書中所言「老親」，與坡公答書所言「丞相」，皆謂惇也。編次者未見來書，又未思丞相爲何人，故有此誤耳。借元章西山書院南窗避暑。元章《挽坡公詩》第五首云：「曾借南窗逃蘊暑，西山松竹不堪過。」自注云：「南窗乃余西山書院也。」又《洞天一品石詩序》云：「西山書院，丹徒私居也。上皇樵人以異石來告，令百夫輦至寶晉齋。」今按：《輿地紀勝》鎮江府古蹟門，米芾宅在千秋橋之西。元章《自書帖》云：「敝居在丹徒行衙之西，臨運河之闊水，東則月臺，西則西山，故寶晉齋之西爲致爽軒。」據此，則西山書院本在鎮江，坡公前此過潤，或時非蘊暑，無須借居；或期迫公程，不遑假館。故知南窗逃暑，定在是年六月。是月由奔牛埭至常州，旋往宜興，復還常州。馮氏《年譜》注云：何薳《春渚紀聞》載冰華居士錢濟明跋先生帖後，云：「先生四月自當塗寄詩，約至金山相候。六月自儀徵避疾臨江，再見於奔牛埭，即遷寓孫氏館」云云。然則到常在六月也。今按：《甕牖閒評》云：「東坡北歸七月到常州」，與《春渚紀聞》微異。《梁溪漫志》、《深雪偶談皆》載東坡自儋北歸，卜居陽羨，還屋焚券之事。其末云：「自是遂還毗陵，不復買宅，借顧塘橋孫氏居暫住焉。是年七月竟歿於借居。」以是推之，坡公由奔牛埭至常州在六月。繼而由常州至宜興，復還常州，則在七月矣。是年立秋在七月初間，據《紀年錄》，坡公之葬在崇寧元

年閏六月。崇寧元年即建中靖國元年之次年。凡次年閏六月，則本年立秋必在七月初五前後。坡公有《立秋日致元章數語》。元章《挽坡公詩》第四首云：「古書跋贊許猶新。」自注云：「公立秋日於其子過書中批云：『謝跋在□懷。』」今按：坡公《致元章書》末一首云：「某一病，幾不相見。今日始覺有絲毫之減，然未能作書也。跋尾在下懷。」今按：既云未能作書，必是批於叔黨書中。坡公在眞州致元章書，言謝帖不敢草草，題跋又言謝帖未可輕跋，米詩自注所引謝跋二字，坡集作跋尾，蓋元章增改，取其明顯耳。懷上空格定是「下」字，非此外另有一書也。未幾疾革，《與錢濟明書》云：「某一夜發熱不可言，齒間出血如蚯蚓者無數，專是熱毒根源不淺。」《紀年錄》云：「七月疾頗革，折簡錢世雄」云云。世雄即濟明之名也。至二十八日即歸道山。其與元章尺牘，蓋即止於此。元章《挽坡公詩序》云：「辛巳中秋，聞東坡問以七月二十八日畢此世。」迨元章登朝爲太常博士，擢禮部員外郎，則坡公不及見也。《墨莊漫錄》卷二云：「崇寧中，初興書畫學，米芾元章方爲太常博士，奉詔以《黃庭》小楷作千文以獻。」今按：蔡肇《元章墓誌》敘此事在崇寧三年六月。至於擢禮部員外郎，又在踰年之後，蓋崇寧四年也。范公稱〔註18〕《過庭錄》云：「忠宣舊藏一江都王馬，往年自慶赴闕時，米元章作郎，每到相府求觀，不與言，唯遶屋狂叫而已，不盡珍賞之意。崇寧初，歸上方矣。」今按：范忠宣自慶州入相，在元祐三年四月，其初次罷相在四年六月，彼時元章方知雍邱，未嘗爲郎，此公稱誤記也。坡公長於元章十五歲，坡公生於景祐三年丙子，在皇祐辛卯前十五。故元章呼城公爲丈。其初識面時，坡公年三十四，元章年十九。坡公歿時年六十六，元章年五十一矣。蘇、米三十餘年往還之蹤跡，其可考者大略如此。

梁節愍公萬安殉難年月考

梁節愍公之殉難，府縣志皆載其事，而不言死節之年月。《明史·萬元吉傳》云：「八月叛將白之裔入萬安，江西巡撫曠昭被執，知縣梁於涘死之。」其上文有「福王即位」之語，又有「明年」之語。夫福王之立在甲申，其明年則爲乙酉，然則殉難在乙酉可知矣。《南疆繹史·金聲桓傳》云：「乙酉五月，我大清兵下九江，左夢庚以所部三十六營降。諸將相率北去，聲桓不欲從，請規取江省以自效。六月，傳檄南昌，巡撫曠昭先遁，已攻袁州，萬安守令亦俱死。」所謂「萬安令」者，即指節愍而言也。其下文有「八月，聲桓矯殺體仁」之語，則是謂節愍之死在八月之前矣。而《節愍傳》云：「嬰城

〔註18〕稱，當作「偁」。

固守，援絕被執。金聲桓降之不可，繫南昌獄者五十有三日。九月十三日作絕命辭，自縊死。」是又謂七月中旬，由萬安執送南昌，而其死節則在九月中旬矣。二《傳》所言，與《明史》八月之語，皆不相合，蓋傳聞異辭也。

至於蒞任之年月，史傳未有明文。康熙、雍正《揚州府志》及乾隆《江都》、《甘泉縣志》皆云：「知萬安縣，蒞任甫一月」，《康熙江都縣志》云：「與史可法同輔福王，馬士英害其能，除爲萬安令。未數月，兵猝至城下。」《嘉慶揚州府志》亦同。今考乙酉四月下旬，揚州失守，史閣部死之。五月上旬，福王及馬士英皆出奔。節愍之宰萬安，即使至遲，亦必在四月、五月之際。無論城破之時在七月、八月，而蒞任皆不止一月。當以「未數月」之語爲確。然其除官亦在乙酉，則各志無異說也。節愍以癸未登第，乙酉蒞任，而志書於未授職之前，已云「同輔福王」者，蓋明代新進士有觀政各部之例。而南渡時，用人尤不拘資格，疑節愍於甲申歲曾觀政於南都部曹，或因閣部之薦舉而得召見，故爲士英所最忌耳。

明吏部尚書張恭懿公別傳　採所撰《松窗夢語》

張瀚〔註 19〕，字子文，一字益齋，浙江仁和人。卷一《宦遊紀》、卷七《先世

〔註 19〕 張瀚，過庭訓《本朝分省人物考》卷四十三（明天啓刻本）有傳，云：
　　　　 張瀚字子文，號元洲，杭州人也。二十五成進士，爲王文成歎賞。泛覽群書，
　　　　 尤酷嗜《左》、《國》、《莊》、《騷》，至寢食俱廢，遂燁然成名當世。初任部郎，
　　　　 一造船，再讞獄，勤慎稱職。已知廬州，減賦墾田，教民築堤濬池。歲旱澇，
　　　　 則身爲犧以禱。視囚雪陳邦冤諸政，斧斷理解，不減包孝肅，爲治行第一，
　　　　 補大名。值庚戌虜變，募兵入衛，赳期立辦，諸郡莫及。兩爲太府，廉直不
　　　　 阿，每與臺使當庭爭可否。如辯開守証，禁巡司賄，至今邦人稱之。時亦以
　　　　 異等，擢潼關治兵使，已參嶺藩。未幾，調蜀晉閩，又自晉梟轉陝西左右轄
　　　　 凡十年，三入關，即其地擢巡撫都御史。防秋固原，不撤兵，虜躪入，以我
　　　　 軍有備，宵遁。撫終南饑民，須史投戈散去，遂卿大理，貳刑部。後以兵貳
　　　　 兼憲職，督漕運，移督兩廣，芟劇賊，定羅旁。會有駕禍者，功高不賞，時
　　　　 論共惜，謝歸。起原官，再撫關中，遷掌南臺南大司空。值神宗即位，召入
　　　　 爲吏部尚書。時楊襄毅病免，會推三人上，越次用之。持衡數年，所殿最，
　　　　 黜陟務以進賢退不肖爲主。每錄選人姓字，上注御屏，欲上時時目之。又議
　　　　 酌選規，行久任，崇實政，遴眞才，稽章奏，重責成，嚴考績，慎拾遺，要
　　　　 以愛惜人才，本之忠厚。一時吏治，喁喁近未有也。爲吏部幾再，考滿，上
　　　　 益沖懷向治，注意老成，故相江陵亦嚴事之。逮奪情事起，徼上中旨屬諭留
　　　　 江陵，亦自削牘諷使留已，瀚謬爲不聞也。江陵始不悦，因嗾臺臣中之。及
　　　　 歸，飄然嘯詠湖山間。迨計聞，郵贈諡廕，備極優渥。善書法，兼工點染，
　　　　 詩若文莊嚴典則，歸之爾雅。有《奚囊蠹餘》二十卷、《續集》二十卷、《松

窻夢語》八卷、《臺省奏議》十四卷，藏於家。

另外，盛冬鈴點校《松窗夢語》卷首有馮夢禎《張太宰恭懿公傳》（中華書局1985 年版，第 2～3 頁）。

丁丙《善本書室藏書志》卷十九（清光緒刻本）載：

松窗夢語八卷，舊鈔本。

明張瀚著。

此書爲恭懿公罷歸後作。前有《自引》云：「獨處小樓，檻外一松，移自天目，虬幹縱橫，鬱鬱蒼蒼。日夕坐對，靜思往昔，恍惚如夢。憶記紛紜，皆爲陳跡。松窗長晝，隨筆述事。時萬曆癸巳八十三翁識。」紀宦遊、南北東西遊、北虜、南夷、東倭、西番、士農工商、天地、祥災、花木、禽獸、方術、盛遇、異聞、先世、夢寐、權勢、忠廉、時序、風俗、自省、銓部、宗藩、漕運、兩粵，皆親歷之事，郡縣藝文志皆不列其目。

謝國楨《明清筆記談叢》（謝國楨著；謝小彬、楊璐主編《謝國楨全集》第 5 冊，北京出版社 2013 年版，第 284 頁）稱：

《松窗夢語》八卷，明張瀚撰。瀚字子文，浙江仁和人，明嘉靖十四年進士，授南京工部主事，歷官至史部尚書，卒諡恭懿。《明史》列傳一百十三有傳。在他罷官家居的時候，年已登八十。住在小樓上，樓外種了一棵天目山的松樹，蒼翠可喜，非常茂盛。他日對古松，回憶平生，如同春夢，所以取爲書名。黃虞稷《千頃堂書目》子部小說類著錄張瀚著《松窗夢語》八卷，清末八千卷樓丁氏刻於《武林先哲遺書》中。鮑廷博傳鈔本，有「綬珊六十以後所得書畫」及「杭州王氏九峰舊廬藏書畫之章」朱文印。王綬珊爲民國初年滬上的藏書家，以藏方志著名：自日寇肆虐以後，近十餘年來，如嘉業堂劉氏、寶禮堂潘氏、適園張氏，常熟丁氏的藏書往往散出，其歸公家保存的，固然可以安然無恙，可供閱覽，若爲估人收買，不知愛惜，就不免流落散失。我見書坊的書目上，有這部書，亟爲南開大學購得，今藏於南開大學圖書館。

司馬朝軍《續修四庫全書雜家類提要》（商務印書館 2013 年版，第 358～359 頁）稱：

張瀚（1510～1593），字子文，號元洲，又號虎林山人，仁和（今屬浙江杭州）人。嘉靖十四年（1535）進士，官至工部尚書、吏部尚書，卒贈太子少保，諡恭懿。著有《奚囊蠹餘》、《臺省疏稿》、《張瀚詩文集》等書，編有《明疏議輯略》、《吏部職掌》、《武林怡老會詩集》。生平事蹟見《明史》本傳。

書前有萬曆二十一年（1593）張瀚《松窗夢語引》，稱自罷歸，屏絕俗塵，獨處小樓，松窗長晝，隨筆述事，既以自省，且以貽後人。日對古松，回憶平生，如同夢幻，故取爲書名。其《四遊紀》分南遊、北遊、東遊、西遊四紀，《四裔紀》分北虜、南夷、東倭、西番四紀，《四民紀》分士人、三農、百工、商賈四紀，《象輿紀》分象緯、堪輿二紀，《災祥紀》分祥瑞、災異兩紀，《動植紀》分花木、禽獸二紀，《遇聞紀》分盛遇、異聞二紀，《德藝紀》即《先世紀》，《夢省紀》即《夢寐紀》，《忠權紀》分權勢、忠廉二紀，《序俗紀》分時敘、風俗二紀，《銓藩紀》分銓部、宗藩二紀，《漕粵紀》分漕運、兩粵二紀，外此尚有宦遊、方術、自省三紀，凡三十三紀。

書中所載內容頗爲龐雜，有記社會狀況者，如《宦遊紀》記官員「殺人以沽

紀》。案：本書但言改字益齋，而不言本字。《明史·本傳》云：「張瀚字子文，仁和人。」少補諸生。嘉靖五年，新建伯王守仁奉命征思田，駐節杭州，瀚往謁求教。守仁語之曰：「隨事體認，皆可進步。爲諸生，誦習《孔》、《孟》，身體力行，即舉子業豈能累人哉？所患溺於口耳，無心領神會之益，視聖賢爲糟粕耳。」瀚謹誌之不忘。卷四《士人紀》。十三年舉於鄉，十四年成進士，卷六《盛遇紀》。案：《本傳》云：「嘉靖十四年進士。」殿試二甲。卷六《方術紀》。觀政都察院，爲都御史王廷相所器重。嘗語之曰：「時雨後出街衢，躡新履，皆擇地而蹈。偶一沾濡，更不復顧惜。居身之道，亦猶是爾。倘一失足，將無所不至矣。」瀚終身誦之。十五年秋，選南京工部都水司主事。十六年抵任，卷一《宦遊紀》。案：《本傳》云：「授南京工部主事。」督造戰艦於龍江關，卷一《宦遊紀》、卷六《夢寐紀》。兼攝榷務，弛稅十之二，商賈樂赴，舟楫輻輳，較原額反增十之五。卷一《宦遊紀》、卷四《商賈紀》。有羨金，即送歸節慎庫。卷七《忠廉紀》。其監造作，雖竹頭木屑，不厭瑣細。廠局中堆積朽株，令匠役斷以爲薪，供惜薪司用，所省數千金。忌者反劾其擅折有用之材，世宗廉知其情，置不問。十八年，丁母憂去官。卷一《宦遊紀》、卷五《堪輿紀》。服闋，補刑部，遷員外郎。卷一《宦遊紀》、卷三《北敵紀》。遇審錄疑獄，必據理剖析。鳳陽富民陳邦之僕，途遇群盜，挾之同行，分與敝衣數件。僕歸以告，邦懼，首諸官，群盜恨之。即夜劫其家，擄僕妻去，反詣官告邦強佔僕婦。長垣捕役王崇儒買娼爲妻，賃富人婁榭之屋，夜令其婦潛往榭家，詰旦持刃入，誣以逼奸良家，脅取衣飾資財以去。復訴諸官，指爲買和。問官以邦與榭多金，存避嫌之見，坐以大辟。瀚皆駁正開釋之，問：「官猶詿以，曷不避嫌？」瀚曰：「何嫌可避？但求中情法耳。焉敢殺人以沽名哉？」卷一《宦遊紀》。二十一年，總兵張達以失援下獄，

名」，又有御史「居鄉豪橫，強奪人妻女爲妾，役鄰人爲工，復假先年被劫，妄執平民爲盜，家製刑具，極其慘酷」。又有論社會經濟者，如《三農紀》有興西北水利之言，以爲水利一興，則旱潦有備，可轉荒蕪爲東土，西北皆可耕之田矣，而東南輸輓之勞可漸息，可謂南北兩利之長策：《百工紀》謂理人之道當防淫佚之原，抑末務而開本業，以爲躬行節儉，嚴禁淫巧，袪侈靡之習，還樸茂之風：《商賈紀》言茶鹽之利，其論以農爲本，重本抑末，貴農賤商。有記世風民俗者，如《百工紀》謂「今之世風，侈靡極矣」：《時敘紀》記杭俗春秋展墓之情形：《風俗紀》記杭俗日益奢靡，而事佛尤甚。其書大抵留心經濟，多關乎經世之學。至於《象緯紀》言天文，《堪輿紀》談風水，《祥瑞紀》言祥瑞，《災異紀》記災異，《方術紀》言方術，皆關乎文化之「小傳統」。至《士人紀》，歷舉劉基、于謙、王守仁諸人言論行事，知其景行所在。謝國楨亦肯定其史料價值。書中警句甚多。（下略）

瀚察其材武，當朝審時，言於法司，擬令立功贖罪。其後果稱良將。終死封疆，由瀚之成其志也。卷三《北敵紀》。出爲廬州府知府。卷一《宦遊紀》，卷七《自省紀》。案：《本傳》云：「歷廬州知府。」鄰郡霍邱豪紳胡明善，居鄉不法，被害者群，訴於朝下。巡按勘問，乃屬瀚越郡追捕，坐以殺一家三人律，寘諸極刑，民以包公雪冤比之。二十四年夏，旱，與推官陳儒曝烈日中祈禱，將積薪自焚，俄而大雨如注，歲獲。有秋，復於農隙循行阡陌，相度地形，開塘築堤，以備旱潦。兩年之間，開濬甚多。丁父憂去，郡父老拜送者，相屬於道。卷一《宦遊紀》、卷七《忠廉紀》。案：至廬、去廬，本書未載年月。據《宦遊紀》云：「乙巳夏，廬陽旱。」乙巳乃嘉靖二十四年，其至廬當在是年以前，去廬當在是年以後。服闋，補大名府知府。卷一《宦遊紀》、卷七《自省紀》。案：《本傳》云：「改大名。」《宦遊紀》有庚戌歲在大名之事，庚戌係嘉靖二十九年，其補官當在是年以前。開州鄉宦某，役州民，建私宅，銜知州李某沮其事。造蜚語短之，巡按楊選疑焉。瀚力白其誣，曰：「天地鬼神鑒臨，焉敢昧公心以淆是非？」選改容揖之。部民有兄弟訟財產者，互訐陰私，瀚命取一杻各械一手，置獄不問。久之，兩人自悔，潸然淚下，曰：「自相構以來，情暌者十餘年。今月餘共起居，同飲食，隔絕之情既通，積宿之怨盡釋。」已乃指天向日而誓。瀚笑曰：「知過能改，良民也。」遂釋之。二十九年，俺答入寇，都城戒嚴，朝廷遣兵部郎持節督畿輔兵，入衛諸郡守倉卒無措，且以議相見禮未決。瀚聞報，即下令各邑，閱戶口，計人丁，凡三十選一，餘悉供餉。乃馳迎使者於保定，顧諸郡守曰：「事亟矣，公等尚拘牽文義，與使臣爭苛禮哉？且《春秋》先王人，以王人尊則朝廷之威命行。今兵興重務而卑使者，則威褻矣，如國難何？」諸守色動，乃相率庭謁，使者降階迎入。瀚首請視師，曰：「勤王事不宜緩。」使者至大名，閱兵畢，謂瀚曰：「旄彩戟利，士壯馬騰，可稱八百精銳矣。」驚歎而別。卷一《宦遊紀》。案：《本傳》云：「俺答圍京師，詔遣兵部郎中徵畿輔民兵入衛。瀚立閱戶籍，三十丁簡一人，而以二十九人供其餉，得八百人。馳至眞定，請使者閱兵。使者稱其才。」及俺答既退，廷議增設兵馬。兵備副使尹某，緣是拘逮富戶爲旗牌及千總、百總，不願充者責令出金市馬實廏，良民受累者甚眾。瀚悉留其人不遣，具揭請其寬免。尹某怒，白諸撫按及吏、兵二部。瀚聞之曰：「一官不足惜，吾何敢廢朝廷法紀，以媚貪暴之人。」欲投牒去，會上官皆知瀚直，而尹某爲科道劾罷，其事乃已。卷一《宦遊紀》、卷六《夢寐紀》。三十一年，遷潼關兵備副使。卷一《宦遊紀》、卷七《自省紀》、卷八《銓部紀》。白水城中人民僅百飭，而城外倚山爲居者反

多數倍。瀚緣山開擴城基，鳩工版築，不兩月而成。同州城郭雖整，民不滿千，瀚詢知城中無水，人不樂居，乃訪求泉源，引二渠入城，由是戶口漸盛。三十二年，關中同華饑，瀚親往開倉發粟。窮民領賑者，無頃刻之淹。嘗語其屬曰：「救荒無善策，惟速行稍有濟耳。」卷一《宦遊紀》。三十三年，調任廣東。卷一《宦遊紀》、卷七《自省紀》。案：本書未言調廣東年月，據卷三《北敵紀》言謝憲副甲寅往榆林鎮驗功，卷八《銓部紀》言殷憲副甲寅秋入關為左轄，皆瀚官潼關時事。甲寅係嘉靖三十三年，至次年瀚即告歸，則其調廣東必在是年無疑。甫抵任，總督談愷議討新會、新寧山賊，檄領西哨，瀚恐殺及無辜，乃豫給〔註20〕，榜村寨，令先下者集高阜，禁官軍不得侵擾，然後合兵擒剿，斬首一千六百有奇。捷聞於朝，竟以失賂重人，僅賚銀幣。卷一《宦遊紀》。三十四年，告歸故里。卷七《自省紀》。案：據本書瀚之涖粵，不及期年，故知是年歸里。自閩趨浙，適值海寇突犯杭州，巡撫李天寵閉城自守。瀚駐臨安旬日，覘知賊僅小舟百餘艘，眾不過數百人，而所掠男女尚居十之五六。寇甫退，即促天寵速為剿除，無使滋蔓。天寵不能用，賊勢遂益猖獗，論者惜之。卷三《東倭紀》。三十七年，赴部謁選。卷七《權勢紀》。三十八年，補官四川。卷一《宦遊紀》、卷二《西遊紀》、卷七《權勢紀》、《自省紀》。巡按郭民敬言左布政某謬戾、僉事某處置乖方，瀚答以布政坦夷無他腸，特氣質稍偏耳；僉事爽朗晰底裏，特一事偶誤耳。論人者不當因氣質之偏概其心術，以一事之誤概其生平。民敬斂容起謝，曰：「此格言也。」卷一《宦遊紀》。三十九年，遷福建參政。卷七《自省紀》。案：據本書瀚之涖蜀，不及期年，故知是年赴閩。四十年，巡按李廷龍監臨鄉試，檄瀚充提調，且參閱文藝。將拆封填榜，廷龍曰：「古人求士，兼取身言。今僅得其言耳，安得其身？」瀚曰：「疇昔諸生過庭，嘗物色之，俱已得其彷彿。」及開卷，覘姓名，瀚一一道其狀貌甚悉。既而來赴鹿鳴宴者，各官諦視之，果皆不爽，舉座驚服，曰：「昔賢識一郡人，今公識一省士矣。」卷一《宦遊紀》。四十一年秋，遷山西按察使。抵任未兩月，復遷陝西右布政，尋轉左布政、卷六《方術紀》、卷七《自省紀》。案：

〔註20〕 按：此處疑脫「旗」字。卷一《宦遊紀》（中華書局1985年版，第14頁）云：石山談公愷督兩廣，余轄嶺南道。甫至，謁談公。談喜曰：「近已題微新會、新寧山賊，專待監一軍。」乃檄余與參將王麟率五嶺苗，狼精銳數千為西哨。余恐大軍所至，殺及無辜，乃先給旗，榜於各村諸寨，宣佈朝廷威德，令先下者集高埠處，禁官軍不得侵擾。始合兵擒剿，凡斬首一千六百有奇。俘獲婦女幼稚，聽民鬻養，老疾收養於官。談以捷聞，竟以失賂重人，僅進一級。同事領東哨者，亦進以一級。余獨賞內鑰一，表裏二，暨諸將領從俱敘功有差。事同而恩賚異也。

《方術紀》言不出三年開府，今考瀚以四十四年爲巡撫，故知遷按察在是年。《本傳》云：「累遷陝西左布政使。」巡茶御史某欲飢法庇吏，瀚堅持不聽。某乃摭藩司夙弊瀚所釐正者，反以劾之，時議雖諒瀚生平，猶欲更調以謝言者。吏部郎陸光祖抗論部庭，曰：「瀚之操履，光祖可剖心白之。與其更調瀚，寧罷光祖官。」遂杜門引疾，當事者知不可奪，乃兩擬請旨，而瀚得復留。四十四年，擢右副都御史、陝西巡撫。卷一《宦遊紀》、卷七《自省紀》。案：卷六《異聞紀》言左轄關中入棘院提調，此四十三年甲子科鄉試之事。其時尚爲左布政也。又云後西撫關中，與《宦遊紀》所言乙丑拊循關中，正相符合，故知擢巡撫在是年。又案：本書未言加右副都御史，《本傳》云：「擢右副都御史，巡撫其地」，今據補。防秋於固原，吉能擁眾入犯，發火器卻之。故事：立冬後，即撤兵還省。瀚慮其乘間闌入，乃下令各守信地，俟防冬兵至，更代方歸。未幾，吉能果踏冰猝至，官軍以逸待勞，奮勇斬級，吉能驚駭而遁。卷一《宦遊紀》、卷三《北敵紀》。四十五年春，窮民數千人嘯聚終南山，關內、關南兩道會議夾剿，瀚謂此輩迫於饑窘，未有殺人攻劫之罪。即手書曰：「民窮爲盜，原非本心。律有明條，許得自首。凡收執憲票者，聽復業生理，官司不得追究。」命匠刊板刷印三千餘張，遣撫民同知李愚馳往，諭以禍福，眾皆歡呼，投戈羅拜於地，領票而去。卷一《宦遊紀》。召入爲大理寺卿，卷一《宦遊紀》、卷七《權勢紀》、《自省紀》。案：《本傳》云：「甫半歲，入爲大理卿。」錄囚多所平反。京師群豎爲茶會，內有楊名、馬馴兩人，言論相觸，恃力鬭歐，皆致重傷而死。刑曹以兩人皆斃，法無所施，乃坐楊名之子、馬馴之姪，以扶其父、叔，助力相歐之罪。瀚視其人，皆垂髫童子，慨然曰：「今有罪者皆死，而移坐子姪，是知生可償死，不知死可互償也。」遂從末減，各坐失於勸救，杖決而已。卷一《宦遊紀》。遷刑部右侍郎，卷一《宦遊紀》、卷七《自省紀》。案：本書未言左右，《本傳》云：「進刑部右侍郎。」今據補。日與司官討論。凡獄詞稍可指謫者，悉如律例改定。及送廷評，無一事遭駁正者。諸曹郎相戒曰：「眞法司至矣，吾輩愼之。」卷一《宦遊紀》。隆慶元年，授兵部左侍郎，兼右僉都御史，出督漕運。卷一《宦遊紀》、卷七《自省紀》。案：《本傳》云：「俄改兵部，總督漕運。」未言左右，亦未言兼僉都。《宦遊》、《自省》兩紀，亦未言。據卷六《盛遇紀》：「二年，改督兩廣，官階如此。」今據補。援穆宗登極恩詔，奏免漕船帶磚，以節牽挽之勞，省交納之費。卷八《漕運紀》。工部尙書朱衡開夏鎭新河，大工甫竣，風雨暴至，水驟騰湧，覆漕舟百餘，糧以萬計。衡甚自危，乃移書來會，瀚曰：「此天意也，於人何尤。」遂上疏曰：「夏鎭之役，在臣一人。臣精誠不足通鬼神，智

慮不足先事變。覆敗之虞，實臣所致，乞免旗軍賠補。」聞者咸曰：「河道失事，引咎自歸，甚盛德也。」卷一《宦遊紀》。旋改兩廣總督，卷一《宦遊紀》、卷六《盛遇紀》、卷七《自省紀》。案：《本傳》云：「隆慶元年，改督兩廣軍務。」今考瀚已督漕至夏鎮，必俟全漕抵通，然後能赴兩廣。其抵任當在是年之冬。二年，冊立東宮。瀚奏乞覃恩移贈本生祖父母，奉旨俞允。自明興以來，本生祖父母沾此曠典者，惟大學士楊士奇、工部尚書朱衡及瀚，凡三人耳。卷六《盛遇紀》。當瀚抵任之初，海寇結山寇爲腹心，勾連接濟，肆無忌憚。瀚以爲欲剿海寇，當先除山寇。欲除山寇，當先治齊民。於是愼選保甲，每鄉分爲二甲，每甲立約長一人，約甲十人，互相約束，帥眾操演。遇有盜賊竊發，集眾截殺，首嚴通賊之禁，俾有所懲創，不敢爲非。又念猺獞之人，阻於聲教，無路自新。爰擇猺總、猺老中有才能出眾，爲人所信服者，即以其地與之。三年無過，授土巡檢。又三年無過，升土知縣。聽得世襲。卷八《兩廣紀》。羅傍涤水沿江一帶，闢地開墟，與民交易。德慶知州江萬仞率令來見，給與冠帶者六七人，平巾青衣者十餘人，歡欣踊躍而去。卷一《宦遊紀》。其有陽順陰逆，屢招復叛者，遣將出師，迅速剪除。由是有宜山、大小都亮之捷，惠、潮、韶、肇之捷，賓州、涤里之捷，嶺西、陽春之捷。山寇次第削平，海寇之勢漸孤，渠魁曾一本、林道乾各不相下，道乾已就招撫，而一本猶桀驚不馴。瀚夙知總兵俞大猷習知海道，因奏請福建官兵亦聽兩廣節制，且言一應徵剿事宜，巡撫往往不行關白，此非所以明職守而一政體也。誓師決計，必須事權歸一，而後調度可施。廷議從之。卷八《兩粵紀》。案：《本傳》云：「時兩廣各設巡撫官，事不關督府，瀚請如三邊例，乃悉聽節制。大盜曾一本寇掠廣州，詔切責瀚，停總兵官俞大猷、郭成俸。已而一本浮海，犯福建，官軍迎擊，大破之，賚銀幣。」案：本書未載此事。今據《本傳》補。三年，瀚自肇慶移鎮梧州，指授方略，會集三省諸軍，分佈要害，使賊進退無據，又以道乾爲前驅，令直搗其巢穴。一本始大窘，擒有日矣。忽奉旨降二級，離任。代者劉熹乘傳至，一本旋即剿滅，距瀚之去官，甫十日耳。粵人咸謂此捷皆瀚之功，壽特坐享其成，爲之太息。先是海北參將耿宗元，以歲暮時謁瀚於肇慶，瀚令往剿海寇，即日辭去，復往嶺東謁巡撫熊某。遽令率標下民兵，出剿平山屯聚倭夷。宗元辭以兵非素練，熊某曰：「與爾旗牌，不用命者，聽行軍法。」宗元乃入營，號令把總周雲翔等，聚眾謀曰：「何處鼇漢，擅號令我？不殺，將爲若害。」遂突入殺宗元，眾盡髡黥，反投賊中。熊某自掩其倉猝召變之咎，欲委過於瀚。兵科遂獨劾瀚，而不及熊某。瀚聞變，

令中軍總兵官郭成率狼兵數千，盡殲倭夷，生擒雲翔。既奏捷，熊某反邀功受賞，而瀚僅以功贖罪。卷一《宦遊紀》。案：本書未言郭成，今據《本傳》補，詳見上下文。山寇海寇既平，熊某復晉秩賜金，而瀚僅由降職閒住，改爲復職聽用。卷八《兩粤紀》。案：《本傳》云：「已復犯廣東，陷碣石衛，叛將周雲翔等殺雷瓊參將耿元，與賊合。廷議鐫瀚一秩調用。已而成大破賊，獲雲翔。詔還瀚秩，即家俟召。」今考耿元即耿宗元，「一秩」乃「二秩」之誤。以各傳參互考之，平寇在是年五月。五年，召爲陝西巡撫。卷五《祥瑞紀》、卷七《自省紀》。案：《本傳》云：「再撫陝西。」未言何年。《自省紀》云：「督粤年餘，回籍聽用。歸方二載，召撫關中。」《祥瑞紀》云：「隆慶辛未，余撫關中。」今考辛未係隆慶五年，瀚以隆慶元年冬督兩廣，三年夏罷歸，五年起用。其督兩廣不過年餘，家居不過兩年。其時俺答已納款，邊境無事，瀚謂許通貢市乃不終日之計，宜因此息肩之時，持籌熟計。識者韙之。卷三《北敵紀》。六年，晉南京右都御史。卷一《宦遊紀》、卷五《象緯紀》、卷七《自省紀》。案：本書未言左右，《本傳》云：「遷南京右都御史。」今據補。時值兩京計吏，瀚與南京吏部尙書王本固並持衡鑒，去留悉協公議。既而循例自陳，得旨云：「覽卿奏，不允辭。宜益用心供職。」南九卿稱卿爲異數，瀚感帝恩，因更號益齋。卷一《宦遊紀》。尋改南京工部尙書。卷六《方術紀》、《夢寐紀》、卷七《自省紀》。案：《本傳》云：「就改工部尙書。」萬曆元年，吏部尙書楊博謝病歸，以瀚代其任。卷一《宦遊紀》、卷六《夢寐紀》、卷七《自省紀》。案：《本傳》云：「萬曆元年，吏部尙書楊博罷，召瀚代之。」是時廷推者共三人，首都御史葛守禮，次工部尙書朱衡，而瀚居其末。首輔張居正方得政，持疏不遽票擬，俟經筵畢，面商點用。神宗遂越前二人，而召入秉銓。卷一《宦遊紀》。案：《本傳》云：「時廷推吏部尙書，首左都御史葛守禮，次工部尙書朱衡，次瀚。居正惡守禮戇厭衡驕，故特援瀚。」二年，外省考績，瀚與葛守禮大計群吏，黜陟幽明。首陳入觀事宜，申舉太祖、宣宗、孝宗三朝曠典。乃薦卓異謝鵬舉等二十五人，請引見。賜宴仍錫金幣，劾貪殘賈某等十八人，請旨拿問。卷一《宦遊紀》、卷八《銓部紀》。案：據《銓部紀》，瀚曾兩主外察，其第二次係丁丑年之事。丁丑乃萬曆五年，則第一次必在萬曆二年，相距正三年也。是歲，瀚以二品考滿，加太子少保。卷七《自省紀》。案：《本傳》云：「秩滿加太子少保。」五年，京外官並行考察。一典史，原署耳聾，例當閒住。過堂時，瀚詢其履歷，應答如響。瀚顧謂都御史陳瓚曰：「此雖卑官，部院安可輕黜，以蹈不公不明之罪？」即令其復任。一給事，中以建言謫典史，瀚察知其才品，立擢爲推官，旋又擢爲僉事，使督學於福建。後果大用。卷八《銓部紀》。案：《銓部紀》云：「余以南臺京考者一，銓部京考者一。」今考南臺京察在

隆慶六年，銓部京考在萬曆五年，相距正五年也。瀚在吏部五年，卷七《自省紀》。念惠安民生，必先綜覈吏治。卷一《宦遊紀》。其持論嘗言，勸懲宜彰，名實宜審，遷轉宜近，罷閒宜別，告病宜稽，文憑宜核，考成宜實，而舉劾尤宜當。又言久任之法，歷代用以宏化保民。守令比於他官更爲緊要。今酌議以兩考爲期，巡按必須差滿方可議升，督學必須三年方可議轉。又言吏部尚書職在鏡藻群品，惟開載布公，令公議所是，與眾共揚；公議所非，與眾共棄。則人己兩忘，恩怨俱泯。卷八《銓部紀》。故所措置，獨崇大體，略苛求，務周咨，絀浮議。才不以瑕掩，人不以資棄。實勝於名者，雖下僚必揚。名浮於實者，雖崇秩必抑。使人人爭得自效。卷一《宦遊紀》。大小臣工，一時鼓舞，紀綱爲之振肅。卷一《宦遊紀》。案：《本傳》云：「瀚資望淺，忽見擢取，朝臣益趨事居正，而瀚進退大臣率奉居正指。即出己意，輿論多不協。以是爲御史鄭準、王希元所劾。居正顧之厚，不納也。御史劉臺劾居正，因論瀚撫陝狼籍及唯諾居正狀。」今考《本傳》所言，第據鄭準、王希元、劉臺劾疏之詞。說詳下文。而瀚忽罷歸。卷一《宦遊紀》、卷五《象緯紀》、卷六《異聞紀》、卷七《自省紀》。先是，首輔張居正聞訃，不欲奔喪，乃降旨令吏部往諭眷留意，居正亦自爲牘咨部，云；「某日聞訃，請查照行。」蓋諷瀚使留己也。司官持咨，請瀚議覆。瀚謂宜咨禮部，查節年閣臣丁憂恩典，從重優恤，若不喻其意者。諸部院多欲保留居正，以瀚爲百僚長，勸其上疏。瀚曰：「今日之事，惟皇上可留，或相君自留。吾輩安可留也。」遂大咈居正意。卷一《宦遊紀》、卷五《象緯紀》。案：《本傳》云：「比居正遭喪，謀奪情，瀚心非之。中旨令瀚諭留居正，居正又自爲牘，風瀚屬吏，以覆旨請。瀚佯不喻，謂『政府奔喪，宜予殊典，禮部事也，何關吏部。』居正復令客說之，不爲動。乃傳旨責瀚久不奉詔，無人臣禮。廷臣惴恐，交章留居正，瀚獨不與，撫膺太息，曰：『三綱淪矣。』居正怒，嗾給事中王道成、御史謝恩啓摭他事劾之，勒致仕歸。」案：卷一《自省紀》但云：「嗾臺省數人相繼彈劾，奉旨致仕。」今據《本傳》補。瀚過居正言別，語之曰：「頃見公聞訃哽咽，謂公且不能旦夕留。區區之心，誠欲自效於公，以成公志，詎謂相矛盾哉？茲與公別，山林政府，不復通矣。」居正汗顏頮泚，嘿不能聲。有頃，曰：「公去，而心愈苦，事愈難矣。」瀚遂拂衣而歸，諸公卿祖道都門外。太常卿孫鑛謂瀚曰：「『去國一身輕似葉，高名千古重如山。』〔註21〕願以兩言爲公今日贈。」卷一《宦遊紀》。

〔註21〕 魏慶之《詩人玉屑》卷二「進退格」條（商務印書館1938年版，第36頁），載：
余按《倦遊錄》載唐介爲臺官，廷疏宰相之失，仁廟怒，謫英州別駕，朝中
士大夫以詩送行者頗眾，獨李師中《待制》一篇，爲人傳誦。詩曰：「孤忠自

進士鄒元標上疏論居正奪情，曰：「所幸者大臣挺然中立，未有留疏，然而遷徙又不常矣。」蓋指瀚而言也。卷七《忠廉紀》。瀚自歸里後，足跡不至公府。卷五《花本紀》。郡守每歲躬自造門，請踐鄉飲大賓之席。瀚以其祖若父，前此皆嘗力辭，因亦婉言謝之，終不一赴。卷六《先世紀》。居正歿，帝頗念瀚。案：本書未言及此，今據《本傳》補。督撫巡按復交章稱其居鄉之美。十六年，都御史吳時來疏請舉曠典，以優老臣。於是六卿致仕，年七十以上，給月米歲夫者，海內共七人，而瀚居其首。十八年，瀚年八十，奉旨存問。卷六《盛遇紀》、卷七《自省紀》。案：《本傳》云：「詔有司給月廩，年及八十，特賜存問。卒，贈太子少保，諡恭懿。」案：此係身後之事，本書所無。今據《本傳》補。又案：瀚在朝時，二品考滿，已加太子少保。意者所贈乃太子太保，《本傳》「少」字，係「太」字之誤歟？抑或勒致仕時，削去宮銜，而卒後追贈歟？今姑仍其原文以俟考。瀚凤以廉潔自持，初出仕時，其父問曰：「兒志何如而足？」瀚對曰：「有屋數椽，有田百畝，如斯而已。」其父大喜曰：「兒第出為清白吏，吾何憂矣。」卷六《先世紀》。去廬州時，以羨金付同知。去陝西時，以羨金付後任。卷七《忠廉紀》。去兩廣時，道出南安，知府林舜道迎訝，曰：「督撫重臣，行李蕭然如此。即馬伏波、曹樞密，不是過也。」卷一《宦遊紀》。案：《本傳》言劉臺劾瀚撫陝狼籍，蓋誤信誣謗之詞。《自省紀》云：「兢兢以名節自勵，而蕘菲之口每攻其所恃。」蓋即指此類而然也。生平志在立德，而恥倖進。卷七《權勢紀》。當嘉靖時，世宗喜言符瑞，內外諸臣多隨風而靡。瀚守廬州時，無為、合肥呈送瑞麥一穗二三穎，受而藏諸篋笥，不以聞於當路。撫陝西時，漢中呈送白兔二，亦不具表進獻。卷五《祥瑞紀》。錦衣陸炳慕瀚之賢，聞其赴都謁選，遠迎厚餽，以致殷勤，瀚終不肯攀援以求進。大學士高拱亦甚重瀚。其為次輔時，瀚入朝為大理卿，首輔徐階詢其為人於拱，拱以至明答之。繼而拱為首輔，瀚亦終不附麗。及瀚為吏部尚書，炳已久歿，其子為怨家所傾，逮繫累年。瀚主朝審時，昌言於眾，謂炳雖權寵傾中外，然能折節下士，保全搢紳，其恭謹有足嘉者，遂釋其子。時人皆服瀚言為公論。拱為張居正所排擠，業已罷歸，瀚特遣使至新鄭。拱答書云：「方僕之在朝也，公時在野，曾無一字見貽。今公在朝，僕已在野，乃不遠數千里下問。於前日之不相聞也，足以見公之高。於今日之下問也，足以見公之厚。」其遠權勢而重氣誼如此。卷七《權勢紀》。案：《本傳》言鄭準、王希元、劉臺劾瀚附居正，亦誤信誣謗之詞。《權

許眾不與，獨立敢言人所難。去國一身輕似葉，高名千古重於山。並遊英俊顏何厚，未死奸諛骨已寒。天為吾君扶社稷，肯教夫子不生還。」

勢紀》云：「蓋權勢所在，當局即迷，後來者復蹈覆轍。」即有慨於居正而言耳。鄉先達中所最景仰者，爲劉基、宋濂、方孝孺、于謙、胡世寧、孫燧、王守仁。卷四《士人紀》。謙之改謚，由於巡撫何孟春之奏，而瀚實發其端。世寧與瀚父友善，其後裔式微，瀚代爲區畫，復其故廬。執友中如都御史張永明、吏部侍郎靳學顏、福建巡撫游震得、四川巡按郭民敬、戶部郎中周天佐、台州知府周志偉，並以耿介清廉，志同道合，雖顯晦存亡各異，而久要不忘。卷七《忠廉紀》。素性儉約，尤惜物力。督兩廣時，移鎮梧州，值正月之初，封川知縣餽一紙燈。及燈夕方徂，門隸請燃。瀚念其積月之勞，棄於一旦，禁而止之。卷四《百工紀》。晚年家居，述先世舊聞，以訓後人。凡冠、婚、喪、祭，儀節服飾，皆守禮而弗徇時。不召優伶，不作佛事，卷七《風俗紀》。不惑於風水而遷葬。卷五《堪輿紀》。且記其高祖以來之隱德，條舉件繫，以示法程。卷六《先世紀》。所撰《松窗夢語》，隨筆述事，別類分門，共三十三紀，釐爲八卷。書成時年已八十有三。《自序》、《目錄》。自言「文者，氣之所行。氣行而理寓焉。惟有理而文亦不朽。」其子某所撰《後跋》。其書考證古事，頗爲精確。嘗言蒲州爲古蒲坂，即虞帝都。鹽池所產爲形鹽，又曰解鹽，不俟人工煎煮。惟夜遇南風，即水面如冰湧，實天地自然之利。大舜撫弦，歌《南風》之詩，「可以阜財」，正指此也。卷二《西遊紀》。敘述時事，多寓諷諫。如世宗崇信方士，好言祥瑞，則臚列禍變於《災異紀》，以見祈天永命在乎恐懼修省，而不在符讖禱祠。又引歐陽子《五代史》之論於《祥瑞紀》而申之，曰：「人臣工於媚悅，謂可轉移上心，不知上心侈，逸遂忘警戒，不亦昧於責難匡救之道乎？」卷五《祥瑞紀》、《災異紀》。神宗性喜奢靡，工人疲於奔命，則載太祖家法於《百工紀》，以明上供之物俱有定數，節儉之風流播至今。又引劉球、王恕之疏而申之，曰：「二公所言，豈惟一時讜論，實萬世忠謀，使人主錄之座右，其所裨補辰者，豈淺鮮哉？」卷四《百工紀》。至於斟酌古事，以籌畫時事，尤於經濟有關。自服官之初，即留心水利。宿州知州姚鑨築大堤，濬溝洫以備旱潦，瀚路過其境，見其變蕪田爲膏壤，歎爲良法。及總督漕運，兼撫淮右，鑨已改官刑部，首薦於朝，請授以憲職，持節潁上，專理開荒。格於部議不果。卷一《宦遊紀》、卷二《東遊紀》、卷四《三農紀》。其後官吏部尚書時，覆奏添設江北屯由僉事一員，勸農淮鳳，始得如其所請。然不久而瀚歸田，其官旋罷。卷一《宦遊紀》、卷四《三農紀》。瀚既惜其功之未成，又念西北多曠土，徐貞明建議墾闢，亦爲人所沮撓。因反覆推究河渠塘堰之利，謂得人以專任其事，而假之歲月，不責近功，薄

賦緩徵，藏富於民，俾西北皆可耕之田，而東南輸挽漕糧，可漸紓省，是南北兩利之長策也。卷四《三農紀》。當嘉靖、隆慶之際，宗支繁衍，歲祿不給。瀚爲陝西巡撫時，曾列韓王府事宜七條上請，自謂補偏救弊，乃一時之權，宜非萬世之長慮。天地生財，止有此數。麟趾瓜瓞，綿衍無窮。以有限供無窮，勢必難久。宗人僉欲請田自給，僉欲試官自效，而司宗籍者奈何不爲之計也。卷八《宗藩紀》。明代兩廣之地，恒爲盜賊淵藪。瀚謂當事者不先時撲滅，迨其燎原，然後出師，又或捨難就易，奸避逗遛，威愈褻而事愈難，以致賊徒日漸滋蔓，遍地皆盜區矣。自今計之，梧州本兩省交會之區，諸蠻盤據之地，必藉重兵彈壓，始可讋服。群凶有警，則共切震鄰之恐，一如唇齒相依。毋以分土爲限，視若秦越。閫以外雖督臣制之，然所恃以鼓舞振作者，恃朝廷之賞罰耳。賞罰不明，雖堯舜不能以治天下。余觀王文成坐縛思田諸蠻，計擒八寨反側，勞績著已，捷聞而時宰忌勳，竟停恤典。韓襄毅平修仁、荔蒲諸洞，直搗大藤峽，功至偉矣，班師而輔臣謗議，尋乃罷職。嗟夫！以功受罰，豈獨文成、襄毅然哉？善乎陸生之言曰：「將相和調則士豫附，天下雖有變，即權不分。」知此可與談粵事矣。卷八《兩粵紀》。瀚志希不朽，恒以立德、立功、立言自期。卷四《士人紀》。故其履蹈，恒守三尺，畏四知。卷七《忠廉紀》。入仕四十餘年，因時樹立，隨地建明。其子某所撰《後跋》。其學最深於《史記》，所著之書善序事理，辯而不華，質而不俚，其文直，其事核，不虛美，不隱惡，有良史之風。故其所自敘者，亦皆可信云。案：此《自序》、《後跋》所未言者。今取全書讀之，其波瀾意度，具有隱顯回互激射之法，眞能得史公神味，固非摹仿音節、剽襲字句者，所可同日語也。

論曰：觀人者宜覈其大節，當江陵奪情之時，公既能毅然不回，則其平日所以和衷共濟者，豈可疑爲附麗之跡哉？《松窗夢語》流播甚稀，故《明史》未加採錄。余幸獲見鈔本，重其於文獻有關。爰仿漢人記鄭司農學行之例，輯爲別傳；仿溫公撰《通鑑考異》之例，辨其異同；仿《道古》、《潛研集》中各傳之例，詳述始終；仿《揅經室集》、《儒林傳稿》之例，注明原本。俾欲識名臣言行者，有所考焉。

阮文達公傳　儀徵縣志稿

阮元，字伯元，一字雲臺，乾隆己酉進士。由翰林院編修，大考一等第一名，擢少詹事，歷官詹事，內閣學士，戶、禮、兵、工等部侍郎，山東、

浙江學政，浙江、河南、江西巡撫、漕運，兩湖、兩廣、雲貴總督，太子少保，體仁閣大學士。嘉慶己未、道光癸巳，兩充會試總裁。戊戌秋，予告回籍，晉加太子太保，支食半俸。丙午科重宴鹿鳴，晉加太傅，支食全俸。二十九年十月十三日卒，年八十六歲，諭賜祭葬，予諡文達。國史有傳。

　　生平持躬清慎，屬吏不敢干以私。爲政崇大體，所至必以興學教士爲急。在浙江則立詁經精舍，在廣東則立學海堂，選諸生知務實學者，肄業其中，士習蒸蒸日上。至今官兩省者，皆奉爲榘矱。其撫浙時，安南艇匪肆掠，親督水軍，御諸台州，會神風助順，賊船盡碎，溺海者無算，僞總兵倫貴利等皆伏誅，僉謂誠感神祐。所致海盜蔡牽，屢擾閩浙，奏請以提督李忠毅公總統兩省舟師，不分畛域。立專注首逆，隔斷餘船之法，循環攻擊。識者謂牽之淹斃於溫州黑水洋，全得力於此策。其撫江西時，嚴查保甲，破獲朱毛俚謀反巨案，未嘗控弦發矢，銷叛逆於未起事之先，保全民命甚多，遂膺宮保花翎之賞。其在雲貴時，留鹽課溢額之半，協濟邊防。騰越廳邊外之野人出沒無常，甚爲民患。惟保山縣境有傈傈熟夷，弩箭最精，爲野人所憚。因籌款招募，以資捍衛，野人聞風斂跡，相率獻木刻乞降。是時提督曾勤勇公，方官雲南副將，特薦其堪膺專閫。及曾公會勦廣東叛猺，力戰先登，功居第一，出諸將上，中外咸以爲知人。而其碩畫遠謀，尤在督兩廣時。履任之初，即籌備緝捕經費，俾州縣無畏累諱飾之心。廣西富賀、懷集，廣東連山、陽山多盜，以接界之姑婆山爲逋逃淵藪，因調集兩省重兵，三路合圍，掃其巢穴，先後獲會匪劫盜數千，內地一律蕭清。又創建大虎山礮臺，以防夷患。奏禁鴉片煙，不許帶煙之洋船入口，並將保結之洋商某三品頂戴參摘。見廣東省城布政司街酒館用木板畫夷館式，怒斥之曰：「此被髮祭野也。」立諭府縣毀之。唤咭唎護貨之兵船，殺二民人於伶仃山，遂封閉其艙，不容貿易。數月後，夷目稟請查獻兇犯，始令照舊通商。蓋久料英夷桀驁，遇事必加裁抑，故終其任，兵船不敢再犯粵洋。及致仕後，因夷氛甚惡，致書伊公里布代奏，請駕馭咪唎堅，以制唤咭唎，爲以夷攻夷之策。粵東當事者，寢而不行。迨唤夷困而就撫實，因爲鄰國所侵，始共服爲老成謀國之遠慮。然後知其三十年綏靖封疆，功德之被於人者遠矣。

　　歸田後，怡志林泉，不與郡縣相接。而於地方義舉，無不首先倡捐。待族黨故舊，咸有恩誼。樂於汲引後進，休休有容。至其論學之宗旨，在於實事求是。自經史小學以及金石詩文，鉅細無所不包，而尤以發明大義爲主。

所著《性命古訓》、《論語》〔註22〕、《孟子論仁論》、《曾子十篇注》〔註23〕，推闡古聖賢訓世之意，務在切於日用，使人人可以身體力行。在史館時，採諸書爲《儒林傳》，合師儒異派，而持其平，未嘗稍存門戶之見。其餘說各經之精義，如《周易文言》〔註24〕、《堯典朔》、《閏》、〔註25〕《雅頌》〔註26〕、《文王》〔註27〕、《清廟》、《禮記》〔註28〕、《孝經》〔註29〕、《明堂》〔註30〕，載於《揅經室集》者，不可枚舉。所編《經籍籑詁》、《十三經校勘記》，傳佈海內，爲學者所取資。《疇人傳》、《淮海英靈集》、《鍾鼎款識》、《山左兩浙金石志》，並爲考古者所重。即隨筆記錄，如《廣陵詩事》、《小滄浪筆談》等書，亦皆有關於掌故。所刻之書甚多，最著者爲《十三經注疏》、《皇清經解》，嘉惠後學甚溥。督學時，士有一藝之長，無不並勵。能解經義及工古今體詩者，必擢置於前。總裁會試，合校二三場文策，績學之士多從此出。論者謂得士之盛，不減於鴻博科。主持風會五十餘年，士林尊爲山斗。蓋生平以座師大興朱文正公爲模楷，故其經術政事，與文正相類云。

程玉才先生家傳

先生姓程氏，諱兆棟，字玉才，又字臥松，儀徵廩監生〔註31〕。其先爲

〔註22〕　按：《揅經室集》卷十有《性命古訓》，卷二有《論語解》。

〔註23〕　按：《揅經室集》卷九有《孟子論仁論》，卷二有《曾子十篇注序》。

〔註24〕　按：《揅經室三集》卷二有《文言說》。

〔註25〕　按：《揅經室續集》卷一有《堯典四時東作南僞西成朔易解》、《釋閏》。

〔註26〕　按：《揅經室集》卷一有《釋頌》。

〔註27〕　按：《揅經室續集》卷一有《大雅文王詩解》。

〔註28〕　按：《清廟》、《禮記》二篇所指不明。

〔註29〕　按：《揅經室集》卷二有《孝經解》；《揅經室續集》卷一有《孝經郊祀宗祀說》、《宗禮餘說》。

〔註30〕　按：《揅經室續集》卷一有《明堂圖說》。

〔註31〕　程守謙輯《程玉才先生家傳》《中華歷史人物別傳集》第42冊，線裝書局2003年版，第57〜69頁），首錄劉毓崧《程玉才先生家傳》，次爲馮志沂《程玉才先生家傳》（載《適適齋文集》卷二，《清代詩文集彙編》第639冊，第661頁），云：
粵寇之起，蹂躪半天下，殘郡縣以十百數。將兵之官、守土之吏，仗節死義者，所在有之。若夫閭巷之士，一命未沾，無必死之責，又幸不爲賊物色，勢亦可以無死，而乃懍然於食毛踐土之義，甘一溟如衽席，其家之婦女幼稚翕然從之，無一人異心者，吾得一人焉，曰程玉才先生。先生諱兆棟，玉才其字，其先歙人。有曰量入者，徙揚州，爲先生始遷祖。以讀書世其家。曾祖夢筆，國學生，考授州同知。祖志輅，議敘主簿。父澤，國學生。先生幼

入儀徵縣學，有聲，醭使南城曾公深器之。先生顧泊然，無所干請。中年後屢躓場屋，而文名日益起。咸豐三年，粵寇陷安慶，揚州戒嚴。時官兵鄉團守備粗具，先生歎曰：「此兒戲耳。」欲以策幹當事，不果。亡何，賊至，城陷。先生闔戶俟官軍消息，數日聞城外戰聲。賊之城守者日眾，先生召家人，曰：「事不可爲矣。死，吾分也。」乃以手書召次婦李於母家，以孫德培屬李氏。時第四子守謙已爲賊所掠，丞揮守謙之弟慶傑使出走。已，乃齋沐，具棗魚樽酒祀先人，具食，與家人訣期。是夕死。家有聾媼，獨是日聞先生言，慰解之，先生笑紿使去。與家人並縊死，從死者子慶燕、婦張氏、鄭氏、女一、孫一、女孫二，凡八人。次婦李未得即歸，聞變不食死。守謙在賊中，方謀間道走大軍，以先生故，未及行。是日，忽心痛，得乘間脫，歸。先生體修偉，縊解懼不可勝，搶攘間，慶傑號而入，喪乃舉。嗚呼！士大夫受國命，與城存亡，進不死賊，則退死法。然其死也，論者猶將與之。其視先生已少媿矣。若乃衣冠之族，不幸陷賊，不能自引決，甚或甘心爲之用者，自先生視之，世豈有此人哉？守謙又言歸之日，赫然八縊繫梁上，風慘慘吹衣，守謙抱足號，屍忽轉面外向，其可悲也已，其可傳也已。事聞，贈卹如例，祀忠義祠。

馮志沂曰：先生居家以孝友稱，事世父如父，侍疾二十年如一日。女弟寡，並其姑與其子女贍養之。又急人之急，千金無吝色。人以爲特其庸行耳，烏知其視閨門死難，如饔飧寢息之必適於節也，固未嘗自以爲奇行也。

次爲許宗衡《程玉才先生傳》（載《玉井山館文略》卷二，《清代詩文集彙編》第 640 冊，第 173 頁），云：

咸豐十年冬十二月，余友程君守謙自揚馳書京師，促余爲其父玉才先生傳。蓋至是書，凡四來。余不文，又以時方多難，賢人君子堅持一節以不避禍亂，雖至死不悔，死之日從容閒暇，若爲固然，非有求聞於身後之心，而爲其後者，則必思所闡揚。非求蓄道德、能文章如古之韓、歐其人，不足以著其生平，是又非可期於餘者也。然程君既再三請，於是謹書其概曰：

先生名兆棟，字玉才，其先世歙之望族。入儀徵縣，爲廩膳生。咸豐三年二月，粵賊陷揚郡，先生從容賦詩，以家人八口闔門殉，是爲三月二十三日也。論者謂先生一老諸生，又避居隘巷，不爲賊所得，死且過矣。然余觀先生生平，性拘謹，與人語吶吶如不出諸口，行路喜疾趨，若恐爲人所口，爲詩文博麗。雖終身不遇，無怨尤色。貧至不能自給，而所交黃文學以業賈折閱盡，急足乞先生助，則貸於戚友，又典衣益之，必如所乞百金數。人以先生貧，聞其事者，咸驚歎。或且迂笑之，而先生弗顧焉。其爲人既如此。嗚呼！士大夫安居無事，其他時所成，非可逆見。而觀其酬接五黨，交結四方，不爲推解，而有坤道之吝嗇，則其臨大事、遇危變，必不能無愧於義，以自免於非笑。嘗讀太史公《遊俠傳》，謂緩急時有，而朱家、郭解之流，言必信，行必果，已諾必誠，不愛其軀，赴士之困阸，雖不軌於正，亦有足多者焉。今顧不然，孟子所謂能讓千乘之國，簞食豆羹見於色者，亦卒不可見。蓋名且非所好矣。昔之頌符雅者，曰：「不爲權異富，寧作符雅貧。」此言雖激，可以喻道。先生家無餘財，尚趨人之急，甚己之私，非爲遊俠，其精於義者然也。見義者不知利，死難之從容，亦何足爲先生異哉？先生之死，從死者三子、慶燕婦張氏、守謙婦鄭氏、字馬氏女、慶燕子福培、女巧妹、祥妹。守

謙初陷賊，三日及出，得歸，見先生與家人縊於廳事前，八繯並繫，先生屍獨轉向外，若知守謙歸者。噫嘻！豈偶然哉？守謙既狀其事，又得劉君毓崧爲家傳以示後來，其詳不俟余言。余獨反覆於義利之間，欲即一節見先生從容死難之由，且以愧夫有必死之責者，昧昧然方偷，然先生捨義之不恤也。

次爲黃雲鵠《儀徵廩監生入祀忠義祠程君玉才墓表》（載《實其文齋文鈔》卷二，題爲《程君玉才墓表》，《清代詩文集彙編》第 680 冊，第 300～301 頁），云：

儀征程君玉才，以咸豐三年二月殉難於揚州，闔門八口投環死。越八年，其孤守謙走京城，奉君狀乞文。吾友許君海秋、馮君魯川，各爲傳記其事。守謙命予表其阡。按狀，君程姓，兆棟名，玉才其字，一字臥松。先世出東晉新安太守元譚，世居歙。有量入者，始遷揚，生之譄，以子文正、孫蘿星貴，封奉政大夫。大夫第五子渭侯生州同知夢筆，是爲君曾祖。同知生主簿君之輅，主簿生國學生澤，配孫孺人，實生君。君弱冠入儀徵縣學，試輒冠曹，食廩餼，旋入粟，爲廩監生。性彊識，過目不忘，爲文操筆立就。師友並一時知名士，交譽大起。䞋使長白阿公、南城曾公，尤激賞之。君雖受知，尋常不通請謁，蓋方壯盛時，已自衿尚如此。晚困場屋，侘傺不自得，然志行益厲。癸丑歲，粵賊陷揚州，君集家人謀曰：「吾雖一命未逮，然食毛踐士，於茲二百年矣，受國恩厚，死分也。汝等子從父，婦從夫，侄從姑，畢命一室，使人知吾家貧賤，義不負朝廷，於願足矣。汝等計之。」皆應曰：「諾。」乃齋戒，淨先人龕主，陳魚酒辭廟，以孫德培屬人，使季子慶傑乘間走，曰：「汝去，存吾一線祀。」越日，第四子守謙與慶傑相繼陷賊。君即夕具食，呼家人共飯，訖，題絕命詩二首於壁，率家人並縊於廳事前，是爲二月二十三日也。從死者八人，三子慶燕及婦張氏、守謙婦鄭氏、字馬氏女〔某名〕、孫福培、女孫巧妹、祥妹。嗚呼！自寇亂以來，士夫偷生苟免者，既不足比人數，無足深論。其身罹禍遇難者，家人或蚤遁，聞訃哭之而已，久且忘其先人之慘死也，一切如恒人。世謂君未沾一命，可無死；即死，死一身耳，無庸闔門殉。嗟乎！忠臣烈士之心，豈可使明達知巧者與知哉？彼視死猶生，視其身不貴猶貴也。家人習其訓，亦知不義生不如義死，故甘心從之而不悔。向非感之者深，欲今取決臨時，難矣。君死之明日，守謙自賊逸出，歸省慟絕。有陳姓某乙，素悍，義君死，身往覓棺，得八，舁昇，置於庭而去，守謙乃得以次殮之。明年賊去，始葬君於甘泉俞家橋之祖塋，與君配胡孺人合，慶燕以下祔焉。君少孤，事世父如父，事從父兄某如世父，從母及女弟孤貧不能自存，養之終其身。君生以乾隆五十一年八月二十八日午時，距死，年六十八。子五：慶熙，慶熙早卒；餘並見前。慶熙婦李氏，侍疾母家，聞難歎曰：「君舅死，吾不能復生。」遂不食死。聞者曰：義烈之感人如是。抑非程君之立心有素，不足以致之也。蘄州黃雲鵠表。

次爲李汝鈞《程先生墓誌銘》，云：

先生諱兆棟，字玉材，臥松其別號也。先世爲歙之岑山渡人。國初遷於揚，因家焉。世以篤行聞，載在郡乘。曾祖夢筆，考授州同知。祖志輅，議敘主簿。父澤，國學生。先生幼挺異稟，讀書過目不忘。爲文章沉博絕麗，尤工駢儷。入儀徵縣學，試輒高等，餼於庠。顧豐躓場屋，以諸生終。咸豐三年，粵賊陷揚州，先生所居負城，貧不能徙。從族人請，移帑其空宅中。日久援

絕，闔室謀曰：「吾家世受國恩，衣冠土著二百年於茲。雖一命未逮，死其分也，義不負國家。」遂自經死。子慶燕及婦張、守謙婦鄭、孫福培、女一、女孫二殉焉，三月二十三日事也。次婦李在母，聞變亦不食死。是歲之難，吾鄉人士死節最盛，而不忍負國，先生至舉家殉之。夫國家以科目致天下士，於士誠無負。士之掇巍科登顯仕者，亦期無負於國。而倉卒聞變，妻孥環泣，不能引決，至不惜輾轉以求苟活。而義不負國，往往出於不登科目之人。然則先生之死烈，先生之志爲可痛也。昔先生館汝鈞家，終日危坐，恂恂無一言。疊紙作擘窠大書，淋漓噴薄。督課暇，多舉素所著文及古今史事爲汝鈞輩講說。時孩稚不甚解，竊嚮往之。家中落，先生去館張氏，汝鈞亦從周種芸先生遊閒相見。近十餘年奔走仕宦，比歸而先生歿矣。先生之所以教汝鈞，與汝鈞之所以受教於先生者，終無日矣。悲夫！先生卒年六十有八，有子五：慶熙、慶煦，早卒；慶燕，從父死；守謙、慶傑，先爲賊協至城外，先生致命之次日，守謙間脫歸謀諸鄰，舁棺以斂；慶傑踵至，喪事畢，復爲賊脅去，尋得脫，病卒。先生後人存者，子惟守謙，孫惟德培而已。事平，葬甘泉縣西鄉南邑天廟俞家橋，合窆於其配胡孺人之封，慶燕輩以次附焉。守謙來乞銘，感先生義不負國一語，輒不知其涕泗之何從也，忍不銘？銘曰：

生無所遇兮，惟才之禮。死得所歸兮，匪命之躬。彼悠悠以生，忽忽以死者，吾又惡知其所終？百世而下，昳此程先生之幽宮。

次爲《贈言》，計有張安保《哀憤詩》二十四首之一《程玉才明經〔兆棟〕》：

張眷嗟赤手，殺賊矢雄心。九死丹忱在，全家碧血沈。街冤燐火暗，思舊夜燈深。太息高文手，臨風淚滿襟。

董文煥《書程先生家傳後》：

維揚城頭壞雲黑，萬眾驚呼走失色。膽氣付與書生豪，志計已決身焉逃。平生讀書賢聖伍，清白肯污陛下土。八纓累累縣當門，指揮婦孺如一身。吁嗟丈夫生世皆有死，死非其所死可鄙。陰風獵獵梁上吹，守土諸公會見此。

范凌霄《五烈士吟〔並序〕》：

揚州古多節烈，汪先生中《廣陵對》歷敘前代，嘗謂叛臣降卒不出於其間。癸丑之變，城復後，屍積如山阜，士之殉難者，指不勝屈。余有友五人，死最先、死最烈，作詩表而出之，命曰《五烈士吟》，其疏遠者則從署焉。

《程明經兆棟》

字玉材，儀徵人。城破日，命其子先出，全家日縊死。

程子文章彥，才同庚鮑妍。梁間俄共命，兵後竟無天。玉碎珠沈意，芝焚蕙歎年。最憐衰白叟，無路避烽煙。

卞寶弟《程先生死事詩》：

天鼓鳴東南，江湖倏萬里。白日昏沙塵，悲風咽邗水。堠墟無傳烽，賊帆下如矢。民方倚官守，官已先民徙。馮城恣狐鼠，結隧橫蚍蟻。殺氣互半空，哀呼驚四起。同懷毛土恩，不憚溝壑委。卓哉程文學，精誠貫終始。讀書萬卷破，閱世一生否。晚歲值寇亂，自分身命已。雖無殺賊柄，敢忘負國恥。名義苟不講，有生徒虛耳。夜月懸空堂，結纓何累累。舉室無二心，全歸到孩齒。衣冠忍含垢，對此能無鄙。綍楔天語褒，馨香肅祠祀。颯颯英風長，靈爽或來止。青簡千秋芳，身亡名不死。

黃涇祥《程先生殉節詩》：

大化何津涯，儒者知所止。哀哀揚州城，中有程夫子。讀書貴聞道，不在飽
經史。草間如絲命，六合繫以此。賊來無力拒，城破若已恥。虛庭陰風號，
八環視累累。相從眞骨月，一夕圍圜死。南天盛金革，惡焰幾千里。寸心苟
同矢，大劫當遂巳。孤生薄清塵，觀空渺無涯。有子子然存，皇天慈可倚。
艱難轉道路，文采照江水。羈棲黃花嶺，溯與締交始。曷來走京國，執手雜
悲喜。先芳自千秋，翻欲一言紀。許海翁黃翔雲髮高文，我筆不敢泚。

次爲張丙炎《讀〈程玉才先生傳〉書後》，云：

咸豐庚申秋，余請假南旋，遇程君荀叔於泰州，手其先公狀，屬余寄海秋爲
家傳。明年夏，荀叔走京師，復丐馮君魯川、黃君翔雲爲文，付之手民，以
傳諸世。諸君之言亦既詳且盡矣，抑余讀之重有感焉。始余識荀叔於表弟程
湛華家。湛華先世本歙人，荀叔其族諸父行也。余少與湛華同讀書，共筆硯。
歲壬子，同偕計吏入都。既下第，留京待再試。冬日聞武昌失守，湛華惶遽，
獨歸抵郡，已癸丑春日矣。當是時，賊陷安慶，順流東下，郡人紛紛邊避。
余姑母尚不欲行，湛華則伏地叩首，額墳起如卵，乞其太夫人出城。行二日，
而郡城陷矣。湛華居在窮巷，行後以屋託荀叔。荀叔家相近，爲其僻也，遂
移居其中。所謂八纓繫於一室者，即湛華屋也。湛華家故有田，在儀征北郊
外，遂邊於儀。丙辰春，儀邑再破，賊擾至鄉，湛華家幸先避去。戊午秋賊
又大至，湛華奉其兩親邊至黃玨橋。居未定，賊踵至，湛華與家人匿陂塘叢
葦中，賊蹤跡得之，協與偕行。湛華曰：「吾父年老無能爲，捨吾父，吾隨若
去。」賊果捨之，湛華遂往賊營。薄莫，賊授以事，湛華瞠目罵曰：「鼠子若
滅亡無日。吾大清男子，豈受若驅策耶？」賊怒磔之。蓋陷賊者逃歸，述其
狀如此。嗚呼！忠義之氣，時時不絕於人心。平居若無異於人，臨事奮發，
毅然而不可屈，彼其樂生惡死之情，豈獨與人殊哉！理明而取義勇也。先
生從容引決，視死如歸，非有迫協之者，而義不苟活。湛華委屈邊避，以求
調護其親，辛脫其親於虎狼之口，已乃磊落就死，其志益苦而其心跡要無不
同也。因讀先生傳，而有感於湛華之死，故書其事，俾之附先生以傳云。湛
華名恩濊，儀徵人，辛亥科江南舉人。死時年三十二。辛酉年九月同邑張丙
炎。

次爲吳潮《程先生事狀跋》，云：

咸豐乙卯，余奉二親來京師。丙辰己未，既相繼見背，厝棺蕭寺，道梗不得
歸。又貧甚，不能買地葬。居恒戚戚，出門無所之。閉戶獨處，意索然也。
歲辛酉，友人程君守謙自山西來，手一編見示，則述其尊人率家人八口殉難
事甚悉。余讀之，悲不自勝，蓋其尊人玉才先生固先君友也。先君居鄉寡交
遊，又性淡泊，至好不過一二人，亦不常相過從。記余齔齡時，海內無事。
一日，隨諸兄自塾歸，方共嬉戲，先君自外入，環顧太息曰：「若等知時艱乎？
何嬉也？」諸兄皆屏息負幨立，余年最幼，獨逶巡前，請其故。先君曰：「適
自郊外與程某村肆茗飲，因縱談及時事。國家當乾隆之後，累葉富庶，士大
夫習於奢侈流蕩而不知返，居官者不以官爲急，日事娛樂，朘民脂膏以媚要
津。夫欲不可縱，縱則必貪，貪而不已必刻。數十年來，浸爲風俗，中於人
心。小民一身一家之費，十倍於前。物力難給，苛恔愈深，至於箕帚詬語以
爲常，古道泯焉，漸以盡矣。天地盈虛，與時消息。所謂氣數者，有是氣則
有是數。今禍端伏矣，在上者日益無厭，下民思起而爭奪之，始於奢侈，漸

於涼薄。乖戾之氣自上下下，波靡而不可挽，昏蒙頹洞不釀成干戈之亂不止。吾老矣，或不及見。若等安可免耶！」余心識之，不敢言。先君治家嚴，余諸兄補弟子員尚不得衣裘帛。又以外間子弟多浮薄，禁不得出遊。以故世風之變、民氣之偷，未能周知其隱。方謂先君與玉才先生論議，固聖賢畏天命、悲人窮之深心。世運殆不至此。乃不十數年，而賊起廣西，蹂躪數省。東南殺戮之慘，天地為之變色。家園殘破，親故凋零。先生竟於癸丑春賊陷郡城時，以家人八口闔門殉。回憶童時所聞於先君與先生所言，歷歷如昨，而先君亦棄養矣。今守謙以艱難走四方，甫入都，復匆匆東裝去。余亦潦倒都門不得志，年來益窮困，久不親筆硯。而君臨行，獨以先生狀固索余為文，是益觸余痛也。時數之乘除，人事之剝復，余與君固慨歎之不暇，而兩家先人既死之責，余與君其能體之耶？否耶？是又不獨余執筆而悲者也。咸豐辛酉十月朔同邑吳潮跋。

次為王軒《書程玉才先生死事狀後》，云：

國家旌郵之典，所以正倫紀而厚風俗者，意至深遠，可謂治世之具矣。然其源則不恃乎此也。我朝聖聖相乘二百餘載，德澤之深洽於輿隸。一旦猝有小故，士大夫皆能從容就義，以不負所學，此固不待有所勸而始興，有所慕而始為。朝廷莫不立沛恩施以旌異之。然竊意祖宗設法，固在彼不在此。則將使家無奇行，人鮮異名，殺身成仁，儒生但望古興歟？雖有忼慨激烈之才，皆老死於室家，相保而不見兵戈之厄，上懸虛名而無所用，下終沒世而無可稱，非世之幸與？奈何軍興以來，驅椎魯為強敵，盡士類為國殤，日月累之，千萬積之，浸浸未已，其志可悲，而其事且不忍言。嗚呼！致此之由，誰之咎與？

先皇帝御極之初，粵寇方起。三年春，大江南北相繼不守。三月而揚州陷，時則有諸生程玉才先生以闔門八口殉難之事。又八閱月而城復，踰年，其子守謙乃狀其事請之朝，旌郵如例，入祀忠義祠。死事之詳，吾友許海秋、馮魯川、黃翔雲皆為文祀之矣，不復贅。程氏世業儒，先生少為名諸生，砥名厲行，卓卓不苟。其見危授命固已，而一時婦孺幼稚皆能恪承義訓，引決如歸，抑何烈也！當粵寇之起也，特命兵部添設議功所，局員專司諸軍營賞罰獎郵，又特諭各行省督撫設局採訪紳耆士庶死難之家，專案請郵，由是大小臣工紛紛條列，幾無遺逸矣。先生之事，千百中之一耳。然今之奏咨入告者方未已也，其將以是為稱職，仰以紓宸廑，即下以慰忠魂與？抑亦念士民際此而不忍苟活，且惴惴唯恐不得其死者。其故可思，此豈國家所望於斯人之本意哉！雖然，事變之積非一日矣，不盡一二人者之責也。彼始於覆餗，而終以死事謝之者，其猶可宥也夫，其猶可宥也夫！先生名兆棟，儀徵人。辛酉九月洪洞王軒顧齋書。

次為許宗衡《程乂庭傳》，詳下。

此外，董文渙《峴嶁山房詩集》初編卷三《揚州書生行程君玉材，名兆棟，儀徵縣學生。咸豐三年，粵匪陷揚州，闔戶自縊，從死者八人，贈郵如例，祀忠義祠，事詳魯川太守所為傳》（清同治九年刻十年增修本）云：

維揚城頭壞雲黑，萬眾驚呼走失色。膽氣付與書生豪，一笑性命輕鴻毛。平生讀書賢聖伍，清白肯污階下土。八縷纍纍懸當門，指揮婦孺如一身。吁嗟丈夫生世皆有死，死非其所死可鄙。陰風獵獵梁上吹，守土諸公曾見此。

歙縣望族，世居岑山渡，國初始遷於揚，鄉飲大賓量入，及其子奉政大夫之
譔，並以篤行，書於志乘。先生奉政公之來孫也。考國學生，諱澤；妣孫孺
人，皆早卒，歲時祭薦必極其誠。伯父根體公無子，事之如父，以第三子慶
燕承其祀。從兄體華公亦無子，事之如親兄，以第五子慶傑承其祀。撫女弟
二人，友愛甚至。適周氏者早寡，迎以歸，並其姑及子女皆供給之。從母適
何氏者，其家往江西，以老病不能同行，亦迎歸贍養。友人無爲黃君鼎占遣
急足，齎書至，需百金以解其阨，爲之設法轉貸，不足則罄括所有付質庫，
如數予之。其孝友、睦婣、任卹之行，多人所難能者。天資穎敏，幼即嗜書，
弱冠入縣學，屢列高等。制藝人爭傳寫，名噪一時，而鄉試則數奇。慶燕及
其弟慶燾，後此更名守謙者，相繼入學爲諸生，而先生仍未獲一第。雖久躓
場屋，然好學不衰，著有《臥松書屋存稿》若干卷〔註32〕。

〔註32〕　《同治續纂揚州府志》卷十三《人物·文苑》有傳（《中國地方志集成·江蘇
　　　　府縣志輯》42，江蘇古籍出版社1991年版，第820頁），稱：
　　　　程兆棟，字玉才。廩生。性拘謹，與人呐呐如不出諸口。爲詩文博麗。終身
　　　　不遇，無怨尤色，著有《臥松書屋存稿》若干卷。咸豐三年破陷，從容賦詩，
　　　　以家人八口闔門殉難，是爲三月二十三日也。子慶燕，字义庭，隨父殉；守
　　　　謙亦諸生。均工文藝，能世家學。
　　　　許宗衡《程义庭傳》（又載《玉井山館文略》卷二，《清代詩文集彙編》第640
　　　　冊，第174～175頁），云：
　　　　余居揚州二十年，交之最深者，曰程慶燕。慶燕字义庭，年十八九，以文質
　　　　於余，余以君父命爲點定，儼如師。不三年，君文大進。余有文，轉質君。
　　　　然君性狷，不好爲言論。其爲文，於時無趨慕，於是不利於童子試。則益精
　　　　其心於諸經、《史》、《漢》、韓、歐諸家，以尊其文。年三十，始入爲儀徵縣
　　　　學生，應省試，輒屏棄。君既困於學，又不屑屑求進，嘗與余共爲文。視碑
　　　　影，日不及尺，余文成，君且無一字。比暮，君錄稿示余，回視余文，轉如
　　　　無一字者。士人爲舉子業，以干有司，其得也有天幸。然使君少貶其文，以
　　　　求合，未必不取科名，能利達。而君獨勞神苦思，爲舉世不知之文於今日。
　　　　昌黎所謂「下筆大慚者」，君恪守之不少變。君之爲人可知矣。君孝於親，與
　　　　友多信，居常好獨遊，不樂隨眾。談宴遇不類者，輒拂衣去。或不語終日，
　　　　貧甚，然無所求請。嘗大雨斷炊，以書告余乞米，曰：「君知我，故敢請。」
　　　　余亦貧，應少緩則覆書，誚讓曰：「平日自命何在？所謂賢豪間者，視人之緩
　　　　急猶秦越耶？」此雖君重視余，然君所相識余獨貧，君獨責余，則君之爲人
　　　　又豈待余言哉？咸豐三年三月二十三日，君隨父死粵寇之難。又七年，余既
　　　　爲君父作傳，以應君弟守謙之請，而猶恐有負於君也，遂爲傳以貽守謙，且
　　　　以慰君之靈。
　　　　論曰：方余初通籍，改庶吉士，君馳書戒余，略曰：士君子一經通籍，當多
　　　　讀官書，博詢掌故。凡制度法令，其宏綱巨目，委屈詳明，必一一經心過目，
　　　　使條理貫通，鉅細畢舉，以備一日之用。若歷一職而考其舊章，授一官而求

其成式，徒知鈎貫稽榷，巧爲趨避，常格之外，毫髮之舉動，皆將沮格而不能行。盲叟歷階，任人牽持，拾級聚足，慄慄然且懼顛越之不暇，而何暇能有所樹立哉？國家懸法布令，所以敷治，非以使人隳其治分職而司；所以使人展其才，非以挫抑人之才能者。舉吾之所欲爲，以奉吾之職；舉吾之職以奉國家之法令。而不能者，束於法令以自小其職，局於職守以自沒其志。唐宋以來，名臣往往生當叔季。考其時世，處其朝者幾如羝羊之觸藩籬。而彼二三偉岸不群之人，與眾同朝，與眾同祿，獨其昌言讜論、豐功偉業，卓然自表於當時。非獨經史湛深，胸臆浩落，亦其留心於當世之務者切也。方令典章該備，攬大勢於一統志，總大局於會典，則六轡在手矣。則例觀其通，而律復精其變，則控御有方，而無銜橛之變、陷淖之災矣。《八旗通志》、《開國方略》及朔漠、準噶爾、大小金川、臨清諸《略》，推究其作用而神明之。雖遇太行之高、孟河之險，而馳峻阪，勒憑厓，如行平地矣。尊卑有禮，農桑有時，文之鑒，器之式，宮之史，官之表，職貢之圖，博收而廣取之，可以備鸞和之節，佐鞭策之施矣。列聖之訓諭，並其刊爲要覽、格言、成憲、薈說者，絀繹其大體，存錄其實際，祖宗之明訓當切於前哲之陳言。時其述而奉揚之，更有以範我馳驅矣。心術者，制車之式；智量者，相馬之方。車既攻，馬既同，而復能師事造父，友事王良，不憚煩問塗於已經，則雖召載千鈞，日行千里，結駟連騎，方軌並駕，不難也。凡所陳書，目不下千卷，日覽一二卷，二三年可畢，即有斷續，五六年可畢。及此開曹，毋苟過時日，上以副朝廷畜養人才之本意，下以行桑弧蓬矢丈夫之志。所惡於吏事者，逢迎巧宦耳。然不可懲噎廢食。所宜懲者，邀功樹名，任意武斷耳。武斷則償矣。然亦不可壹意避謗，畏懦蹙縮，箝口結舌，而惕息不能自振也。凡人立身處世，不必高言道德。道德虛位。何者爲道？何者爲德？未詳其實，渾舉其名。近似者足以亂之，作僞者且以壞之。不如就人情物理，著實求之。人情有是非，物理有順逆，事事留心，必有實濟。夫推誠布忠，十失九得；機智相御，十實九虛。足下其欲避失就得，取實捨虛乎？則吾此言，尤閱世之實據。輦轂之下，四方賢傑戾止，足下得所憑藉，引而近之，就而詢之，亦一身體用得失之林也。惟流品既雜，黑白須辨。辨黑白，須平好惡。我雖善，而人之好我譽我者，未必皆善也。我雖無不善，而人之惡我毀我者，未必皆不善也。況我之未能有善無不善乎？時存此念，好惡自平。好惡倘乖，邪正參錯，他未遑論，而擾擾風塵之中，潛濡暗浸，素衣化緇，先不免矣。足下裁之。烏乎！觀君之書，其言如此，其志與學可知。責余如此，其自責可知。然則君即不死，不獨其文不遇，亦必忤於時。司馬德操有言：「俗吏儒生，不知時務。」若君之言雖迂緩，得其意而通之，天下之治亂、人才之消長，蓋十得其八九焉。乃君卒，齎志死於難，而世之不學者，方操短長以隳紀綱而壞法度，余所爲敘君生平，不特爲君悲也。

卷五另有《程义庭遺文序》（第 210 頁），云：

昔有唐太學生陳密請於昌黎，以累舉明經不獲選，殆弗利於是科，將易其業，昌黎誨之曰：「外不足以信内，子誦其文則思其義，習其儀則行其道，科豈有利不利耶？」嗚乎！昌黎斯言，訓士以知恥也。今豈有以是訓士者乎？程君义庭，精爲文而知恥者也。世既不能易科儒者，生今時復不能易業。义庭承父師之教，不得不爲今之文以干有司，而又不屑苟且剽竊，降心俯首以投合

咸豐三年二月二十三日，粵匪突犯揚郡，未及遷移，而城陷。守謙、慶傑先後爲賊脅去，先生慷慨太息，具稿魚清酒祝告家廟，呼家人而謂之曰：「兩兒不知消息，而賊勢日益猖狂。吾家累世衣冠，義不負國，今夕吾將盡節，汝等子從父，孫從祖，婦從夫，娣從姒，姪從姑，骨肉同死，可無憾矣。」遂列坐共飯，言笑自若。僕婦李嫗耳素聾聵，微聞其語，從旁勸慰先生，佯諾以不死，揮之使退。乃以夜半率家人縊於廳前，蓋三月二十三日子時也，距生於乾隆五十一年八月二十八日午時，年六十八。慶燕年四十，字馬氏女純姑年三十七，慶燕婦張氏年三十五，守謙婦鄭氏年二十二，慶燕子福培年九歲，長女巧姝年十五，幼女祥姝年六歲，同時懸樑八縷相次。質明，李嫗始覺，驚呼鄉人，而守謙適以是時奔歸，號慟圖救，已無及矣。見壁上有先生遺詩云：「孝烈關眞性，愛親不顧身。九京先待汝，舉室敘天倫。」又云：「不見已三日，思兒淚湧泉。他生結癡想，父子續前緣。」乃留示之絕筆也。旁觀皆相顧泣下。有陳某者，平日劇猛悍，至是見先生闔門死烈，心竊義之，亦感動改容。遂挾鄉人十數輩往市棺之所，頃刻，舁八棺至。而慶傑亦適以是時悲號奔歸，並力助守謙解縊，乃獲成斂。是歲十一月，官軍收復郡城，守謙、慶傑先後得脫。

四年春，奉先生柩至甘泉西鄉俞家橋祖塋，合葬於胡孺人之墓。慶燕以下祔焉。先生長子慶熙，早卒。次子慶煦，亦前卒。其婦李氏率子德培歸寧外家，侍母疾，及聞君舅殉難，而母氏又亡，遂哀毀絕粒以歿。德培遇救獲全，而慶傑復以七年病歿。先生之後人存者，在子惟守謙，在孫惟德培而已。八年有司以續採揚郡殉難士民上聞，得旨褒卹，於是先生舉家分祀忠義、節

於時，而終以不中程度而死。或謂義庭死以粵寇之難，無與於其文。然使義庭爲文，少規於時，則必利於科，不至困厄牖下，坐待禍亂以死，是義庭死於難，實死於文之不利於有司也。而義庭不亟亟於時，伸紙下筆，卒未易其業。然則義庭即幸而合於時，以其不苟於文，余知其必不苟於世，見危授命，義庭終必死。所不得者，科名耳。其所得，固有大焉者矣。夫有求於人者，常畏人以文干有司；有求者也，畏其不中程度。於是苟且剽竊，以期利於科，則有求而無恥者也。於文無恥，於世可知。富貴利達，赫奕一時，彼豈終不死哉？則又不若義庭之文之不苟也。然則義庭知恥者也，其死也亦無與於文之遇不遇也，而其文則深有足重者。余與義庭交二十年，文皆余所見，兵後散佚，其弟筍叔於灰燼中錄存如干首，余爲付梓，以示知義庭之爲人者。若不知義庭之爲人，則觀其文可知。嗚乎！自古魁奇忠信，鬱勃不可一世之人之僅以文見，且僅以不利於有司之文見也，皆有足悲者。讀義庭文，因爲流涕序之。

孝兩祠，建坊旌表。守謙述先生事狀，屬毓崧作傳。先生與先君同歲遊庠，慶燕又嘗以文字就正於先君，請著弟子之籍〔註33〕。世交之誼，不獲固辭，乃據實撰次，以慰其意焉。

　　論曰：昔黃陶菴自序其《易經文》謂：「間出其餘爲制舉業。」〔註34〕《上座主書》謂：「今之制舉業固未嘗屑屑以求工。」〔註35〕然二百年來，言制藝者莫不誦法陶菴，豈特以其根柢經史，模範古文哉？實以其身未服官，而城亡與亡，從容就義，故重其人而益重其文也。先生所作制藝，雄深雅健，有陶菴之風，而老困棘闈，視陶菴四十登科，更爲偃蹇。至於舉家殉難，則較諸陶菴之昆仲偕逝，無愧色焉，眞可謂不負所學，文以人重者矣。

鄭景堂先生家傳

　　先生姓鄭氏，諱鉉，字景堂，興化縣學附生，僑居揚州府城〔註36〕。淳樸訥言，望而知爲謹厚之士。父訓導公諱芹，失怙後，終身不忍食芹菹。生平篤嗜勸誡之書，著有《善書匯解》、《景堂隨筆》、《身體力行篇》各二卷〔註37〕。咸豐丙辰二月二十九日，粵匪再犯揚州，倉皇間未及出城，與家人相失，挈次孫女翠雲復還家中。三月初一日，城陷，賊脅之去，怒罵不屈，行至井巷，翠雲牽衣泣，曰「兒願死於祖前」，因自投於井。先生泫然流涕，曰「若以稚女且能捐軀，吾老矣，尚何惜餘年哉」，亦自投於井。遂以是日酉時同殉節死。先生生於乾隆辛丑二月十七日寅時，年七十有六。翠雲生於道光壬寅十月十九日未時，年僅十有五耳。十三日，官軍收復揚郡，先生子國琳急入城遍覓，至二十日始得先生及翠雲之屍，面目如生，見者皆爲之嗟歎。陶君柳溪贈棺

〔註33〕　程守謙《退谷文抄》卷一《先兄義庭家傳》（光緒二年刻本）：
　　　　　君嘗有志絕學，揚州通儒汪先生中之繼起者有劉孟瞻〔文淇〕先生，與先君爲同歲生。君以通家子請爲弟子，先生許之。時方有事科舉，君自以學殖荒，未敢請業。期異日往，乃以家累，卒卒不得閒。
〔註34〕　語出黃淳耀《陶菴全集》（《四庫全書》本）卷二《易文自序》。
〔註35〕　語出黃淳耀《陶菴全集》（《四庫全書》本）卷一《上座師王登水先生書》。
〔註36〕　王鋆《揚州畫苑錄》卷一（清光緒十一年刻本）據《興化縣志》錄其傳，稱：
　　　　　鄭鉉，字景堂，興化人。諸生。口吃耳聾，而讀書通大義，孜孜好學，至老不倦。性尤好善，手輯先正格言，身體力行，工畫蘭竹石得其伯祖板橋大令法。咸豐六年，粵寇再陷郡城，罵賊不屈，率孫女翠雲投井死，年七十六。
〔註37〕　《江蘇藝文志・揚州卷》（江蘇人民出版社1995年版，第873頁）據《同治續纂揚州府志》卷二十二著錄鄭鉉《身體力行篇》2卷、《景堂隨筆》2卷。

以斂先生，蒯君蕉菴贈檟以斂翠雲，陶君復邀其族戚襄贊執紼，而贈地卜兆，即以二十一日葬於楊家渡陶莊之西。

先生之入學，與先考同受知於莫侍郎〔註 38〕。國琳之入學，與毓崧同受知於龔尙書〔註 39〕。通家世好，歷久彌親。先生輯《身體力行篇》，屬先考作序。及甲寅季秋，先考棄養，先生弔哭甚哀，謂毓崧曰：「尊公逝後，郡城無同案之友矣。」由今日追思此語，有餘感焉。故國琳以家傳見諉，誼不可辭，爰敘次其行略，以著於篇。

論曰：鄭氏爲興化望族，國琳纂錄姓氏之書，紀其本支世系特詳，仿史家序傳之例也。先生善畫蘭竹石，有伯曾祖板橋先生遺風，而取義舍生更有光於前烈。前此癸丑歲，粵匪初陷揚州，先生之弟慕唐先生，絕粒殉難。越三載，而先生及其孫女繼之，可謂節義出於一門矣。昔唐袁誼嘗云：「門戶須歷代人賢，名節風教爲衣冠顧矚，始可稱舉。」〔註 40〕若興化鄭氏，庶幾克副斯語也歟！

歲貢生董君家傳　代先君子作

君名楚材，原名之錕，字冶田，號晉卿，高郵人。遠祖璘，明永樂戊戌會試第一，由編修遷修撰。正統間，與劉忠愍公同忤宦官王振，遂罷官歸，直聲震天下，事見《明史》。祖九如，國學生。父有臺，諸生。並敦厚長者，世有隱德。君紹承家學，讀古文千五百篇，悉能成誦。未弱冠，即入州庠。歲科試，屢列優等食廩餼者二十餘年。道光壬寅，考取歲貢生。鄉闈五薦不售，處之恬然。晚年率其子應省試，必祝於神，曰不願弋獲科名，但欲其親歷風簷艱苦，庶幾勵志向學，以延讀書之世澤而已。其淡於榮利如此。天性

〔註38〕劉毓崧《先考行略》：「嘉慶丁卯，受知於會稽莫侍郎，取入縣學。」下篇《歲貢生董君家傳（代先君子作）》：「余與君同以嘉慶丁卯受知於莫寶齋師，補博士弟子。」按：柯愈春《清人詩文集總目提要》著錄《來雨軒存稿》四卷（第970 頁），稱：「莫晉撰。晉生於乾隆二十六年（1761），卒於道光六年（1826）。字錫三，又字裝舟，號寶齋，浙江會稽人。乾隆六十年一甲二名進士，改庶吉士，授編修。歷官倉場侍郎，左遷內閣學士。工書法。」

〔註39〕劉壽曾《先考行狀》（第 106 頁）：「丁酉，受知於仁和龔季思尙書，取入縣學。」按：龔守正（1776～1851），字象曾，號季思，浙江仁和人。段玉裁之婿，龔自珍之叔。著有《日下廣歌集》、《豔雪軒集》、《豔雪軒詩話》、《季思手訂年譜》（一名《龔文恭公自訂年譜》）。

〔註40〕語見《舊唐書》卷一百九十上《文苑上·袁誼傳》。

誠篤，事父母得其歡心，兄弟間友愛怡怡，撫孤姪不啻己子。擇交至愼，合志者久要不忘。教弟子講貫甚勤，善於啓發。生平邃於經學，著有《周易匯參》、《詩經會要》，而最有功於世教者，尤在《左氏淫箴》，其宗指見於《序例》，大略謂左氏親受業於孔子，因《春秋》而作傳，又作《國語》，取當時列國之書博覽而詳載之，故事皆紀實可信。其於列國事變起自淫亂者，纖悉必記，使後世君卿大夫士知身範之貴端、邪緣之宜塞，非好言瑣屑之事比於小說家也。然則韓昌黎「左氏浮誇」之說，豈定評哉？是編以《左》、《國》爲主，附載詩篇序傳之說，《列女傳》所載孼嬖之類，以備觀覽。按其時代隨事標題，而各以其國統焉。備載本末，詳悉無遺，牽連得書，因端竟委，推所終，極見流禍之無窮。乃知古人杜漸防微，其垂法至深遠也。嗚呼！君之持論可謂深得《左氏》之大義者矣。

君嘗謂通經所以致用，遇事之有益鄉黨者，必毅然以身先之。故於修學宮，增義塾，創恤嫠會，廣育嬰堂諸善舉，皆直任不辭。及粵寇至揚，君率鄉人籌團練以防禦，民不擾而事已集，然心力亦俱瘁矣。復因籌築東堤，冒盛暑，徒步數十里，不肯乘輿，遂感疾而返，竟至不起。時咸豐四年閏七月十日也，享年六十有六。娶高氏，有婦德。子圭、封、逢、辛，皆諸生。余與君同以嘉慶丁卯受知於莫寶齋師，補博士弟子，即知君名，而未得識面。君歿後，其執友張君榮畦爲作誄詞，胡君杖仙錄其文寄余，復以圭、封、逢、辛所作哀啓見示。余既重君之學行，又嘉張君、胡君之篤念亡友也，爰敘次其事以爲之傳。

論曰：《周易·歸妹·象傳》云：「君子以永終知敝。」顧亭林先生引《詩》及《春秋》釋之，云：「讀《新臺》、《桑中》、《鶉奔》之詩，而知衛有狄滅之禍。讀《宛邱》、《東門》、《月出》之詩，而察陳有徵舒之亂。書『齊侯送姜氏於讙』，而卜桓公之所以薨。書『夫人姜氏入』，書『大夫宗婦覿用幣』，而兆子般、閔公之所以弒。昏媾之義，男女之別，君子可不慮其所終哉！」〔註41〕其闡發經義至深切矣。君所著《詩》、《易》兩書，余未獲見。而其輯《春秋左氏》之事以資法戒，實於人心世道有關，使亭林及見是書，當必深爲嘉許也夫。

外祖黄公家傳

公姓黄氏，諱紹垚，字峻封，一字藕船。先世居南康都昌。曾祖諱光德，康熙間官廣東□□協副將，懋著戰功，卒放軍營。祖諱嘉紳，以蔭授五品秩，

始遷揚州。父諱泰熙，國學生，占籍甘泉。樸學相承，世傳厚德。公天資聰穎，博覽群書，考訂鍾鼎彝器名畫古碑，一寓目即決其真偽。熟精史傳，喜談輿地形勢戰爭割據之跡，而於名臣軼事先哲話言，尤必互證，參稽述之，娓娓不倦。閱書好校讎，評隲旁行斜上，朱墨燦然。論詩宗少陵、義山，論文宗昌黎、玉局，名篇巨製，口不絕吟。顧以氣體清羸，不耐場屋勞苦，援例入太學。三遊京師，當世賢豪耆宿倒屣爭迎。寓舍閭巷之間，車轍常滿。公外和內介，律己嚴而責人寬，故接晤者挹其言論風采，僉謂一見叔度，鄙吝潛消，無不樂從之遊，同聲企仰。自鄉人士君子以至海內名流，皆知有藕船先生。而公深以征逐標榜爲戒，雖居人海之地，恒鍵戶觀書其中。退然如不勝衣，而遇義舉之事，則勇過賁、育。儀徵黃振采武部文耀憂鬱投繯，無親丁在寓，公以同姓之誼，且嘗相助爲理也，爲之經營含斂，事必躬親。武部之同官同鄉來弔喪者，圜視泣下，相約裒集賻賵，遂得護其靈櫬返葬於揚。由是尚義之名，愈爲搢紳所欽重，而公則以遲暮倦遊，不復出矣。

　　公內行淳篤，事親盡孝。長兄寧一公諱紹坤，早卒，其子雲起公諱龍祥，年甫六歲。公撫教孤姪，一如己子。雲起公成立以後，亦事叔父如父，人兩賢之。公早歲多疾，留心於醫，先世舊習經方，至公而講貫益切。自《靈》、《素》以下醫師之書，廣採旁搜，精研藥性，擬撰《本草翼》，屬稿未成。於近時名家，最重徐洄溪，瓣香虔奉，嘗屬疾甚困，夢洄溪爲之施針於肩，既醒而病瘥，兩肩皆有黑印指紋，若點穴之狀。起視硯池，餘墨亦有指痕，非誠感通靈，曷克臻此。公醫術既神，爲人施治，每定一方，必預爲指陳，服後當作何狀，如桴鼓相應，不爽其期。遊京師時，延診者盈門，日不暇給。值疫氣遍行，中則立斃，公爲立預服之方，用白朮、桂枝，與薑汁同煎，清晨即服，全活無算。嘗以事至饒州萬年，寓於石梓埠。其地有藥無醫，病則信巫祝，妄言託神降書，方藥與症大率相反。復日夜鳴鉦，眊病者之耳。鉦聲視病勢爲輕重，故病者不死於藥，即死於鉦，夭札者甚眾。偶有乞公診視者，諭以但飲我藥，不得延巫鳴鉦，既而一帖即痊，遠近聞之，咸來就診。由是巫風稍殺，而鳴鉦之習漸除。

　　公雖韋布終身，而惓懷斯世，平居志在利物，尤拳拳於士習人心。嘗謂：「人貴自立，爲士者當以此自勉，兼以勉人。至於居司牧之任者，則當視其不能自立者培植之，使能自立。所謂「己欲立而立人」，恕道即仁道也。」又謂：「俗美由於化行。僻壤偏隅，民風頹靡。遇有一二貞女節婦，爲守令者更

宜逾格優崇。蓋旌表須年例之符，而存問無年例之限。一二人受其褒獎，而千萬人爲之奮興。移風易俗之權，莫捷於此。在位者奈何以爲迂乎？」公持躬謙謹，恂恂似不能言，而遇辨析邪正是非，即義形於色。聞一賢人進用，則喜不自勝。閱奏議中讜論直言，必手錄諷誦。好善嫉惡，有《緇衣》、《巷伯》之忱。激濁揚清，聲情壯烈，故雖老而志氣不衰。

以道光十二年二月十八日卒於家，距生於乾隆四十七年正月二十五日，年六十一。配程孺人，賢而早逝。子一，友鵬公，諱龍驤。女一，即毓崧母也。孫二：圖庚、圖辛。圖庚出嗣雲起公後。孫女一，素芬，毓崧之繼室也。公愛毓崧甚篤，每見必勗以遠大之圖。毓崧總角時，好論古人成敗得失，公輒爲之解顏。每至公家，繙閱插架之書，公察毓崧所欲得者，必手取以賜。疾革時，檢付批本《杜詩》以爲遺念。追思此事，如在目前。日月不居，倐逾卅載，竊仿淵明作《外祖孟府君傳》之例，敬述遺事以著於篇。

論曰：公生存之日，名播遐邇，稱頌者不乏其人。然或服其賞鑒之精以爲雅士，或推其聞見之博以爲名流，或欽其立品之潔以爲高人，或重其交友之誠以爲義俠。要皆舉其一節而已。若夫仁心爲質，志在維持世教，康濟黎元，則世固未必悉知。即知之，亦未必能盡也。故特闡揚其素蘊，俾後之紀儒行者有所考焉。

從舅氏黃公家傳

公姓黃氏，諱龍祥，字雲起〔註42〕，揚州甘泉人。外伯祖寧一公之子，

〔註42〕 薛壽《學詁齋文集》卷下《黃雲起先生墓表》，(《清代詩文集彙編》第 649 冊，第 509〜510 頁。) 載：
《周禮》列醫師之屬於《天官》。今制，凡州縣有醫學，誠以天地大德曰生。國家重者民命，故備設其職以衛民生，蓋技術也而道存焉。已業此者，體天地生物之心，念先王設官。今制立學之意，酌劑陰陽水火，感召祥和，癘疾不降，民不夭札，其必由此歟？乃或沿其名，卒莫究其學。人之視醫，技也。醫者亦託於技以爲業，幸而中焉，居奇射利罔不至。且相習焉，莫之怪。求其重視民命，而時惕以死生存亡者，蓋往往難之。
吾鄉黃雲起先生，幼習儒，困於小試。課徒之暇，肆力於經傳者深。篤好醫家言，從歙縣羅養齋先生遊，盡傳其學。凡古書禁方，無不溯本討源，手自評校。平生視醫學甚重，未嘗掉以輕心。爲人別脈，尤加詳慎。息深達亹，東徹隱際，以故所全活者甚眾。有德之者，則曰：「病本可生，吾特不致之死而已。何德之足云？」嗚呼！此非仁民愛物之君子，肯爲是言耶？惜乎知先生者希，而其學不昌於時，爲可慨也。

外祖藕船公之姪，吾母之從弟。世系詳《外祖傳》中。公早失怙恃，自幼即奮志績學，而小試輒數奇。嘉慶丁丑，府縣兩試，均列前茅。院試時，學使湯文端公閱卷，已在選錄之列，復因額滿見遺。自是遂絕意進取，專以課徒為事。講授之暇，喜閱醫書，好學深思，心知其意。外祖夙精於醫，晚年多疾，非公處方定藥，未嘗服也。歙縣羅養齋先生浩寄居揚郡，所學甚博，尤邃於醫經，門牆高峻，不輕許可，獨奇公以為能，傳其學，公亦以師禮事之。養齋先生既沒，公每歲必親掃其墓，閱數十年不衰。生平論醫，極其詳慎。凡前人書中異同歧互之處，莫不虛心尋繹，審定折衷，故臨證洞見隱微，決其生死。

殷古農先生杓中風不語，某醫謂七日內恐有不測，須於藥案申明。公曰：「病者素明醫理，診脈後必索方默觀，點首會意。今若書危詞於紙，彼必焦灼難安，是益其疾也。」力持不可。未幾，漸愈，能言，越十年而後沒。戴生昕伯文徵以春月偶感微疾，其家人視為泛常，公一見即曰：「脈息甚數，瘵象已成。秋分之前，恐致不起。」既而果如公言。遇有病勢危險，又為市醫誤治者，公悉心診視，詢問曲折情形，察其有一線可生之機，必設法挽回。且撫慰病家，使之無恐。故有夏月感寒，寒極似熱，市醫用涼劑益劇者，公投以附子而立愈。有冬月蘊熱，熱極似寒，市醫用煖劑益劇者，公投以石膏而立愈。有老疾臥床七日，服湯藥即嘔，飾巾待盡者，公命先灌米汁一匙，然後灌藥一匙，米汁與藥循環迭進，嘔止而疾漸瘳。方施治之初，旁觀僉以為徒勞無益。及應手獲效，某人感再生之德，而公隨其酬謝，未嘗計較厚薄。

嘗曰：「吾非能起死回生，特其疾本可生耳。醫為仁術，若要挾居奇，矜炫射利，此為富不仁之術。擇術者忍出此乎？」又曰：「古人以望聞問切，分配神聖工巧，蓋必兼此四者乃為良醫。今人於望聞既多忽略，復以審問為恥，

先生諱龍祥，揚州甘泉人。祖泰熙，國學生。父紹坤，早卒。事叔父如父，與從弟白首同居。生於乾隆五十八年，卒於咸豐十年，年六十九。配莊孺人，勤儉而克相以禮，無子，以從弟之子圖成為嗣。圖成讀書能文，乞余表先生之墓。屢諄屬之，亦孝子之志也。回憶數十年來，吾鄉儒士邃於醫理，其緒論為余所深悉者，以殷先生古農及黃君魯泉、陳君樸生為最著。之數君者，皆文儒而篤於醫，從未有淺中負氣，視世無不知之病，以隨俗波靡者。先生與諸家門徑不必盡同，其指歸之同者，皆以民命為重。殷先生晚年病發，未及著書。樸生中年夭折，編輯未成。魯泉已有成書，遭亂遺失。而先生校勘各書，亦因避地散佚，均不克流傳於後。嗚呼！誰為為之此，其莫可知也夫。茲故聯類及之，以告後之攻甲乙家言者，俾知所取法焉。

惟恃切脈一門。至切脈之時，又多不能靜細，而欲用藥應手，是卻行求前矣。」又曰：「人以元氣爲根本，治疾者但求速愈，而不顧元氣受傷，雖邀功於一時，而根本潛虧，將來恐成難治之疾。故求治不可太急，所謂欲速則不達也。」識者歎其精確，以爲名言。

公稟賦素弱，而善自調攝，六十時猶不甚衰。自咸豐三年以後，揚城迭經粵匪之難，轉徙靡常，精神漸減。十年春，僑寄清江浦，復遇撚匪之變，倉皇遷避，徒行數十里，元氣大傷。迨移寓東臺，始獲安宅。然以家譜及手批醫書遭亂遺失，深自痛惜。九月間，默寫本支世系，並作跋語，以抒報本追遠之意。方擬稍俟從容，補述評校醫書之語若干卷。而十一月初旬，喘疾舉發，遂以十三日卯時卒於寓舍。距生於乾隆五十八年三月二十九日戌時，年六十八。配莊孺人，所生子女皆不育，以從弟友鵬公之子圖庚爲嗣。教以義方，朝夕策勵，自經書外，詩文讀本，公所手錄者居多。故圖庚幼即勤學，公之訓也。毓崧學術無似，而公期許特隆。尺寸之長，稱道不去口。小試偶利，喜溢眉宇。休戚關注，迴異尋常。蓋視從甥不啻親甥，即旁觀者亦擬爲親舅甥，莫知爲從舅甥也。回首西州，不勝華屋山邱之慟。圖庚屬撰家傳，義豈忍辭？

論曰：儒者不盡知醫，而醫理非儒者不能推闡。羅養齋先生〔註43〕以宿儒爲名醫，其著述爲凌仲子、焦里堂〔註44〕諸通人所推重。而最不可及者，尤在品高志潔，有古君子之風。吾舅氏奉以周旋，不肯枉道趨時，幹流俗之譽，而拯人疾苦，全活甚多。蓋淵源於師訓者深矣。在昔漢儒，最重師承，《儒林傳》中篤於師弟之誼者，例得備書。故埽墓一事，亦列於傳，見公之風義，足繼前修，且藉以勵薄俗云。

〔註43〕 謝延庚修，劉壽曾纂《光緒江都縣續志》（清光緒十年刻本）有傳，云：
　　　　羅浩，字養齋，歙人。家於海州板浦場。博學多才藝，尤精於醫。壯年客揚
　　　　州，與焦循、汪光曦、黃文暘、鍾裹、李鍾泗、黃承吉爲文字交。其於素契
　　　　子，雖臧獲有疾，亦欣然診治，非是輒拒絕之，而富貴爲甚。浩謂醫雖藝術，
　　　　必先通儒書而後可學。凡請業者，皆先以詩文教之。著有《揚州聞見錄》及
　　　　《醫學諸書》。
〔註44〕 焦循《雕菰集》卷十五《醫經餘論序》（清道光嶺南節署刻本）：
　　　　吾友羅君浩，字養齋。幼與凌仲子同居海州，涉獵經史，能博覽，善爲歌詩，
　　　　而兼通於醫。病市醫不讀書，間有讀書，又苦師承無其人，撰《醫經餘論》
　　　　若十篇，開發聾聵，俾知古人之學，不致囿於俗。

舅氏黃公家傳

　　公姓黃氏，諱龍驤，字友鵬，揚州甘泉人。外祖藕船公之子，吾母之弟。世系詳《外祖傳》中。公之先世，均博洽好古，收藏甚富，攷核最精。賢士大夫過從往還，購求名跡雅玩者，無不各得其意以去。公承藉舊業，輕財重義，然諾不欺。世交之中，多位躋顯要。自報竭外，未嘗往干。有以骨董眞贋高下相詢者，必罄所知以告。凡出貨屬貸收買者，及置貨託代售賣者，皆稱物平施，絕不高下其手。同業或挾詐居奇，亦寬容不較。故名日高而貲日減。然戚友困阨者，猶量力資助，不以境值匱乏爲辭。由是遠近皆服其忠信和平，稱爲長者。

　　咸豐六年春，避粵寇，寄居北湖之濱。其地下濕，染患足腫，遂以八月二十六日子時卒於寓舍。距生於嘉慶元年十月初六日戌時，年六十一。配莊孺人，勤儉持家，先公十年卒。子二人：長圖庚，出嗣從伯父雲起公；次圖辛。女素芬，毓崧之繼室也。外家自藕船公以上，皆以讀書而兼治生，至雲起公則專事讀書。而公以治生佐之，自少至老，未嘗析居。圖庚業儒，文名爲儕輩所推。圖辛鑒別古器，善於營運，而皆厚重謹飭，有公之遺風。毓崧髫齡即荷公垂愛，自丁酉至壬子，九赴江寧省試，而公挈以同行者六，獎譽慰藉，宅相見期，顧待殷拳，無殊子姪。及公卒之歲，毓崧就館清江浦，不獲問疾臨喪。今茲爲公作傳，則公歿已八載矣〔註45〕。抒情述德，有餘感焉。

　　論曰：昔汪容甫先生與吾外曾祖爲道義之交，容甫先生歿於杭州，返葬於揚，外曾祖往弔，袖出如意，陳諸几筵。蓋其生前所奇，雖家人弗知也。其古誼有如此者。今觀吾舅氏臨財之廉，待友之篤，洵所謂善承祖志者矣。《易》曰：「食舊德」；《詩》曰：「惟其有之，是以似之」。庚、辛兩弟其勉之哉！

程母汪太宜人家傳　代先君子作

　　太宜人姓汪氏，諱嫈，字雅安〔註46〕，誥贈奉直大夫，程公鼎調之繼室，

〔註45〕　文稱「今茲爲公作傳，則公歿已八載矣」，而黃龍驤卒於咸豐六年（1856）八
　　　　　月二十六日，則此文當作於同治三年（1864）。

〔註46〕　許承堯《歙事閒譚》卷十一「汪嫈《雅安書屋詩集》」條（李明回等校點，黃
　　　　　山書社 2001 年版，第 363～364 頁），載：
　　　　　汪嫈，字雅安，汪塤之長女，槐塘陳禹和妻，陳鎮北葆之母。著《雅安書屋
　　　　　詩集》四卷，刊於甲辰。阮元、黃爵滋爲作序。鎮北，戊子舉人，癸巳進士，
　　　　　阮、黃皆其座師也。鎮北自跋言：「少孤，承先妣慈訓，得以成立。嘗繪《秋

工部主事葆之母也。程與汪，皆歙望族，僑居揚州。太宜人父錫維，以文學知名於時。母鄭太孺人夢遊蓬萊，有童女出迓，翌日，太宜人生。幼即聰穎，經傳過目成誦，未笄已能賦詩。事父母得其歡心，戚黨咸稱為至孝。年二十一，歸奉直公，以未及見舅姑為憾。每遇忌日，必齋肅奉祀。逾年生子葰，慧而早殤，太宜人深悼惜之。越三載而葆生，慈愛倍至，然訓之最嚴。每自塾歸，坐鐙下，課以書所誦讀，且為講解大義。奉直公挈家返歙，而復就館於揚，猝遇疾，卒，其時葆年甫十一。太宜人聞訃，至痛不欲生，諸娣姒勉以撫孤事重，乃飲泣而止。奉直公家本素封，因好施中落，至是困阨益甚，恃針黹以給朝夕。親族或勸葆棄書習賈，太宜人執不許，命負笈來揚，依舅氏近坦從師請業。道光癸未，以寄籍試儀徵入學。戊子鄉試，中式。癸巳，成進士，迎養太宜人入都。乃示以居官之要，曰：「凡事據理準情，總期無愧於己，有利於物。是在虛心省察，不可偏聽，不可輕舉。」葆奉教維謹，在郎署間，卓然負清望。一時賢士大夫，僉謂葆以孤露之身，克自樹立者，固由奉直公之續學砥行，啓祐其後人，而實則太宜人折葼畫荻，更百苦以成之者也。

太宜人性好讀書，尤留意於前人遺跡。汪氏遠祖貞明公遺書殘闕，擇其首尾完具者，手錄成冊。程氏先祠樂善堂，歲久漸圮，以從姪學溥有志重修，為文以嘉其志。奉直公著有《家訓》，命子姪詳校而付諸梓。生平所作詩，不輕以示人，末年始編為四卷。其《自述》云：「余幼受業黃秋平師，兼從師母

燈課子圖》，乞名人題詠，得詩四卷。先姚著作甚富。辛巳，徽州蛟水為患，藏稿淪沒。先姚有《出蛟記》及詩記其事，今僅存詩四卷。」阮序稱其「五言古近體，風格大抵與有唐初盛為近，辭氣溫厚和平，質而不陋，清而不纖粹然幾於儒者之言。七言長句及詠史諸律，則放筆為之，雄豪跌宕，迥非寒儉家所能夢見。其共傳誦者，如《論詩》六首，洞見本源；《示兒》八首，可銘座右；《論陶詩》一首，尤為至論。揚州當乾、嘉間，言詩者有春谷、秋平兩黃君，閨秀則張淨因孺人。今觀詩中，知節母為春谷表侄女，早受學於秋平，又從遊於淨因，淵源有自」云云。集中有《讀黃秋平詩文稿》詩，有《題黃師母張淨因孺人綠秋書屋詩集》詩，有《題江素英月娥望雲圖》詩。原注：「素英工詩善畫，性情純淑。許字皖江文學張某，最為靜因師氏所契，茲痛其母畢太淑人之歿，自寫《望雲圖》求閨秀題詠，良足重也。」有《詠虞姬次方白蓮女史韻》詩。由揚歸歙後，有《題鮑瑞香女史蕊珠夢遊黃山圖》詩，有《題鮑瑞香春雨校書圖》詩。素英、瑞香，其女友，疑亦歙人也。

按：有《雅安書屋詩文集》存世，道光二十四年（1844年）刻本。其中《雅安書屋文集》二卷，收文五十篇；《雅安書屋詩集》四卷，錄詩二百八十一首。

張淨因孺人學詩，專務實功，不恃妙悟。」其《與奉直公論詩》云：「人非有真性情，不能得詩之本原。學之既深，即性天內亦自有怡然渙然之樂。」全集沖和澹雅，信能自踐其言者。文亦不多作，而持論悉有根據，可垂範後世。其《與弟近垣書》云：「人苟潔清自好，固已邁越恒流。然或過情矯矯，於義所當得，一介不取，反令後人相繼勉強從事，不得不為分外之求，是防弊實以增弊也。又有忠厚長者，成就後學，一節之長，贊不容口，而薄俗非之，必以直言要譽，致起攻訐之端，不予自新之路，是皆好名累之也。」又《誡子書》云：「《易》曰『節以制度』，古人儉以養廉，本諸此也。人或昧此，窮而在下，不過仰事俛育，鮮克裕如；達而在上，遂竭民膏，侵庫貯，無所不至。皆不節故。豈必聲色之緣、飲食之奉，窮泰極奢？即慷慨不量力罄，已有限之資供人無厭之求，所謂節者安在？兒善體母心，即節之一言終身守之，處己處人兩得之矣。」又《記江孝女刲臂療親事》云：「先王教民無以死傷生，然而孝子之心，不忍親死，一身毀傷，不暇計也。情之所迫，聖人亦聽人自盡，而無所是非，要不失為孝而已。」皆平正通達，有功世教之言。他如《林烈女傳》書馬貞女事，表彰不遺餘力。《設義田義學議》、《復設文會記》，尤嚴謹有法度。其餘雜文亦古質可誦。太宜人生於乾隆辛丑十月十九日，卒於道光壬寅七月初三日，春秋六十有二。先是守節時，年三十五，格於例，不獲請旌。葆未通籍時，或有勸其減年上聞者，葆謝之曰：「吾母天性誠篤，平日教葆以不欺。葆敢誣吾母乎？」嗚呼！古所謂非是母不生是子者，其信然已！文淇與葆交逾二十年，知葆之立身行己，得諸母教為多。謹按狀而為之傳。

論曰：史氏之紀列女也，始於《後漢書》，而曹大家之名最顯，所著《女誡》七篇，蔚宗一一臚列於傳，其例仿於《國語》之紀魯敬、姜蓋。古者女師設教，婦德之後即次以婦言。敬姜訓文伯之辭，《魯語》悉詳載之者，職是故也。以太宜人之賢淑，本不必藉文字以傳，而其立言得體，足為後之女士所矜式〔註47〕。爰擇其尤切要者著於篇，以備史家之採擇焉。

〔註47〕　沈善寶《名媛詩話》卷十一（《續修四庫全書》第 1706 冊，上海古籍出版 1996
年版，第 677 頁）稱：
　　古歙汪雅安太宜人婁，程禹和先生鼎調室，鎮北水部葆母。著有《雅安書屋
　　詩集》四卷、《雅安書屋文集》二卷，學力宏深，詞旨簡遠，且能闡發經史微
　　奧。集中多知人論世經濟之言，洵為一代女宗。太宜人早賦《柏舟》，水部失
　　怙，年纔十一，煢煢孤苦，親自教讀。水部貴，寫《秋燈課子圖》徵詠，以
　　誌母訓。水部與外子同譜而兼梓誼，余竟不知太宜人之才德，未曾往謁。今
　　讀遺集，嚮慕殊切，且愧見聞之隘也。

徐節婦汪孺人傳　代

徐節婦汪氏，儀徵太學生灄之妻。灄夙患痰疾，雖隆冬嚴寒，恒科跣祖褐，坐臥不安，夏日尤畏炎蒸，厥逆無度。節婦終日隨侍，即薙髮亦必躬親，衣不解帶者三年，未嘗稍有懈志。及灄疾困篤，節婦刲臂肉入湯藥中，不使人知，而灄竟不起。其弟濤子立曦，甫及周歲，節婦撫以爲嗣，教養不啻所生。立曦之族姑，嫠居無依，僅有一女，節婦賙恤之，且爲其女擇壻，令與立曦同塾讀書，遂俱入學宮，得以成立。生平慈祥仁厚，待族黨有恩。下至臧獲，亦蒙其惠。有僕婦杜嫗，既老且貧，其族姪某因節婦勸誨，遂以母事之。其厚德感人類如此。

節婦生於乾隆□□，歿於道光□□，守節□□□年。夫歿時已逾三十，格於例，不獲請旌。余宰是邑之次年，議修志書〔註 48〕。立曦在局分纂，以節婦事略懇余作傳，因按狀而爲之敍。

〔註48〕王檢心修；劉文淇、張安保纂《道光纂修儀徵志》卷首有阮元《道光纂修儀徵縣志序》（江蘇古籍出版社 1991 年版，第 1～2 頁），稱：
　　嘉慶丁卯，余讀禮家居，邑侯顏公議修儀徵縣志，余舉昔賢修志之例以告。勸其但續新志而舊志不必更張。顏公深以爲然，遂編成《續志》十卷。次年刊刻告竣，余已服闋補官，不及爲作序文。道光戊戌，蒙恩予告返里。同邑諸君復議重修縣志，當事未瑕舉行。丁未孟春，司馬王公來宰儀徵。政通人和，循聲懋著。下車之始，即詢及縣志，知已四十餘年未修。慨然以身任之，且議將新舊各志一律重修。戊申仲夏，商之於余，余告以欲得新志之善，必須存留舊志。（下略）王公及纂修諸君頗韙余說。開局未及期月，編次已有端倪。己酉孟春，王公屬余爲序。
　　次爲張丙炎《重修儀徵縣志後敍》（第 3 頁），稱：
　　道光丁未、戊申間，王公檢心宰斯邑，留心掌故，知邑志閱四十年未修，慨然以重修爲己任。時文達致仕在籍，以告顏公者告之。又以邑志存於今者，申志、胡志印本罕覯，馬、李、陸、顏諸志版亦殘闕，議以重修時，當仿《鄭氏通志》、《益都耆舊傳》、《豫章舊志》之例，每門前列舊志，後載新增，表章古人，即以嘉惠來學。王以亦韙其說，商定體例，乃屬劉孟瞻先生暨先君子從事纂錄。時丙炎年甫逾冠，亦隨諸先生後分任編輯，經始於道光戊申，卒業於咸豐壬子，成書五十卷。
　　而《重修儀徵縣志職名》（第 7 頁）載：
　　監修：王檢心。
　　鑒定：阮元。
　　總纂：劉文淇、張安保。
　　分纂：汪際昌、章正弟、屬秀芳、李鼎棻、黃家幹、劉桂馨、徐立曦、王克榮、李啓培、李允洵、劉毓崧、王恩湛、方鼎銳、張世錚。
　　分輯：薛壽、田普實。校對：吳鎧。
　　而文章稱「余宰是邑之次年，議修志書」等語，可知此文乃代王檢心而作。

論曰：劉子政之紀列女也，蔡人之妻侍夫疾而不去，載於《貞順傳》中；齊義繼母親假子如己子，載於《節義傳》中。而其夫歿之年，並無可考。然則闡揚淑懿，固不必盡以一例繩之矣。節婦侍夫疾之苦，無異蔡人之妻；其鞠嗣子之仁，又同於齊義繼母。嗚呼！可謂賢矣。有表章之責者，可聽其湮沒不傳哉？

姜節婦曹孺人傳　代

姜節婦曹氏，儀徵附生淮之繼妻，勤儉持家，閨範謹肅。淮前娶宮孺人，有子恩福，節婦鞠育甚慈，一如己出。閱四載而淮歿，其時節婦年二十九歲，慟不欲生。越月餘，生遺腹子壽山。於是上奉衰姑，下撫稚子，織紝自給，茹苦食貧。姑以壽終，喪葬盡禮。訓誨二子，咸克有成。恩福應武試，壽山應文試，先後入泮。請於學使李公，得柏以多榮之匾，鄉黨欽其善教子焉。節婦現年六十一歲，守節已三十三年，例應旌表，而尚未及請。壽山因余爲邑宰，倡修縣志〔註49〕，乞爲襃揚。爰爲之作傳，俾送於志局焉。

論曰：志乘中人物一門，凡生存者概不立傳。惟列女類中生存者，亦得備載。且無論已旌與未旌，並得列姓氏於其間。此自來之通例。其所以並勸婦德者，可謂至矣。節婦年例已符，前此請建總坊之時，未及彙列其內。今茲修志，此秉筆者所當特補也歟。

方節婦許孺人傳　代

方節婦許氏，儀徵人，儒士桂之妻。秉性端厚，不妄笑言。桂患痰疾數年，節婦百方調護，經營醫藥，夙夜勤劬。桂歿時，節婦年二十九歲，悲慟絕粒，誓以身殉。桂兄附生松許以俟生幼子，即繼爲嗣，始肯飲食。勤儉自守，族黨稱賢。越十五年，松生子昌祚，遂踐前言。昌祚幼時多病，節婦撫育逾恒，愛若親子。稍長，課其誦讀，慈而兼嚴，訓誨甚切。道光己亥，邑之紳士彙舉貞孝節烈，請建總坊。其時節婦年例已符，得與旌表。丙午科試，昌祚補弟子員。丁未春，余宰是邑〔註50〕。戊申夏，議修縣志，昌祚請爲節婦作傳。是歲，節婦年七十有一，守節已四十三年矣。

〔註49〕據此，知此文亦代王檢心而作。
〔註50〕據此，知此文亦代王檢心而作。

論曰：總坊旌表之例，創自近年，兼舊志與新採而列之，俾皇仁得以廣被，豈非法之最善哉！夫昔之未旌者，舊志既已廣收。則今之已旌者，新志尤當備紀。蓋纂修志乘者，未有不以採訪爲先也。然則節婦之當載於志，固無待余言矣。

汪烈婦嚴孺人家傳

烈婦姓嚴氏，甘泉人，登仕佐郎荔衫先生大廷。之第四女也，適儀徵儒童汪開士。汝誠。汪與嚴皆揚州舊族，世居郡城。烈婦許字時，舅硯南先生、補。姑李太孺人，皆前卒。本生舅西谷先生，秦。聞烈婦之賢，聘爲子婦。咸豐四年冬，童養於汪，而西谷先生已於是歲七月卒。惟本生姑吳太孺人在堂，烈婦事之如母，待兩小姑如妹。端重勤儉，人無閒言。五年秋，開士服闋。十二月二十日成婚。六年三月初一日，粵匪再陷揚郡，倉猝未及遷徙。初三日，賊至其門。吳太孺人率二女投井，烈婦泣請，曰：「兒願先下。」乃奮身沒於深窨。賊去後，鄰嫗以繩縋諸人出。吳太孺人母女以水淺，故均得無恙。而烈婦則多方拯救，竟不獲甦。遂以是日亥時殉節死，距生於道光十三年五月二十日辰時，年二十有四。其歸汪氏，一載有餘，而結縭僅七十餘日耳。當寇至之初，開士出探消息，遇賊於衢，識其爲

文士，脅與渡江。至丹徒，其時猶未知烈婦之歿也。同被拘者，昏暮時見舟中有人影，依開士之側，訝而述之。及八月間，賊復脅開士，由句容赴江寧。中道值大雨，開士所乘肩輿之槓，無故忽折，易之復然。及再易，而賊酋之去已遠。開士因乘間脫身，得還故里。在途時，夜行荒山野徑，輒聞前途有嘯聲，若導引之者。抵家之前數夕，其幼妹夢烈婦冠帔而至，呼之起，曰：「吾送汝長兄歸矣。」既而，開士果歸，家人泣告以夢，相與歔欷太息。然後知前此所聞見者，實烈婦靈爽所式憑，而輿槓再折，亦烈婦所默祐也。未幾，烈婦復見夢於開士，曰：「臨難捐軀者，義，所當然。君今得臨，妾死亦無憾矣。」開士覺，以語人，聞者莫不傷之。西谷先生之兄星掌先生，和。時官山西知縣，憫烈婦之志節，將爲請旌建坊。而先爲開士援例得山西，俾烈婦得膺贈典，開士乞余爲烈婦撰文。余妻汪孺人小城先生谷。之女，開士之從姊也。故於烈婦本末，知之頗詳，爰敘次其事，以爲之傳。

論曰：夢幻之跡，似涉於虛無。然節烈所感孚者，其理固可信也。余考《元史・列女傳》云：「高氏婦，高郵人。攜其女從夫出避亂，見道旁空舍，

入其中。脫金纏臂與女，且語夫，令疾行。夫挈女稍遠，乃解足紗自經。賊至，焚其舍。夫抵儀眞，夜夢婦來告曰：『我已縊死彼舍矣。』」其精爽如此。蓋貞誠專一，固結莫移。身雖死而心不忘，夫可謂義之至、情之盡，足以動天地而泣鬼神矣。烈婦與高氏，婦同爲揚郡之人，相隔五百餘年，而先後如出一轍，孰謂古今人不相及哉！

族姊孫節婦劉孺人家傳

　　孺人姓劉氏，於余爲族姊，同出自先高祖峙齋公，族伯父如川公諱文源之長女也。如川公孝悌誠摯，族黨共推，以援例得倉官銜。而終身嗜書不厭，故孺人自幼即飫聞古列女之言行焉。年二十三，歸孫君元善。元善本生父甘泉邑庠生標，因長兄某無子，命其兼祧兩房。孺人奉其姑林太孺人及本生姑洪太孺人，愛敬如一。道光三年春，夫得危疾，孺人亟斥妝奩，以供藥餌之費。侍疾將三百日，備極艱辛，而夫竟不起。是時，孺人年甫三十，孤子貴麟纔七歲耳。而兩姑在堂，均已垂老。孺人自誓守節，晝夜勤作女工，上事衰姑，下鞠稚子。歷十數載，兩姑相繼歿，喪葬如禮，人無間言。其教子有方，謂讀書者首重明理，故貴麟成童以後，雖改就貿易，而能愼擇交遊，性喜作詩，未嘗稍染佻薄之習。其舉止淳愨，尙有外祖家風，非孺人之善教不及此。自粵寇蔓延揚郡，迭遭兵燹，貴麟奉孺人避地，轉徙累年，貲本久空，無以爲養。或勸其投軍營自效，孺人語之曰：「凡事須度德量力。營務關係匪輕，爾徒有善心，而無干略，豈能勝任？若但欲救貧，而不知審處，必將貽吾憂矣。」貴麟承命而止。爰習嚴君平之術，賣卜於市。孺人躬率子婦，紡績以佐之，暇則課其孫連科以書，安於貧而不怨。咸豐十一年六月初一日戌時，卒於樊汊鎭寓舍。距生於乾隆五十九年二月二十五日卯時，年六十八，計守節三十九年。當道光二十五年，先君偕同鄉紳士，採訪貞孝節烈，附刻於總坊姓氏錄。孺人守節之年已符旌例，亦與其列。二十九年，公呈彙報。三十年，奉旨旌表，例得建坊入祠。

　　論曰：昔吾鄉李嵩泉賣卜養母，撫幼弟濱石成立，期望甚殷。濱石既以通儒知名，嵩泉亦以孝友見重，其節母教子之善，固不待言而自彰也。孺人之賢，不減李母。貴麟終鮮兄弟，迫於境遇之艱，欲學濱石而未遑，盍引嵩泉以自勗。嵩泉之誨弟，不惜身勞，竟光其閭。貴麟之訓子，果能身教，必亢其宗。自來節孝之門，後多昌顯者。孺人之苦節垂裕，其在斯乎。貴麟勉之矣。

書朱烈姬許氏傳後

　　昔王原吉長於表微闡幽〔註51〕，而紀述極其矜慎，如李哥之可稱貞女〔註52〕，徐婦之足愧降臣〔註53〕。據事直書，各如其分。故史家即採以立傳，

〔註51〕 錢謙益《牧齋初學集》八十四《跋王原吉〈梧溪集〉》（上海古籍出版社 2003年版，第 1765～1766 頁），載：

江陰王逢原吉，元末不應辟召。我太祖徵至京師，以老病辭歸。有《梧溪詩集》七卷，載元、宋之際逸民舊事，多國史所不載。原吉爲僞吳畫策，使降元以拒淮。故其遊崑山懷舊傷今之詩，於張楚公之亡，有餘恫焉。而至於吳城之破，元都之失，則唇齒之憂，黍離之泣，激昂愾歎，情見乎辭。前後《無題》十三首，傷庚申之北遁，哀皇孫之見獲，故國舊君之思，可謂至於此極矣。謝皋羽之於亡宋也，《西臺》之記，《冬青》之引，其人則以甲乙爲目，其年則以羊犬爲紀。廋辭隱語，喑啞相向。未有如原吉之發攄指斥，一無鯁避者也。《戊申元日》則云：「月明山怨鶴，天暗道橫蛇。」《丙寅築城》則云：「孺子成名狂阮籍，伯才無主老陳琳。」殆狂而比於悖矣。或言犁眉公之在元，籌慶元，佐石抹，誓死馳驅，與原吉無以異。佐命之後，詩篇寂寥，或其志故有抑悒未伸者乎？士君子生於夷狄之世，食其毛而履其土，君臣之義，雖國亡社屋，猶不忍廢。則其居華夏，仕中朝，又肯背主賣國，以君父爲市儈乎？夷、齊之不忘殷也，原吉之不忘元也，其志一也。孔子必有取焉。彼謂原吉爲元之遺民，不當與謝皋羽諸人並列於忠義者，其亦聞於《春秋》之法已矣。

〔註52〕 王逢《梧溪集》卷四下《李哥（有序）》（清知不足齋叢書本），云：

哥，灞州倡女，年甫十二三，母教之歌舞。哥泣曰：「女率有紅，繫我獨爲此乎？」母告以倡業不可廢。哥曰：「若此聽媼，媼亦當從我好。」母陽許之。自是不粉澤茹葷，所歌多仙曲道情。有召者，必詢客主姓名乃往。人亦預相戒，無戲狎。哥凝立座間，酒行歌闋。賜之酒，不飲。灞州判官嘗忤哥，徑還，誓不與見。孟津縣監賂哥母，夜抵舍，哥懷利刃，閉臥內，罵監曰：「汝職風化首，而狗羯行。不去，血汗吾刃。」監慚去。明日知州事者聞之，歎曰：「州有貞女不知，吾失也。吾次子明經舉秀才，眞若配也。」以禮聘娶之。未幾，紅巾入寇，夫婦被執，以哥美，將殺其夫。哥走前，抱夫項大呼曰：「吾斷不從汝求活。」寇幷殺之。河南理幕沈易云：

蟬蛻污塵配鳳難，亂中同死義尤安。灞津落盡垂楊葉，月魄清遊奈薄寒。
女長倡優解愛身，士遭離亂合安貧。艾蕭荊棘蘭參伍，畢竟幽香獨佔春。

此前，陶宗儀《南村輟耕錄》卷二十七《李哥貞烈》（上海古籍出版社 2012年版，第 296 頁）載：

河南理幕沈易云：灞州倡女李哥，年十二三時，母教之歌舞。哥泣曰：「女率有工，繫我獨爲此乎？」母告以業不可廢。哥曰：「若此聽母，母亦當從我好。否則，有死而已。」母陽許之。自是不粉澤，不茹葷，所歌多仙曲道情。有召者，必先詢主客姓名，然後往。人亦預相戒，毋戲狎。哥凝立筵間，酒行歌闋，目不流盼。與之酒，勿飲。州判官嘗忤哥，徑還，誓不與見。孟津縣達魯花赤厚賂哥母，夜抵舍，哥懷懷利刃，閉臥內，罵之曰：「汝職在牧民，而狗彘之不若。可急去。不，且血污吾刃矣。」慚怒以回。明日，知州聞之，

無所更移。今觀於朱烈姬許氏，始則見迫假母，其境較李哥爲倍艱；繼則獲
侍良人，其遇視徐婦爲得所；終則奮殉寇難，較李哥、徐婦爲同歸。此傳事
從其實，持論尤平，洵乎嗣響《梧溪》，可信今而傳後矣。世之喜撰敘事之文
者，盍亦先以不飾不誣，爲傳信之本哉！

贈國子監助教上元學教諭夏先生衣冠墓表

　　先生姓夏氏，諱慶保，字履祥，號蓉山，揚州儀徵人。由道光乙酉舉人，
官安徽天長訓導。丁母憂，服闋，選江寧府上元教諭。咸豐癸丑二月十一日，

歎曰：「州有貞女，而吾不知，是一失也。吾次子明經舉秀才，眞若配。」以
禮聘娶之。未幾，紅巾入寇，夫婦被執。見哥妍麗，將殺其夫。哥走前，抱
夫項大呼曰：「吾斷不從汝求活。」寇並殺之。

此後，管時敏《蚓竅集》卷五《李哥行》（《明別集叢刊》第一輯第 17 冊，黃
山書社 2013 年版，第 752 頁），云：

霸州李哥年十五，出身本是娼家女。誓死願作良人妻，不願隨群學歌舞。白
頭阿㜑不見容，籍我花名入官府。李哥有志不得酬，終夜號咷淚如雨。兒今
未免從母命，母也須當聽兒語。淨洗容顏不食葷，一釵一裙只荊苧。唱歌得
錢贍阿㜑，此身不敢辭辛苦。東城酒樓花滿煙，五陵公子羅尊俎。眾中一少
忽相嘲，李哥出門氣如虎。益津縣監輕薄兒，不惜黃金買同處。阿㜑貪金不
顧兒，暝地甘言密相許。縣監夜半排闥入，李哥拒之閉其戶。大言痛詈汝監
邑，汝何不知民父母。手操白刃不容狎，縣監慚惶走無所。霸州太守聞且驚，
吾州此女深可取。有子讀書舉秀才，年逾弱冠未婚娶。通媒六禮議成姻，一
州歡傳得貞婦。後來賊兵犯霸州，李哥與夫遭賊虜。賊見李哥美顏色，但言
殺夫不殺汝。李哥得言即誓死，與夫同死河之滸。烏乎李哥節義俱，赫赫聲
名振今古。我今聞之多慨慷，激烈悲風起林莽。他年觀我李哥行，賊子姦臣
面如土。

〔註53〕王逢《梧溪集》卷二《娼婦徐》，云：

至正壬辰冬，徽人寇常，召其婦佐燕，憤罵弗聽，寇肕殺之。龍江章琬孟文
詩附。

妾非花月舊時妖，曾事忠良樂聖朝。今日黃巾刀下死，陽城下蔡莫魂消。
束帶朝衣供奉孫，虜庭歡死報皇恩。妾今一唱貞元曲，孰濺西風碧血痕。
平康巷裏掌中身，翠舞珠歌玉樹春。不得籍除今義死，天容娼婦愧降臣。

俞弁《逸老堂詩話》卷上（清鈔本）亦載：

至正壬辰冬，倡婦徐氏，徽人寇常，一日召婦佐觴。徐憤罵不從，寇馳劍往
殺之。龍江章琬孟文有詩記之，云：「平原巷裏掌中身，翠舞珠歌玉樹春。不
得籍除今義死，天容倡婦愧降臣。」江陰王逢原吉亦有詩弔之，云：「妾非花
月舊時妖，曾事忠良樂聖朝。今日黃巾刀下死，陽城下蔡莫魂消。」其二云：
「束帶朝衣供奉孫，虜廷歡死報皇恩。妾今一唱貞元曲，孰濺西風碧血痕。」
噫！徐婦可謂風塵中有氣義表表者矣。回視冠裳，寧不愧哉？

殉粵寇之難〔註54〕，年五十三，贈國子監助教，入祀忠義祠。吾揚在昔，忠義極盛。自兵興以來，儀徵先達吳文節公殉黃州〔註55〕，張刺史積功殉臨清

〔註54〕 金和《秋蟪吟館詩鈔》卷三《椒雨集下》有《江寧死事詩十四首》（民國五年刻本），其四云：

上元縣學教諭夏先生〔慶保〕

先生字履祥，儀徵人。舉人。城陷日四，學師皆散走。〔江寧省城凡六學，時府學訓導武進歐陽先生晉守城死，惜不得其事實。〕先生獨止其廨，命役市阿芙蓉膏，不可得，盡以所畜十五金授其役曰：「我死，以此市薄棺掩我屍，餘則餉汝，慎勿救我。」役諾之，乃懷印而縊，而役已呼他人救之矣。先生恚甚，其廨之旁有吳生者，謂先生學師，不殉城可無罪。請父先生彊先生居其家，約乘閒奉先生逃，先生持不可。方勸勉閒，賊已至，詰先生何人。先生曰：「吾官也。」探以印提賊，賊刃擬先生，先生大唾罵，遂遇害。

先生平日志，兩字盡人師。大暮方含笑，旁觀自述悲。十年真冷官，無飯活妻兒。若果作斯想，難為飲刃時。

〔註55〕 陳康祺《郎潛紀聞二筆》卷十一《吳文節被害堵城》（清光緒刻本），載：

吳文節公文鎔之督兩湖也，粵賊方由江西回竄，田家鎮師潰，省城戒嚴，時咸豐三年九月，公受任甫三日也。巡撫崇綸懼欲逃，揚言督兵營城外，公策馬往詰，則曰：「餉絀兵單，城豈能守？」公正色曰：「汝朝廷二品官，何出此語？此時吾輩捨『城存與存，城亡與亡』八字外，豈有他策！」撫臣曰：「公欲死節博美名耳。軍興，疆臣多並節，吾二人頭顱倘再落麼麼手，如國體何？」公忿不能過，拔佩刀斫几上曰：「誰再言出城者，污吾刃。」撫臣齘戰面土色，惕惕然驚，不復能正視。公嬰城固守，數十日，竟擊退劇賊，城賴以完。撫臣則大憾，所籌畫悉反公所為，檄餉徵兵，百計齮齕。十一月，公遵旨督兵攻黃州賊，少有斬獲。明年正月，移駐堵城，〔距城五十里。〕賊縱火焚營壘，士卒驚潰，公遂被害。公雖以同舟非人，賜履淪沒，而建祠錫諡，恤典崇優。彼撫臣者，旋奉嚴旨逮問，徒以畏罪自盡，幸免秋官失律之誅，亦足見聖朝之彰癉矣。士君子讀聖賢書，食君父祿，時變倉卒，匡濟無功，堂堂七尺之軀，奈何不以馬革裹之，而幾使歐刀飲血哉？

李元度《國朝先正事略》卷二十五《名臣·吳文節公事略》（嶽麓書社 2008年版，第804～807頁。文同李元度《天岳山館文鈔》卷十一《吳文節公別傳》，清光緒六年刻本）云：

公諱文鎔，字甄甫，號雲巢，一號竹孫，江蘇儀徵人。少能文，為吳穀人祭酒所賞拔。嘉慶二十四年進士，選庶吉士，授編修。（下略）居無何，粵賊自長沙渡洞庭，陷武昌，躁江西，據金陵為窟穴，中原震動。上知公威望，移公總督兩湖。至則賊自下游上犯，田鎮水陸營皆失利，省會戒嚴，城晝閉，居民一夕數驚。巡撫崇綸思移營城外，為自脫計，與僚屬密議。公知之，立策馬至巡撫署，約與死守。巡撫不可。公憤甚，拔佩刀置案上曰：「城存與存，城亡與亡。自司道以下敢言出城者，齒吾刃！」巡撫默然，議乃定。會賊已逼城，公即登保安門城樓，激勵將士，誓死守，衣不解帶者數旬。圍解，巡撫內愧公，復慮公不相容，乃謀先發制之，疏劾公閉城坐守狀。有詔趣公進復黃州，而以城守責巡撫。

當是時，公方調胡文忠帥黔勇七百人來楚會剿。而曾侍郎國藩，公戊戌典會試所得士也，時在衡陽治水軍。公馳書約夾攻黃州，侍郎許之。擬俟曾、胡二軍至，大舉滅賊，而巡撫屢齮齕之，趣戰益急。公歎曰：「吾年逾六十，受國厚恩，豈猶惜死耶！所以遲進者，以麾下將卒宜選練，且俟黔勇及水軍夾擊耳。今若此，不及待矣。」遂以咸豐三年臘月下旬，自帥七千人進薄黃州，壁堵城。會大雪，公日行泥潦問，拊循士卒。而巡撫銜公甚，遇事陰掣其肘，軍械輜糧不時至。已而，賊來犯營，公督將力戰。都司劉富成手刃數賊，兵勇繼之，殪賊數十。後兩次出犯，均擊退。未幾，賊大至。正決戰問，忽後營火起，眾驚潰。公下馬，於雪泥中北向叩首痛哭，大呼曰：「無以仰對聖朝！」遂自投塘水死之，時四年正月十五日也，年六十有三。事聞，上悼憫，下所司議恤，賜祭葬，予諡文節，人祀昭忠祠。

陸心源《儀顧堂集》卷九《誥授光祿大夫太子少保兵部尚書兼都察院右都御史湖廣總督吳文節公神道碑》（清光緒刻本）載：

咸豐癸丑之十月，楚督吳公旣解武昌之圍，奉命進勦黃州之賊營於堵城。時大雪，公日行泥淖中，撫循士卒。巡撫某銜公甚，事事與公相枝梧，軍器輜糧不時至。未旣，賊大出，撲公營前，軍小勝。忽見後營火起，眾驚潰。公死之時，甲寅正月望也。賊退，知縣翁汝瀛收公體魄，成禮於沙河。越十月，公之子養原奉公樞歸葬於揚城三道山之原。同治紀元之熙，予引對入都，養原奉公年譜而請予文其埏道之碑，予何敢辭。按狀，公諱文鎔，字甄甫，號雲巢，別署竹孫，江蘇揚州府儀徵縣人，係出延陵季子。曾祖廷楡，祖煥仕，父昌炘，皆以公貴，贈如其官。妣皆封一品夫人。公幼而能文，深爲吳穀人祭酒所賞。嘉慶癸酉舉於鄉，己卯成進士，改庶吉士，授翰林院編修。尋視學河南，遷右贊善，累遷至侍讀學士。復視學順天，在任擢詹事府詹事，旋遷內閣學士，陞禮部侍郎，調刑部，奉命偕蕭山湯文端公案事浙江、安徽、江寧等省，覆奏皆稱旨。旋命巡撫福建。旣調撫江西，在任八年，興利除弊，百廢具舉。凡奏請緩徵者七，借給籽糧者再，民甚德之。又以文信國公文章學問扡忠亮節，足爲世法，請從祀文廟，允行。尋調撫浙江。浙江吏治久壞，苞苴公行。公至卽劾罷不肖吏數人，下教各屬有不飭簠簋者，劾無赦。公又時時巡行閭巷，問民疾苦，察吏之賢否，數百里外纖悉皆知。土豪鄉猾聞風斂跡，長吏不敢爲非。數十年來，浙江吏治於是甚最。魚山島者，浙東海濱盜窟也。公移文閩督，會師搜捕，獲百餘人，悉置之法。庚戌，杭、嘉、湖、紹、嚴五郡大水，淹沒田廬無算，公以爲奉職無狀，致召天災，上疏自劾，論者以爲有古人風，遂奏行招商平糶樂輸諸政，全活甚眾。顯廟登極，擢公總督雲貴。雲南有淫祠曰華光寺，俗稱某天子廟，凡數十處，土人奉之甚謹，事多不經。公尸其木偶於市，毀其廬，淫祀遂革。時廣西用兵，與滇、黔接壤，烽火相望，同匪乘閒蠢動。公與張石君中丞和衷共濟，徵兵選將，據形扼要。終公任，境內晏然。當是時，賊已渡洞庭，陷武昌，蹂江西，據金陵，中原震動。上知公才可任，遂移公總督兩湖。至則賊自下游回竄，城中洶洶甚，居民一夕數驚。巡撫某公思移營城外，爲自脫計。公知之，卽策馬至巡撫署，約與死守。不可，反詆公好名，言益悖。公憤甚，拔佩刀置几上，曰：「吾輩城存與存，城亡與亡。有敢言出城者，齒吾刃。」巡撫氣懾，守城之議乃定。適報賊已逼城，公卽登保安門城樓，激勵將士，嬰城固守，衣不解

〔註56〕，先生殉江寧。其就義皆最烈，邑人稱爲三忠，與康熙間劉忠節公
〔註57〕後先輝映。而先生以儒官盡節，與前明霍邱教諭贈國子監學錄倪公可

帶者數十日，賊遂退。巡撫某公既恨公之面斥也，復慮公之不相容也，思先
發以制公，遂劾公擁兵自衛狀，上命公進復黃州，遂出師。未幾，而有堵城
之潰，事聞，上震悼，賜卹如例，諡曰文節。方賊之自粵竄楚也，公在滇聞
報，謂虎兕出柙，其焰易熄，輟食歇獻，終夜不寐。及拜楚督之命，置其一
妾二子於蜀，倍道前行，有滅此朝食之志。卒以同僚非人，致公齎志以沒。
嗚呼！傷矣！乃公方邀易名之典，而扼公者亦卽以逮問悸死，始知天網恢恢，
而國家之賞罰無或爽也。公生於乾隆壬子，卒於咸豐甲寅，享年六十三歲。
妻蔣氏，封一品夫人；妾王氏。子三：長養原，己未副貢，刑部雲南司主事，
世襲騎都尉，與余爲同年生；次承浩，後公卒；次進泉，幼。初，公之撫浙
也，有鹽商公使銀八千兩，公獨卻之，後殉難，家無餘資。養原赴浙，告貸
於公之故人，商人感公清德，欲以前此奉公者遺養原，養原不可曰：「若以爲
義先，公早受之矣。先公卻之而原受之，是墮先公之德也。敢辭。」強之，
卒不受而歸，可以見公家庭之訓矣。銘曰：
嗚呼！是爲大清純臣文節吳公之阡邪？倿過之能無汗顏！
此外，丁仁《八千卷樓書目》卷五「史部」（民國十二年本）著錄「《吳文節
公年譜》一卷，國朝吳養原撰。刊本。」
〔註56〕《清史稿》卷四百九十一《忠義五》載：
張積功，江蘇儀徵人。嘉慶二十三年舉人。道光十年大挑知縣，發山東，歷州
縣吏。二十年，初權臨淄。前政不善，多流亡，以誠招徠之，皆歸故業。即墨
饑民滋擾，檄往辦理而定。朝城民變，民聞積功治臨淄事，即首行館請死，喻
以理，懲以法，皆歡呼去。咸豐四年三月，賊攻臨清州，積功適知州事，守禦
十四晝夜。十四日，城陷，闔門死難。初，賊過冠縣，知縣傅士珍自經死。
齊學裘《見聞隨筆》卷二十《昭忠祠》（清同治十年天空海濶之居刻本）載：
儀徵張大令〔積功〕，能吏也。任歷城時，大府器其才，欲擢濟寧牧，張力辭，
問其故，張告曰：「少時夢乘舟，中流見河干，兩城對峙，意是濟隣州。將樣
舟，見其故父立城頭，搖手止之，指對面一城令入。及抵岸視之，額曰昭忠
祠，大驚而醒。今母年七十餘，是以未敢聞命。」至次年，臨清州缺員，引
擢之。張以爲西北方無事，可以奉母安居。乃到任未一月，林鳳翔北犯，突
破臨清城，張死之，闔家殉難。方太翁示夢時，早知必殞王事，故不令入濟
寧城，而張亦未悟，不知昭忠祠即臨清也。事固前定久矣，況忠義乎？
〔註57〕劉熙祚，萬斯同《明史》卷三百八十《忠義傳》（清鈔本）、查繼佑《罪惟錄》
列傳之十二中、張廷玉《明史》卷二百九十四有傳。另外，汪有典《明忠義
別傳》卷十《劉忠毅傳》（清道光墨花齋活字本）載：
公諱熙祚，字仲緝，號劼思，武進人。（下略）公至衡州，賊尋破衡，遂護惠、
吉、桂三王入永州。賊提銳卒躡其後，公晨朝三王，泣且拜曰：「永以南非楚
境，過此一步，非臣死所。臣誓與此城俱碎，王幸自愛。」乃遣其中軍護三
王入西粵，而己死守永。賊至，奸人內應，城遂陷。公大呼疾戰，力殚被縛，
檻送獻賊營，大罵不屈。褫其衣，懸竿首，引滿弓攢矢擬之，罵益甚。既復
下之地，親爲撫摩，予以官，則愈罵，賊知終不可奪。縛兩足，繫馬尾而馳，

口鼻耳目潰爛毀敗，血模糊，骨骼支出，已不能言，猶噴血如罵狀。死後贈左都御史，謚忠毅。

邵長蘅《邵子湘全集》青門麓稾卷十五《武進三忠合傳》（清康熙刻本）載：
劉熙祚，字仲緝，號劼思，世爲武進人。天啓甲子舉於鄉，筮仕得興寧令，以治行徵。思陵召對稱旨，擢監察御史。入臺忼慨言事，章數十上，尋奉命按楚，歲崇禎十六年也。當此之時，賊張獻忠已陷荊州，陷承天，焚燒陵寢，襄陽再陷，屠蘄糜黄，全楚河決魚爛矣。五月遂陷武昌，乘勝陷岳州。獻忠謀過湖，卜於洞庭神者，三不吉，投珓大詬，斂千艘於湘潭焚之，遂騎而逼長沙。會熙祚按長沙，聞警投袂起，曰：「吾按臣也，當急護宗藩。」是時親王開邸於長沙者曰吉藩，開邸於衡州者曰桂藩，而惠王故邸荊州，荊陷投吉，藩亦在長沙。兩王相對，日涕泣憂賊，顧不知修備，惟堞宮垣晝夜擊柝徼巡而已。熙祚急檄總兵尹先民以萬人守羅塘河、孔道貴屯三稍幾，而命推官蔡道憲立柵斷陸道。柵未及成，賊驟至，先民解甲降，道貴走，勢不支。熙祚急護兩王走衡州，而長沙陷。蔡道憲不屈死。蔡道憲者，晉江人，崇禎丁丑進士。賊傳城下愲之降，道憲手注弩，斃一賊，尋被執，嚼齒大罵賊，賊怒磔之。健卒凌國俊九人，侍道憲不肯去，賊並殺九人，內四卒奮曰：「願葬主骸而死。」賊義而許之。四卒解衣裹道憲骨，葬南郭巳，乃自剄。熙祚至衡州，賊尋破衡，乃急護惠、吉、桂三王入永州。賊命拆桂邸殿材入長沙，而親提銳卒追三王於永。熙祚晨朝三王，泣且拜曰：「永以南非楚境，過此一步，非臣死所矣。臣誓與此城俱碎，王幸自愛。」乃遣其中軍護三王入西粵，而已死守永。賊至，奸人內閧，城陷，賊縛熙祚去，題詩永陽驛。至寧鄉之孔廟，被殺。一曰賊執熙祚，檻送獻忠營，熙祚大罵不屈，賊以繩曳足倒拖地，剖腹刲出腸死。烏虖！明季流寇之既，慘極於親藩，而宗社隨之。當崇禎十四年正月，洛陽陷，福王殞焉。賊薦王於俎，沴其血，雜鹿醢飲之，曰：「此福祿酒也。」同月襄陽陷，賊坐王於堂下，屬以卮酒曰：「吾借王頭使。」楊嗣昌以陷藩伏法，而襄王殞矣。其後陷南陽，而唐王殞於麒麟閣。陷汝寧，而崇王及世子道殞。及陷蘄州，而荊王先以悸死。陷武昌，而楚王爲賊執置所乘輦，舁而沈之江以死，楚宗屠僇靡子遺。其他踣命失國、竄身媮生者，所在見告。蓋自辛巳訖癸未三年閒，所稱豫、楚十二王，大畧盡矣。其時，上相握劍印，專征所在。巡撫及諸大帥擁重兵，環賊壘而軍者相望也，無能一紓親王之禍。而熙祚以無兵無將之按臣，間關險阻，擁護三藩，俾遯於粵而後以一死身障其衝，可謂忠矣。議者或以不能死守長沙爲熙祚咎，誤哉！熙祚死明年三月，北都陷，帝后死國。同時以文臣徇節者，武進又得二人，曰王御史章、金主事鉉。

江青楓《弔劉忠節公熙祚》（鄧顯鶴《沅湘耆舊集》卷一百八十三，清道光二十三年鄧氏南邨艸堂刻本）云：
瞻嶽城頭火夜然，敢辭碧血灑湘川。來宣聖主憂勤日，死別鄉關夢想年。萬里窮荒悲馬革，幾人潦倒觸狼煙。題詩字字千行淚，堅此丹心映楚天。

計六奇《明季北略》卷二十三《劉熙祚死節》（中華書局 1984 年版，第 624～625 頁）云：
張獻忠破襄陽，殺襄王，楊嗣昌自縊，臺省劾良玉縱兵刼掠，玩寇不接，遂降二級，追奪勅命。良玉將士由是不力戰，獻忠知之，遂入漢陽、荊、黄等郡，長驅席卷，勢若破竹。惠、桂二藩遁走，獻忠追之，劉熙祚命中軍王永

大〔註58〕桑梓同，而梗概亦同。倪公官霍邱四年，與士子以名節相勵。先生官上元□載，以忠孝訓生童。嘗語人曰：「如粵寇果至，我必死之。逢清明即祭我。」其同一也。倪公因縣令借考滿規避，舉城守相屬，慨然身任而不辭。先生督辦團練，為方伯祁公倚重，晝夜巡警，寢食不遑。其同二也。倪公知霍邱南門已破，猶扼北門。先生聞江寧城破，引繩舉酖，視死如歸。民人請暫避其家，堅執不許。其同三也。倪公罵羅汝才於元帝宮，齧指血噴其面，遂遇害。先生於城陷次日，安坐學署，賊至詫問何人，厲聲曰：「我此邑學師也。」罵不絕口，身被六刃而歿。其同四也。倪公諸子文學有聲，季子以孝行著。先生子昌祺，以當室孤童，奮志立學，例得廕襲，仍應小試，補諸生。其同五也。倪公靈櫬返葬樸樹灣，而霍邱人敬其英爽，立專祠於北門。先生忠骸無存，而江寧紳士追思遺澤，克復後，為建衣冠墓於雨花岡。其同六也。論者動謂古今人不相及，豈其然哉？署江寧府學江都薛教授廷棟，與先生同郡，偕其僚友，丹徒吳訓導志伊、上元縣學□□□□□□□□□助籌封墓甚力，以毓崧與先生同邑，屬為撰文。先生與先君為道義交，誼不可辭，爰揭其忠義卓犖、追蹤前哲者，以表於阡，俾後來知所矜式。其生平孝友廉潔，樂善不倦，可紀者甚多，以非大節所關，故不著焉。〔註59〕

增貢生候選訓導貤封武德騎尉胡先生墓誌

先生諱呂，字尚之，號槐窗，姓胡氏。系出安定。遠祖泰山，明洪武中

圖率兵護行，自欲入永州為堅守計。被賊執，百計誘降，熙祚不屈而詈。獻大怒，遂殺熙祚於長沙府寧鄉縣文廟中，後人有詩讚曰：「昔日真卿罵祿山，至今生氣滿人寰。劉公殉節堪同調，忠烈清名振兩間。」
又《又弔劉詩》云：
繡斧巡湘舊有名，忽提孤劍出方城。荊南血濺痕猶在，斗北魂升望已深。討賊朝圖黃石壘，勤王夜戰楚江程。可憐身死家猶遠，漢水潺潺盡哭聲。
〔註58〕趙宏恩《乾隆江南通志》卷一百五十四《人物志‧忠節》（文淵閣四庫全書本）載：
倪可大，字簡白，儀徵人。天啟中歲貢，為霍丘訓導。明季丁丑，流賊圍城，督民兵拒守。城陷，可大齧指噴血，罵不絕口，遂被害。妻女皆自縊，僕倪表亦死。
穆彰阿《嘉慶大清一統志》卷九十八《揚州府‧人物》載：
倪可大，儀真人，天啟中以貢授霍邱訓導。崇禎末，流寇圍城，可大率民兵拒戰。城陷被執，罵賊遇害，贈國子學錄。妻戴氏與女皆自縊。本朝乾隆四十一年，賜諡烈愍。
〔註59〕此文又載《碑傳集補》卷三十一。

居蘇州，從征有功，以將軍出鎮。嗣子璜，蔭襲指揮使。建文初，奉詔掌高郵衛事，率所部屯田於寶應，由是徙家寶應而占籍高郵。曾祖宗開，鄉黨稱為長者。祖祁，贈儒林郎。父鎮，贈武德騎尉。世有隱德，跡載州志。

　　先生幼時，誦習勤苦。稍長，負笈從師，三年不歸。作制義，常徹夜無寐。嘉慶丙寅，州試第一。丁卯，補州學附生。壬申，補增廣生。省試，屢薦未售，援例貢太學候選訓導。以季弟官，貤封武德騎尉。生平篤於行誼，執父喪，哀毀骨立。母張太宜人歿時，先生年已六旬，悲慕若孺子。季弟守備冠英，未仕之日，領本邑糧艘。及赴任德安，先生慮家丁兌運者未足恃，每歲自往董理，事必躬親，不以析產

　　分居，稍存歧視。仲弟徵君泉，沉潛嗜學，不暇經營田產。先生代為籌畫，俾得專力讀書。徵君撰述見重士林，實賴先生之助。昆弟自為師友，白首無閒言。慎於擇交，待故舊始終如一。弔死問疾，軫恤遺孤，久要不忘，拳拳無已。鄉里有互相爭競及遭誣陷陵侮者，多方開導，潛出己貲為之弭怨釋紛，使不至公庭涉訟。邑被水患，散粟賑饑，奔走泥塗，心力兼瘁。居恒服用儉素，而遇同鄉義舉，則必助徵君輸將。嘗構一堂，匠人誤鋸，柱短，工師願償價值，慰而止之。其處心寬厚，大都類此。晚年好靜，獨宿小亭。卒之歲，亭前梅不吐華，徵君傷之，作《雙梅亭記》。其末云：「默念兄德，泣數行下。樹猶如此，人何以堪。」此固徵君友悌之隆，抑亦先生所以感之者深也。先生生於乾隆甲辰十二月初二日，卒於咸豐乙卯四月十六日，年七十二。配姜宜人，前卒。生長子雨村。側室王孺人，生次子雨田，並由附貢生，援例候選訓導。女三人，長適泰州監生李翼之，次適高郵例貢生張萊，季適高郵八品銜張伯樺。孫二，麗生、金生，俱幼。雨村、雨田卜以丙辰十二月十九日，葬先生於寶應泛光湖東新阡，與姜宜人合窆。先期，徵君以雨村、雨田所敍行略寄示，屬誌其墓。先生之入學，與先考同受知於莫寶齋侍郎〔註60〕。徵君又與先考為道義交，誼不獲辭。竊謂徵君服膺陸氏象山之學，象山之兄梭山所著《正本制用篇》，於居家節度最為切要，實可見諸施行，故能十世同居，門庭雍睦。論古者於金谿之學術，或有異祠，而其修身及家，則毫無遺議。僉謂象山有兄以督其家，而事愈治。梭山有弟以昌其學，而道

〔註60〕　莫晉（1761～1826），字錫三，號寶齋，浙江會稽（今屬紹興市）人。莫鍾琪編有《莫寶齋年譜》。下篇《先考行略》載：「嘉慶丁卯，受知於會稽莫侍郎，取入縣學。」

益彰。今先生之教家，既謹奉梭山爲法；徵君之講學，復善取象山所長，群從異居而同財，亦合乎古禮。然則徵君欲闡揚先生之懿美，計惟是尊其德性，自求無愧於象山，並以勵雨村、雨田，勗其無愧於陸門子姓，則後世推服先生者，必將上擬諸梭山。此徵君所當自勉，而亦雨村、雨田所當共勉者歟。徵君書來之時，毓崧方居先考憂，未踰大祥，不爲韻語。爰仿昔人誌銘分撰之例，但作墓誌，而轉屬沈君戟門爲之銘焉。附銘詞：

積善餘慶，揚名立身。撙節退讓，洽比其鄰。敬教勸學，直諒多聞。夕惕若厲，輝光日新。孝乎惟孝，景行行止。脊令在原，友于兄弟。斯邁斯徵，密勿從事。鬼神富謙，既多受祉。耆耋好禮，三命益恭。令德壽豈，不少延洪。修身以俟，君子日終。聰聽彝訓，子孫其逢。觀象玩占，辨方正位。卜云其吉，俾昌而熾。多福無疆，引之勿替。懿鑠珍褘，不顯亦世。

先考行略

先考姓劉氏，諱文淇，字孟瞻，先世居溧水。高祖諱春和，國學生，始遷揚郡。以次子守備君起寅貴，贈明威將軍。曾祖諱起泰，國學生。祖諱暾，與其從兄曈占籍儀徵，補博士弟子。父諱錫瑜，國學生。家承忠厚，世有隱德。先考幼即穎異，稍長，嗜學不厭。嘉慶丁卯，受知於會稽莫侍郎，取入縣學。甲戌，歸安王侍郎歲試揚州，擢置一等第一，補廩膳生。己卯科，蕭山湯相國拔取優貢生。是科所取之六人，相國持擇極愼，先於歲考時面試經解，深許先考爲樸誠績學之士，特諭學師補舉優行，遂膺斯選，公論以爲名實相副。庚辰朝考後，就職候選訓導。前後應鄉試凡十四次，垂得而復失者再，曾無幾微不豫之色。道光壬辰，湯相國三典江南鄉試，亟欲得先考卷，以式多士。而是歲因先祖微疾，未能赴試。撤闈後，相國廉知其故，深爲惋惜。己亥歲，因先祖年踰九旬，不復應試。事親先意承志，得其歡心。壬午，丁先祖母凌太孺人憂。庚子，丁先祖憂。居喪盡禮，竭情盡愼。每歲祭墓之月，於族中無主後者，必躬往拜掃。疏族之無以自存者，必量力拯助。撫親戚孤子，節嗇衣食，甘苦共嘗。故人子姓淪落者，時加存恤。弟子貧不能且修脯者，盡心教誨，賴以發名成業者甚多。

生平湛深經術，於《春秋左氏傳》致力尤勤。嘗謂左氏之義爲杜《注》剝蝕已久，其稍可觀覽者，皆係襲取舊說。爰輯《左傳舊注疏證》一書，先取賈、服、鄭三君之《注》，疏通證明。凡杜氏所排擊者糾正之，所勦襲者表

明之，其沿用韋氏《國語注》者，亦一一疏記。他如《五經異義》所載左氏說，皆本左氏先師；《說文》所引《左傳》，亦是古文家說；《漢書‧五行志》所載劉子駿說，實《左氏》一家之學。又如經疏史注及《御覽》等書所引《左傳注》，不載姓名而與杜《注》異者，亦是賈、服舊說。凡若此者，皆稱爲舊法，而加以疏證。其顧惠《補注》及洪稺存、焦里堂、沈小宛等人專釋《左氏》之書，以及錢、戴、段、王諸通人，說有可採，咸與登列。未始下以己意，定其從違。上稽先秦諸子，下考唐以前史書，旁及雜家、筆記、文集，皆取爲證佐。期於實事求是，俾《左氏》之大義炳然著明。草創四十年，長編已具，然後依次排比，成書八十卷。又以餘力輯《左傳舊疏考正》一書，《自序》謂：「世知孔沖遠刪定舊疏，非出一人之手。至於舊疏原文，概謂無跡可尋。近讀《左傳疏》，反覆根尋，乃知唐人所刪定者，僅駁劉炫說百餘條，餘皆光伯《述議》也。今細加析別，凡得二百餘條，釐爲八卷。」釋經之暇，好讀史鑒，於地理之沿革、水道之變遷，尤所究心。據《史記‧秦楚之際月表》，知項羽曾都江都。覈其時勢，推見割據之跡。輯《項羽王九郡考》一卷、《十八王分地考》二卷，總名之曰《楚漢諸侯疆域志》。又據《左傳》、《吳越春秋》、《水經注》等書，謂唐宋以前揚州地勢，南高北下，且東西兩岸未設隄防，與今運河形勢迥不相同。爰博稽載籍，詳加考證，作《揚州水道記》四卷。自少至老，手不釋卷，無論經史子集，遇有心得，輒隨時記錄，積成巨冊若干，薈萃貫穿，成《讀書隨筆》二十卷。爲文淳茂典實，大抵有關於經史同異、金石源流，以及表微闡幽之作居多。偶有吟詠，亦意存寄託，不爲空泛之詞。著有《青溪舊屋文集》十卷、《詩集》一卷。

　　精於校讎之事，爲人校勘書籍，不啻如己之撰述。搜羅鄉先輩及亡友之書，醵金付刊，汲汲然願其行世。視他人營謀切己之事，更爲過之。處世和平，不爲矯激近名之舉。而於義利之辨至嚴。凡人所爭趨者，去之若浼，人所推諉者，直任不辭。總纂《儀徵縣志》，於編訂則獨肩其全，於修脯則僅受其半，同鄉諸君子歎爲世俗所難能。然先考行誼類此者甚多，特是事爲人所共知耳。熟於鄉邦文獻，遇郡邑長官諮詢掌故者，必舉前賢之遺跡，屬其表章。自報謝以外，非公不見，於私事毫無所干。值採訪忠孝節烈，則慨然自任其勞。後輩有一材一藝可稱，必獎譽以成其美。或有爲歧途所惑者，則委曲諷諭，望其轉移。秉性謙虛，常存退讓。雖遠近交相推重，而自視彌覺歉然。立身端恪，言動必以禮法自持。而於人不求其備，

記人之善，忘人之過，有德於己者，終身感念不衰。值橫逆之來，自反不較，其人亦久而自悔。

鄉人稱道無異詞，僉謂積善至深，宜享上壽。即不孝亦謂精神爽健，耄耋可期。不意項側生癙，膿雖出而體甚虛。俄頃之間，氣息漸微，倏已棄養。此皆不孝侍奉無狀，致隕天年。嗚呼痛哉！先考生於乾隆五十四年十月二十三日申時，卒於咸豐四年九月二十一日巳時，享年六十六歲。配黃孺人，生子一，即不孝毓崧，道光庚子科優貢生。女一，適江都監生田溥光。孫四，壽曾、貴曾、富曾、顯曾。孫女二。謹卜以明歲二月初九日，奉柩葬於城西郝家寶塔之原。不孝苫塊昏迷，於先考懿行罣漏實多。然不敢以無實之辭，誣我先人。伏惟當代碩儒，哀而賜之傳銘，則世世子孫感且不朽。謹狀。〔註61〕

先母黃太孺人行略

先母姓黃氏，諱秀貞。系出江夏，世居都昌。南宋名儒商伯先生灝。之裔。高祖諱光德，康熙間官廣東協鎮都督府，立功後卒於軍營。曾祖諱嘉紳，廕授五品，始遷於揚。祖諱泰熙，國學生，占籍甘泉。世有厚德。父藕船公，諱紹垚，國學生，績學好善，遠近稱為長者。

母生於德門，幼嫻女訓。母程太孺人歿時，年甫七歲，哀慟如成人。稍長，即喜讀書，深明大義，為藕船公鍾愛。年二十一，歸於劉。及事先祖琢齋公、先祖母凌太孺人，先意承志，未嘗有一言一事稍拂舅姑之心。先君有姊適陳氏，孀居，撫孤子正榕，母迎之同居。三十餘年，未嘗纖芥相失。凌太孺人之姪毓瑞，八歲而孤，先君挈以歸。其時凌太孺人已久歿，而母矜卹之，加厚毓瑞與正榕，受經於毓崧，先後補諸生，並獲成立。毓瑞復以貲得官，未嘗責其酬報，戚黨僉以為難。

生平不好紛華，自奉甚約。而遇睦婣任卹之事，則不惜脫簪珥、節衣食，贊成先君行之。於古人嘉言懿行及詩文之有益身心者，恒稱述以資訓誡。猶憶毓崧童時，值歲歉家乏，母誨之曰：「兒能力學即不荒之莊，吾何憂貧？然讀書貴乎變化氣質，心得而躬行。否則，雖多何益耶？」毓崧弱冠後，入學

〔註61〕 丁晏《頤志齋文集》卷十一《優貢生候選訓導劉君墓誌銘》（《清代詩文集彙編》第 587 冊，第 267 頁）卷首云：「嗚呼！揚州純儒劉君之墓既卜兆有日矣，其孤毓崧以狀來乞銘。按狀（下略）。」

食餼，得優貢，而屢躓鄉闈。母慰之曰：「讀書豈爲求名？即以名論，兒受知於賢公卿，遠近皆知兒名，何汲汲於一第爲？」自咸豐癸丑以後，避寇移居，由揚郡北鄉遷清江，復遷東臺。險阻憂勞，母之體氣漸弱，然飲食未減，神明不衰。毓崧以甘旨之奉不給爲歉，母怡然安之曰：「兒自館穀外，不屑取非義之財，能以潔白養，即菽水，吾亦甘也。」同治癸亥季秋，毓崧赴安慶，就撥帥曾侯之館。甲子季冬，由江寧回東臺，其時鄉郡寧謐，母之心境較前安適，而精神迥不如前。毓崧以乙丑新正赴省，擬俟舍館既定，即迎奉板輿就養。不意二月初間，母項側生癰。至月半後，已出稠膿，而精神益憊。諸孫惶懼禱神，各願減算，冀得稍延時日，待毓崧之歸。廿二日，毓崧在省得信星奔，於二十六日亥刻抵東臺寓舍，母已於是日寅刻棄養，僅得躬視含斂，與先君丁祖母之艱，若出一轍。嗚呼痛哉！母生於乾隆癸丑三月十三日子時，享年七十有三。以先君注選訓導例，封孺人。子一，即不孝毓崧，道光庚子科優貢生。女一，汝士，適江都國學生田溥光。孫四：壽曾，同治甲子科副貢生；貴曾、富曾、顯曾，均業儒。孫女二：長順曾，字文生汪兆曾；次淑曾，未字。謹卜以五月初三日，奉柩與先君合葬於郡城西鄉郝家寶塔之原。伏惟當代碩儒，哀而賜之傳銘，則不孝子孫感且不朽。〔註62〕

亡妻汪孺人墓誌銘

　　孺人汪氏，諱汝儒，字彥伯。先世爲歙縣望族，前明始遷揚州。祖鐵夫先生，諱錚，嘉慶辛酉舉人。績學敦品，鄉黨矜式。父小城先生，諱谷，儀徵縣學附生。孝友誠篤，邃於經史輿地之學。孺人生未周歲，而母氏楊孺人卒，祖母楊太孺人劇憐愛之。小城先生與先君爲道義交，朝夕過從。余總角時，即荷獎許，欲得以爲壻。一日，先君至其家，小城先生呼孺人出拜，年甫七齡。先君見其舉止端莊，歸告吾母，議聘爲子婦。道光戊子冬，小城先

〔註62〕　丁晏《頤志齋文集》卷十一《故訓導劉君室黃孺人墓誌銘》（《清代詩文集彙編》第587冊，第268頁）卷首云：「余同年儀徵劉君文淇，海內之經師也。配黃孺人，有賢行，生令子毓崧雅材淹貫，以經學世其家。毓崧居母喪，以狀來乞銘。余何敢辭！按狀（下略）」。
　　　　　按：曾聖益點校、蔣秋華審訂《劉文淇集》附錄之「碑傳」據丁晏《頤志齋文鈔》錄入其《凌太孺人傳》（中央研究院中國文哲研究所2007年版，第360～361頁）。凌太孺人乃劉文淇之母。但劉文淇及其妻黃孺人墓誌銘二文，未加收錄。

生疾篤，以孺人姻事未定爲念。先君遂面訂締婚之約，以慰其意。包愼伯先生特書於小城先生墓碑。辛卯歲，孺人服闋。壬辰春，始行納徵之禮。

孺人生長德門，幼嫻閨訓。伯叔父母念其早失怙恃，撫待極優。而孺人操作甚勤，奉教惟謹，恒以未暇讀書爲歉。丙申秋于歸，未匝月即請吾母授以句讀。歸寧時，告其尊屬曰：「姑愛我如女，我何以報？」是時，先祖年近九旬，孺人問安侍膳，能得重闈之歡。先君致書戚友，亟稱新婦德性淳良，以爲家門深幸。孺人讀書不多，而明於大義。視夫黨母黨，初無厚薄之殊。內外姻屬，咸待以禮。尊卑少長，並稱其賢。與余相處二十五年，未嘗一語交讁。余自丁酉入泮，戊戌食餼，庚子得優貢，孺人期望甚殷。而十赴鄉闈，未獲一售，孺人慰余曰：「以君才望，當早擢高科。而今猶偃蹇，豈我賦命太薄，無冠帔之福耶？然君豈因一第爲重輕者，留以付兒輩可耳。」追思此語，有餘慟焉。孺人鞠育子女，恩意周詳，而寓嚴於慈，不欲稍事寬假。每謂子之不肖，多由其母溺愛而成。往往禮法之家，數世培之不足；驕縱之子，一人敗之有餘。子既不能象賢，而望孫能干蠱，豈可必哉？故兒輩自能言以後，即口授勸誡之詞。稍長，出就外傅，訓以愼擇交遊。薄暮自家塾歸，必促其篝燈誦讀。兒輩學有進益，余偶向孺人述之，孺人輒曰：「君愼勿早譽兒，恐兒恃此自滿。俟其大有成就，譽未晚也。」吾母常曰：「新婦德勝於才，而善教子。天其以是福吾家乎？」近歲兒輩頗知向學，似皆可冀有成。而孺人自癸丑以後，避寇屢遷，八年之中，險阻艱難，憂勞抑鬱，攻苦食淡，氣血驟虧。馴至猝得末疾，展轉四旬，病去體羸，遂以不起。當綿惙之際，猶念兒輩朝夕侍疾，妨其讀書。蓋一息尚存，猶拳拳於教子，而竟不能待兒輩之養也。悲夫！孺人生於嘉慶戊寅十月初五日未時，以咸豐庚申十一月十八日辰時卒於東臺寓宅，年四十有三。子四人：壽曾，儀徵縣學附生；貴曾、富曾、顯曾，並業儒。女二人：順曾，淑曾，皆未字。今卜以辛酉三月十二日，葬孺人於揚州城西郝家寶塔先塋之次。兒輩乞爲其母撰誌墓之文。余謂孺人行事可銘者多，而所重者在於教子。自來稱母教者，大都因其子之有學行，而科第次之。蓋有科第，則母以子貴；有學行，則母以子傳。科第宜聽諸天，而學行當求諸己。然則兒輩思所以顯揚其母者，固有在矣。銘曰：

昔結好兮石先刻，今悼亡兮銘載勒。二十五年勤婦職，義方教子懲姑息。兒曹念母悲何極，勖哉修學爲報德。兒名成兮母儀式，事果傳兮文不泐。

與程荀叔書

荀叔〔註63〕仁兄大人閣下：

〔註63〕程守謙《退谷文抄》卷首有黃雲鵠《程荀叔傳》（光緒二年刻本），而黃雲鵠
　　　　《實其文齋文鈔》失收，曰：

　　　程荀叔，名守謙，儀征諸生，家於揚。畚負奇自憙，好詩古文，不屑屑求合
　　　當世。咸豐三年春，賊陷揚，君考玉才公，知名士，義不屈，闔門八口殉。
　　　守謙自賊中逃歸，次第殮訖，冀存一線祀。崎嶇戎馬間，危苦萬狀。越八年，
　　　走京師，奉狀乞同時志節士爲文紀之。吾友許海秋記注〔宗衡〕雄於文，爲
　　　人高潔，不苟合。有不愜意，雖貴勢在坐，徑去。君大致與許君類，遂客其
　　　寓園中。數歲，歡如一日。君固不妄謁人，惟時至卞頌臣大京兆〔實第〕與
　　　〔雲鵠〕所。卞子用直諫，出藩中州，邀君往。擢閩撫，亦偕焉。旋乞養，
　　　與俱還揚。會夏路門學使〔子錫〕入蜀，聘君往。予時守成都，方試士，喜
　　　君至，自闈中先以詩抵之。君自被家難後，孑然一身，所至以先人栗主隨，
　　　行止與俱。久之，邑邑不自得，思東歸。予強留，乃允學使任滿。制府吳勤
　　　惠〔棠〕聞君名，留不獲。予時巡建南，君寓書乞序，擬來建作別，詞意慘
　　　怛，若知不再見者。已而，未果來。予盼切，移書詢之，君遂東。嗟乎！觀
　　　於此，即君爲人可知矣。抵揚年餘，病沒，年五十有奇。前自閩歸，爲嗣續
　　　計，娶妾生一子，今五年矣。詩文集四卷，卞子刊行之。身後泛今，一切惟
　　　卞子是倚。
　　　黃雲鵠曰：苑梏，百年事耳。百年，旦暮事耳。士於其間，負志節，忍孤苦，
　　　下爭千載，乃至舉世非之。顧惟二三同志有道者鑒其心，雖槁死不悔。嗚呼！
　　　豈不悲哉！君在都落落，獨心傾卞子與〔雲鵠〕。戊辰歲，〔雲鵠〕由兵曹跟
　　　蹌西守雅，君與卞子自閩寓書慰勉，意甚至今。其身後，卞子經紀之。予過
　　　揚，君墓草宿矣。空言能傳君與否，未敢知。即果能傳君，而君已茹苦畢生
　　　矣。嗟乎！荀叔可悲者，獨君也哉？
　　　賜進士出身欽加二品頂戴分巡四川建昌兵備道楚北黃雲鵠撰。
　　　另外，方濬頤《程荀叔遺文序》（《方忍齋所著書》第3冊《二知軒文存》，屈
　　　萬里、劉兆祐主編《明清未刊稿彙編》，聯經出版事業公司1976年版，第873
　　　～875頁。），稱：
　　　嗟夫！予與君因卞頌臣中丞，去歲甫得相見。見即延之入書局，顧以多病，
　　　旋返中丞之娛園。不三月，病癒來見，則持尊甫玉材先生《徵文錄》，屬作弁
　　　言，並以所作古文一冊見貽。乃知癸丑之變，先生以老諸生臨難，從容告廟，
　　　語家人以「子從父，孫從祖，婦從夫，娣從姒，姪從姑」，一門八口，同時殉
　　　難。而君與弟度傑先陷於賊，乘間得脫，歸葬其親。先生之節，君之孝，予
　　　既心欽之，復觀所著簡潔條昌，其派與桐城爲近。而所交者，則魯川、海秋、
　　　翔雲、顧齋、午橋諸君，皆以文章名海內。爲作家傳、墓表、後跋，足以闡
　　　揚先德，予復何敢贊一辭？忽忽歲暮，君返娛園，今年春復來相見，以翔雲
　　　詩文集見贈。乃未幾，中丞告予曰：「荀叔死矣。」嗟夫！予與君甫三面，再
　　　見即索予之文，猥以沉埋薄書，久而未應。予誠負君。方思與君縱論今古，
　　　問難質疑，永訂金石之交。暇曾爲董策三農部言之，策三亦亟欲見君，而今
　　　已矣。因復向中丞索其遺文讀之，所學固有根柢。而《記城變》一篇實爲廣

頃接來函，具悉一切。大著事狀〔註64〕，弟就管見所及，遵命縷悉指陳，
另繕清單，並原稿繳上。而鄙意所最重者，則謂傳狀皆所以徵信，作傳者貴
乎直，作事狀者貴乎實，既實且直，然後可以傳信。昔人稱良史之才，必曰
「其文直，其事覈，故謂之實錄」，亦謂之信史，誠以無虛詞、?妄語也。來示
謂事皆實錄，可謂知務實矣。然其中尚有不盡實者，則彼時賢昆仲皆在城中
之事，遷就而不書也。夫此事不可不書者有三，不妨於書者亦有三，請爲閣
下一一言之。

何謂不可不書者有三？尊府闔門殉難，人所共知。然《春秋》之例，所
見異辭，所聞異辭，所傳聞異辭。趙充國亦謂百聞不如一見。今捨賢昆仲目
睹之事，而託諸李嫗及鄰人之傳聞，是捨近求遠，捨己從人。爲人子者，既
欲顯揚其親，自當直書所見，豈得因有所避就，而隱匿實情？此其不可不書
者一也。古人事親，凡不及送終者，謂之不幸。不及視含斂者，尤爲不幸中
之不幸。故常飲恨終身，以爲大憾。今賢昆仲雖不及送終，而猶及視含歛，
在不幸之中猶爲幸也。乃不言曾視含歛，而轉言未視含斂，恐非人子所忍言。
於此而不致實情，更烏乎致實情？此其不可不書者二也。流俗之見，肯爲人
斡旋者少，而好指謫者多。癸丑歲，賢昆仲皆在城中。彼時同陷者不一而足，
就中恐有好爲議論，不樂成人之美者，見事狀內隱約其辭，必揚言於人曰：「彼
時吾親見伊在府城，何嘗有養病儀徵之事？」一事不實，則各事安見不虛？
閣下欲持口舌與爭，恐人之相諒者鮮矣。此其不可不書者三也。

陵信史，《張潛翁狀》直陳鹽法改票之弊，《姚江年譜纂述序》明於知行合一
之理，無取空言性命：《與諶瑞卿書》、《送鄭州虎卿序》，深知爲政之體，作
吏之道，確有見地，能自道其所得，正不獨《龍門山》一銘之沉博遒麗，見
賞我園主人也。惜乎數奇遇阨，顛沛流離，窮愁潦倒，以終其身。而猶幸遇
一憐才好士之大中丞，爲之適館授餐，置簠延嗣，逢人說項，敬禮勿衰。洎
於今日，中丞向予道及君，則愀然以悲。夫人生世上，富貴利達皆身外倘來
之物，無足重輕者。獨此身心性命之學，藉語言文字以傳，斯爲不朽耳。而
荀叔自有其不朽者在也。書此質之中丞，其亦不以予言爲謬也夫。
此序又載程守謙《退谷文抄》卷首，文題但稱「序」，文末另有「光緒丙子仲
夏之月定遠方濬頤撰」一句。序所載內容可與《通義堂文集》同卷有《程玉
才先生家傳》參看。

〔註64〕 程守謙述《皇清儀徵廩監生奉旨旌卹入祀忠義祠先考玉才府君〔程兆棟〕行
述》一卷，咸豐八年（1858）刻本，一冊，遼寧省圖書館藏；程守謙輯《程
玉才先生家傳》，清咸豐十一年（1861）刻本，一冊，國家圖書館藏。詳見前
文《程玉才先生家傳》注。

　　何謂不妨於書者亦有三？自來父兄殉難，子弟或從死，或不從死，各行其是，未可偏非。故伍奢二子尚從死，員不從死，而其爲孝則同。康熙初年，馬文毅公全家殉吳逆之難，陳忠毅公全家殉耿逆之難，而兩姓子孫皆有奉命潛出，以全宗祀者，聖祖仁皇帝褒獎超擢，位列九卿。同時賢士大夫，莫不樂道其事，未嘗有議其不能從死，而責以不孝之罪者也。此其不妨於書者一也。凡身陷賊中者，必曾授僞官，或力抗官兵，始爲同惡，此外皆係無罪之人，例不究治。故顏魯公之子，陷於安史之亂數年，然後得歸；安溪李文貞公，少時亦曾陷賊中。魯公爲唐代忠臣，文貞爲我朝賢相，未嘗有譏其貼玷門楣，有靦簪組者也。此其不妨於書者二也。公呈舉報之事實，清冊可以略述其梗槩，而家傳則必首尾完全。貴高足汪開士，丙辰歲曾陷賊中，伊之夫人嚴氏烈婦投井殉難。弟曾爲作傳，其中敘述開士陷賊之事，大書特書不一書，毫無隱諱。星掌先生來函，稱許此文，謂其顛撲不破。聞已在山西授梓，今開士已援例爲雜職，未嘗有訐其曾經陷賊，不當列名於仕版者也。此其不妨於書者三也。況閣下前此所開節略本係實詞，其後爲浮言所搖，復將節略更換，今果欲弟作傳，請仍照舊詳敘，務從其實。另錄清稿寄下，則弟必勉力撰述，斷不推辭。如尊意必欲遷就其詞，則請待他人爲之，弟轉可藉此藏拙。閣下能諒其直而恕其戇焉，則幸甚矣。